孙权别传

叶有声 刘敬堂 胡念征 著

中国文史出版社

图书在版编目（CIP）数据

孙权别传 / 叶有声，刘敬堂，胡念征著 . —北京 : 中国文史出版社，2018.6

ISBN 978-7-5205-0412-6

Ⅰ. ①孙… Ⅱ. ①叶… ②刘… ③胡… Ⅲ. ①长篇小说—中国—当代 Ⅳ. ①I247.5

中国版本图书馆CIP数据核字（2018）第158633号

责任编辑：徐玉霞

出版发行：中国文史出版社

网　　　址：www.chinawenshi.net

社　　　址：北京市海淀区西八里庄69号院　　　邮　　编：100142

电　　　话：010-81136606　　81136602　　81136603（发行部）

传　　　真：010-81136655

印　　　装：廊坊市海涛印刷有限公司

经　　　销：全国新华书店

开　　　本：16开

印　　　张：19.25

字　　　数：330千字

版　　　次：2019年3月北京第1版

印　　　次：2019年3月第1次印刷

定　　　价：59.00元

目录

第一章　西山交锋识文倩，东吴建都求城图……………………… 001

第二章　巾帼侍中论天下，青年将军请长缨……………………… 039

第三章　寒溪猎熊壮行色，尚书通敌送密信……………………… 058

第四章　吴王试剑劈巨石，关羽失城铸大恨……………………… 073

第五章　春风拂人春归来，花朝游园花落去……………………… 099

第六章　孙氏夫人建院寺，文倩姐妹得铜镜……………………… 120

第七章　东吴称臣藏野心，西蜀出兵雪旧恨……………………… 139

第八章　建业迁民起争论，吴王立后费猜疑……………………… 162

第九章　君臣醉酒钓鱼台，吕壹叛主洛阳城……………………… 183

第十章　散花滩上迎英雄，御花园中看牡丹……………………… 202

第十一章　狂风击沉长安号，重臣力举张子布……………………… 219

第十二章　城外君臣种春柳，辽东鼠辈杀使臣……………………… 239

第十三章　称帝独登凤凰台，封职唯缺皇后册……………………… 259

第十四章　忽听市井唱童谣，方识鄂女有才德……………………… 274

第十五章　纸上休说功与罪，墓前了结恩和怨……………………… 295

第一章

西山交锋识文倩，东吴建都求城图

1

建安二十四年（公元 219 年），天下兵荒马乱。

三月初三。

第二日就是一年一度的寒食节。

在长江南岸的鄂县西山上，文倩左手挽着一只竹篮，右手握着一柄小铲，正在朝阳的山坡上挖地菜。经冬的地菜又肥又嫩，青翠欲滴。她已经挖了大半篮子，再挖一点便可以回家做春卷了。

按照文氏家族的传统，每年过寒食节，家家户户都吃些事先准备好的冷食。过了寒食节之后，各家方可举火做饭。她挖的地菜，就是为了过寒食节时做春卷用的。

母亲跟她商量过，今年寒食节，用西山的地菜做成春卷祭祖。

文倩抬起头来，拢了拢遮在前额的头发。

三月的江南，莺啼草长，春色渐浓。

在西山的密林修竹丛中，有几株山桃开得正红，桃花在丽日的照耀之下，如一团抹胭脂，鲜艳而醒目。那漫山遍野的松竹，苍苍葱葱，充满了生气。几只杜鹃一面"布谷、布谷"地啼叫，一面向江边飞去。

长江的对岸，便是赤壁。

听江边的船民说，当年的赤壁之战，烈火照红了天壁，鲜血染红了长江。满江的哭声，满江的尸体，耳不忍听，眼不忍睹。江面上有顺流而下的帆叶，也有被纤夫拉着逆流而上的舟船。纤夫那一声声沉重而浑厚的号子声，在江岸上久久地回荡。

文倩不知道这些船只是从哪里来的，也不知道它们要驶向何处。此刻，她唯一想到的，是在寒食节的那一天，鄂县城里的人都到西山来祭祖扫墓，而她和母亲能去何处扫墓呢？

文倩的原籍在河南南阳，是城里的名门望族。春秋时，远祖文种曾在越国辅佐勾践伐吴，为勾践立下了不朽之功。但他不知急流勇退，始终忠于已经灭了吴国的越王勾践，最后被勾践赐剑自刎，饮恨葬于绍兴的龙山之上。

自此之后，文家的子弟不再从政，而以治学和营造为立家之本。汉高祖五年（公元202年），刘邦在洛阳修筑未央宫时，广征天下能工巧匠。文倩的先祖被委任营造总监，从择址设计、测量绘图到选料、施工、督审，都由他一手操持。

文倩自幼聪明伶俐，不但随着族人学习诗书典籍，还通绘画和测量之技。北方民间习武风俗颇浓，她在十五岁时还学过防身健体用的文氏剑法，平时尤喜史书，可谓博学多艺。她的父亲不但是位饱学之士，且是一位精通土木营造的行家，深谙地理风水之道。洛阳和汴州的一些皇家宫殿和城中的庙宇，其设计大都出自他的手中，而一些皇亲国戚和官宦富绅的陵墓，也多由他择穴安葬。

东汉少帝继位时，朝政昏庸，黄巾大起义的怒涛冲击着朝不保夕的东汉王朝。天下大乱，征战不息。文家家族四处避乱。她的父亲文海和哥哥文训正在洛阳营造一座宫殿，父亲在兵乱中死亡，哥哥逃难时落水身亡。她和母亲、妹妹及婶娘一家共二十余人，在洛水之滨被冲散了，她便随着母亲千辛万苦地赶到夏口去投奔姨妈。但到了夏口才知道，夏口刚刚经过了一次大劫难，到处都是残垣断壁，尸横处处，姨妈家早已成了一片废墟。迫于无奈，母女俩沿江而下，流落到了长江南岸的鄂县。

她们在鄂县的西山上搭了一座草棚暂时栖身，打算待世事太平些了，再返回原籍。这期间，她们设法打听妹妹的下落。

谁知天下大乱不止，返乡无期，母女二人相依为命，以织布为生。幸好，她们在逃难时随身带了些细软，还可以做些生计的补贴之用。

文倩虽然只有十九岁，但世事的艰难和人间的风雨，使她过早地成熟起来。她在一汪泉水边洗了洗脸，清波中秀丽端庄的身影，洋溢着青春的活力。她悄悄地笑了。

她想早些回家，因为明天就是寒食节了，她还要去城里买些香纸和祭品。明日，她便可以随母亲到西山之巅，去遥祭父亲的亡灵。一想到曾手把手她教地绘制宫殿楼宇之艺的慈祥父亲，她便心痛如绞。父亲的尸骨不知今在何方？有女不能祭父，何其悲痛！有家难以回归，有亲难以团圆，何其悲凉！妹妹是否仍在人世？她若是命大，此时此刻不也正在思念着自己的亲人吗？想到这里，她觉得双眼发涩，俄尔，两颗晶莹的泪珠便无声无息地落在衣襟上了。

"得、得、得、得！"

忽然，一阵急骤的马蹄声由远而近。她循声望去，见山脚的山路上有一队人马，正飞奔而来。

那是一队骑兵，他们径直朝西山的东麓奔驶而去。

这是东吴讨虏将军孙权的部队。

文倩无论如何都不曾想到，自己的命运，将会和东吴孙大帝的霸业联在一起！她更不曾想到，一座巍峨的新都城，将要在西山脚下诞生！

鄂县这一古老的名称，终将成为过去。

江南的这座新都城，将带她走向人生的第一次辉煌。

2

在西山的东麓约两里之遥，有块荒滩，一些将士在那里歇息。几位久经沙场的将军，在丛生的荒草中指指点点，或遥指奔腾的扬子江，或目视对岸隐隐约约的群山。

这些将士，皆是东吴精英。从这里溯江西上，是前几年借给刘备的荆州，扼西蜀咽喉；北面是十三年前汉献帝刘协的新都许县（今许昌）；顺江东下则是讨虏将军孙权的老家、东吴大本营——建业（今南京）。

十年前，赤壁之战大胜的战场还没打扫，指挥赤壁大战的英雄、大都督周瑜和他的好友鲁肃，随着他们东吴的主人、年仅 26 岁的讨虏将军孙权，曾经踏上过鄂县西山的山顶，并在虎头山上商量，决定把这里建成都城。

但由于战事频繁，周瑜在赤壁之战后的两年突然病逝，以至延误至今日。今天，已经 36 岁的讨虏将军孙权，领着一班官员、将军，重又踏上了这块荒芜之地，再次研究，还是要在这里建设东吴的都城。

这是一个伟大的战略决策，也是一个历史性的决策。在这班官员、将军脚下，将要耸立起一座万家灯火的都城。

那位被人簇拥着的、正举目远望的将军，便是威震中原的汉王朝讨虏将军孙权。他年轻气盛，血气方刚，浓眉上扬，目光炯炯；他的额头很宽，厚唇阔嘴，说起话来声如洪钟。他个头虽不算太高，却精神威武。孙权自接过兄长孙策的大业之后，由于英勇善战，在英雄四起的东汉末年，已经牢牢地控制了江南的广袤之地，统治着吴越六都之众了。

孙权所率部下，对他更是遵从备至，招手即至，挥手即行。

赤壁胜曹操，已经占有大江上下五千余里土地，成了长江中下游的主宰者！如今，他又领着文武臣僚来鄂县探测地形。他将在未来的都城，指挥完成统一华夏的大业。

他身后的要臣，是长史张昭、定威将军陆逊等人。他们都异口同声地赞成在鄂县东麓建筑都城。这些将军们，有着历史性的长远眼光。

在此之前，东吴的统汉中心曾经迁徙不定。主要原因是，建安十三年（公元208年），也就是在赤壁之战前，东吴辖地在柴桑（今江西九江）之下；而赤壁之战后，情况剧变，他要与曹操和刘备争夺长江两岸的控制权。

当年东吴的统治中心在吴郡（今苏州），位置偏南，不近长江。

东吴靠水军立国，统治中心附近必须要有大江、大河，东吴缺少的就是这个条件。于是，迁到了江边的京口（今镇江）。然而，这里又太偏下游，且靠近当年长江入海的喇叭口，风浪太大，不便航行和泊船。故又从京口迁至秣陵（今南京），筑石头城，改名为建业。

但是，讨虏将军孙权在建业的时间很少。因为近年来，孙刘两家的矛盾突出，刘备借了荆州不还，孙权决意索要！所以，孙权必须前来长江中游就近指挥。

孙权曾多次率兵征战到达鄂县，并在鄂县驻扎重兵数万。但过去到鄂县是乘船从江上到岸上，此次他是率领一班文武官员，由公安从陆路到达鄂县的。他沿途勘察了藕池、监利、岳阳、夏口，其水域、山峦均不及鄂县险要。此次再来鄂县勘察，他觉得在鄂县建都，东有建业，江东乃富饶的大后方；西可拒蜀；北可抗魏，且鄂县近傍万里长江，境内湖泊众多，可练水军。西山一带可泊大船。

经过数日的勘察之后，孙权最后决定在鄂县建筑都城。

"就这样决定了！"像是对自己，又像是对别人，孙权的右手一挥，朝西山以东的鄂县指了指，俄尔，他抬手拍拍身旁一位青年将领的肩膀说道："伯言，立即去芜湖率领你的部队来鄂县，暂时扎营在西山西侧的樊口，听候命令。"

他们所指的西山，本名樊山。自此以后，这樊山也就随之更名叫西山了。

定威将军陆逊连忙应诺。

张昭指着西山方向说道："樊川就在西山之西，川之源头有个颇大的湖泊……"

"叫梁子湖！"孙权接过了话头："是训练水军的理想之地！"

张昭说道："对，就在樊川之滨！"他想了想，又说道："主公，这建都之事，应尽早请人绘制一张建都之图。"

孙权听了，点了点头。其实，他早就想到了，只是一时还未寻到绘图之人。是啊，这可不像去领兵打仗那么容易，一时去哪里寻找呢？他吩咐大家都留些心。

讨虏将军虽然是朝廷所封官职，但许多建制一如王府甚至朝廷，仅翰林军、侍卫军就有三千之众！荒草滩四周的散骑兵士都是这些人。

此时，部下谈笑风生地往荒滩外走去。

孙权忽然止步，望着西山。

陆逊笑着说道："主公，想上山打猎？"

孙权秉性喜猎，他高兴地咧着大嘴，笑着说道："知我心者，伯言也。"

孙权率领他的三千侍卫、文武官员登上了西山之巅。西山虽然不高，但位于长江南岸，周围又是湖泊水泽之地，故而显得十分险峻。北望大江，西临樊口，东俯寒溪，南望梁湖。西山有九沟、九峰、九曲十八坡，群峰林立，起伏连绵，沟壑纵横，古木参天，苍松翠柏，覆满峰峦，真乃高山流水，其乐融融。

今日正逢寒食节，山间野花竞放，飘溢奇香，渗入肺腑。孙权被这奇香异境刺激得神情兴奋，倍觉心旷神怡，可揽天地，身轻可飞云霄。这位久经沙场的骁将，终年浴血旷野山川之间，今日见到奇花异草，自然心中十分欢喜。

陆逊自山谷中追逐一只野鹿而来，孙权竟然一无所觉。

"主公，你猎了些什么？"陆逊命令兵士抬起受伤的野鹿，笑着向孙权走过来。

孙权这才意识到，自己已被这山川的秀丽所吸引，居然忘了打猎。他本性好强，坐上黑马，晃晃鞭子，说道："小野物何需我动手？"

陆逊指了指野鹿说道："这可算大猎物了。"

孙权笑着说道："你运气好，猎了野鹿！"

他虽然是东吴最高统治者，但他平易近人，在部下面前从不摆架子，因此，他与部下关系密切。

陆逊又说道："我还遇上了一只金钱豹，可惜让它逃遁了。"

"伯言，叫士兵们将这些猎物拿去，生了野火炙烤，就在西山下开怀痛饮，如何？"

"主公，"孙权的贴身侍卫谷利拉了拉孙权的衣角，悄声说道："今日可是寒食节啊。"

孙权笑了起来，朗声说道："寒食禁举炊火，是不是？我等乃在荒山野滩之上，生的是烽火，可当别论。对吧？"

谷利和众人都知道，孙权是故意找寻的理由，便附和着说道："主公言之有理。"

饮酒是孙权的第一大嗜好。

陆逊答应着，便指挥随从们准备酒菜去了。

3

陆逊领命而去之后，孙权和谷利绕山往东走去，一路上欣赏西山的风光。

走过些沟谷，来到了东北坡。孙权忽然发现林间有个小茅屋，棚里发出"唧唧"的响声。奇了，山上竟有人家？孙权和谷利对视了一眼。谷利想去看个究竟，孙权摇手制止，自己却轻步探至门前。

这就是文倩和她母亲居住的茅棚。茅棚内收拾得整整齐齐，进门左手处有一架织布机。文倩坐在织机前，双脚交替踩踏织机下板，织机上部线架随之而动，从而发出"唧唧、唧唧"的声音。她灵巧的双手，不断地快速梭织。孙权站在门口凝神注目，与其说是看纺织，不如说是欣赏姑娘的灵巧。她的母亲正在纺葛线，突然发现门口有人，惊惶地叫了一声。文倩猛一回头，见门外站着一腰佩武器的人。也许他是兵匪？她迅速跳下织机，闪身去柱子旁拿起一支长矛，紧握在手。一双大眼睛闪射着警惕的目光，仿佛在警告来人：若进入非礼，长矛绝不留情！

情形有些紧张。

但孙权并不怯惧，不过，他不想让事态往坏的方向发展。力举千斤的将军，怎会惧怕一位山间的小女子？只需一只手便可将她擒拿过来。然而，孙权明白，这西山少有人来往，自己是不速之客，姑娘误会了。

他站定如一尊铁塔，不进不退，静静地注视着。说实在话，这位姑娘给他的第一感觉太好了！她虽然身在深山，却似大户人家的女儿，玉肤白皙，洁似凝脂，而那双眼睛此时虽不太友好，却掩饰不住她的善良、智慧；她虽手持长矛，却无伤文静；在这战乱年代，竟然有如此美丽的少女藏身深山！若遇上盗匪歹人，岂不吃亏？

但她又为何住在这深山之中呢？孙权友好地微笑着，本欲跨步进入草棚探个究竟，奈何姑娘手挥长矛，以示警告。

"不许进来！"

孙权笑着点了点头，遂不进去。

"退后三步！"文倩厉声命令着。

孙权只好乖乖地退到了门外。

文倩一个燕子展身，自里边纵出，与讨虏将军对峙，不客气地说道："何来兵匪？别怪我手下不留情！"

孙权张着大嘴憨厚地笑了，说道："你未免言之过激了吧！"

说完，他便大摇大摆地往前走；文倩被逼退后几步，看着孙权仍在逼近，便跨腿摆了个迎敌姿势。孙权开玩笑般步步上前，文倩只好挺矛刺来。孙权赤手空拳，从容闪身避让一旁。岂料眨眼之间，文倩长矛被架在一旁，两人中间闪出谷利。

"不得伤害她！"孙权急止谷利。

谷利并不理会，只是架住长矛，厉声说道："不得无礼！"

文倩并不理会，她又侧身刺向谷利。孙权站在一旁观斗。见文倩左刺右刺，纵身扑刺，左劈右挡，还是没有刺着谷利，她自己却累得满头大汗，快要招架不住了。

孙权暗中赞叹，禁不住大声喝彩道："好！真是个女中能手啊，功夫非浅！"

文倩并不分身，只顾刺杀。

孙权在一旁暗想：就这么拼杀下去也不是个办法，得想个计策。于是，他便喝道："谷利退下！"

谷利架住长矛，看看她还想拼杀，只得闪身一旁。

"我们不用长矛和剑，赤手来搏杀一番。如何？"

文倩并未放下长矛，与孙权对峙着。

这使孙权进一步看真了她的面容：文静典雅，秀眼动人，脸庞微胖，生下两个深深的酒窝。可以想象，她的笑一定很美丽，酒窝一定会深陷下去。

"主公，喝酒去吧！"此时，陆逊来了。

谷利说道："陆将军，你怎么知道我们在此？"

陆逊说道："还说呢，叫我好找，幸好见了主公的黑雕！"

黑雕是孙权的坐骑，因浑身墨黑，奔驰如飞，所以叫作"黑雕"。

这时，文倩圆睁的双眼突然跳闪了一下，目光快速地从孙权脸上掠过。她心中仿佛在吃惊：怎么有这么年轻的将军？少年英俊、英姿飒爽、威武无比！她又朝反方向想了想：难道他是兵匪？

陆逊迅速扫了她一眼，又将眼光转向孙权，再次催促他去喝酒。

孙权只好趁机停止了脚步，笑着朝文倩点了点头，便随着陆逊下山了。

4

孙权下决心，一定要再访这位织布的姑娘。

西山野宴之后，孙权命令文官武将下山回营，只带着谷利和几名侍卫随从，乘着酒兴再访茅棚，他有些不到黄河心不甘的感觉。

此时，太阳偏西，山沟里热气散出，酒后身上有些燥热。孙权脱去军服，身着短装，看上去，很像一位短小精悍的山中武林英雄。他领着侍卫直奔草棚而来，走过了两个坡，就见那座茅棚了。孙权急招手，止住侍卫们不要再往前走，只带谷利上前。拢近一看，茅棚的大门关得紧紧的，里面仍然传出唧唧复唧唧的织机声。

孙权命令谷利叫门。

前叫后叫，喊了数十声，织声依旧。

谷利恼怒了，一踢脚，室门洞开。

孙权大声斥责谷利太鲁莽。

文倩从织机上飞身下来，跳至门外，怒视谷利。

看她的模样，孙权便想笑："怎么，还要比试比试？我可是喝了酒来的。"

文倩紧握着拳头，摆着一副决不让人的架势；只可惜她跳出来时太匆忙，仓促间忘了拿长矛。但她并不畏惧，她要捍卫自己。

"这姑娘看起来很倔强！"孙权心里想道。他生性喜欢强悍的人，这女子竟有如此可爱的性格，实在不可多得。他以酒助兴，决定亲自试试，看看她究竟有什么样的武艺？他转身抽出谷利腰间的佩器，抛向文倩。

文倩单手轻扬，接住了铜剑。

孙权笑着说道："来，我们比比剑。"

他随手抽出自己腰间的青铜宝剑，挥舞了两人，冷不防向她刺去。她跳在一旁，闪开来剑，眨眼间还去一剑。

孙权亦十分灵活，轻轻躲开这一剑，又闪电般地还手一刺。

她快速地用剑挡开直指她胸膛而来的剑锋。

两人你来我往，左挡右劈，寒光闪烁，互不相让。

孙权虽然酒兴大作，但他心中十分明白，暗暗佩服，这位娇小女子，绝不是一般男子可以取胜的。他只是想试试她的武艺，并未认真和她拼杀。但此时，她已经无法摆脱，孙权只得虚晃两剑，架住来剑，说道："好了，好了，别当真的，只不过跟你闹着玩玩，哪能为此认真！"

文倩紧锁眉头，并不答话。但可看出，她那美丽的眼睛里，似有敬服之意。她自知虽非来者对手，但来者并无伤害她的初衷。

看着太阳西下，渐渐掉进了长江北岸的群峰之间，孙权打算下山了。他转身对姑娘说道："好吧，改天我一定再来。"

孙权转过身时，忽听谷利说道："还给我！"

文倩将手中的剑端详片刻，似有几分不舍。

最终，她还是把剑还给了谷利。

孙权知道她爱上了这剑，遂抽出自己腰间的青铜宝剑，说道："我这把宝剑更好，送给你。接剑！"

文倩接住飞来的铜剑，又惊又喜。

孙权两手合拳在胸前抱了抱，告辞下山而去，侍卫紧紧跟在身后。

文倩执剑在手，久久呆立在草棚柴扉之前，目送那些她认为是兵匪的人往东面营寨走去。

这时，一个青年汉子从一片树林中闪身出来，他手握一根扁担，扁担上绕着麻绳，一把砍刀插在腰间。他走到文倩身边说道："方才离去的那位将军，可是东吴讨虏将军？"

文倩看了他一眼，见他约二十多岁，操的是下江口音，却又是一身樵夫打扮；尤其是他的双耳，似很不对称，仔细一看，原来他的左耳缺了一半。

她摇了摇头，然后，返身进了茅棚。她心中有些好奇：难道与自己交手的"兵匪"，果真是妇孺皆知的讨虏将军孙权？

孙权别传

　　这位讨虏将军孙权，字仲谋，吴郡富春人氏，是东周时帮助吴王阖闾打败楚国的军事家孙武后裔；其父孙坚，年轻时曾当过县吏和县丞。他相貌出众，但行为轻狂。他强娶了才貌双全的吴夫人（后称国太），膝下有四男一女，长子孙策，次子孙权。东汉末年，爆发了黄巾大起义。因孙坚出兵镇压有功，封为别部司马、迁议郎，不久又升任长沙太守。董卓作乱时，孙坚以长沙太守和乌程侯的身份，与袁术联合，举兵讨卓；后升任豫州刺史、破虏将军，被称为"孙破虏"。孙坚打进东汉京都洛阳，在枯井内偶获东汉传国玉玺，上刻"受命于天，既寿永昌"八字。不久，袁术派孙坚攻荆州刺史刘表，孙坚被刘表部将黄祖射死于襄阳岘山（今湖北襄阳县南），传国玉玺为袁术所得，带往寿春（今安徽寿县），作为他称皇帝的依据。

　　孙坚死于初平三年（公元192年），这时，孙权才九岁，长兄孙策也只有十七岁。孙策心怀大志，继承父亲的事业，决心大干一番。不久，他便投靠袁术，以协助袁术平定江东为借口，从寿阳出发，沿途招兵买马，到历阳（今安徽和县）时，已扩充至六千余众。

　　这时，他幼时好友周瑜领兵投奔于他，一时势力猛增，迅速向江东发展。在他的身边，文有张昭、张温、秦松等谋士，武有周瑜、朱治、程普为将军。三年之内，他就攻克了吴郡（今苏州一带）、会稽（今浙江绍兴一带）、丹阳（今南京和皖南一带）、豫章（今江西南昌一带）和庐江（今安徽巢湖一带）等六郡之地，组成了江东根据地。实际上，孙策是东吴奠基人。

　　曹操看到孙策已割据江东，便奏表皇上，汉献帝封他为会稽太守、讨逆将军，并封为吴侯。

　　孙策长得非常英俊，与名将周瑜既是同年出生，又是挚友。他们分别娶了乔家美丽如花的两姐妹——大乔和小乔为妻。孙策曾对周瑜说："乔家二女虽然长得俊美，但嫁给了我们两人，也足以使她们舒心展眉了。"

　　孙策生性开朗，善于用人，武艺高强，威震江东，人称"孙郎"，他平素喜欢打猎。在他二十六岁那年，有一次，他在吴郡山中打猎时，一名隐藏在山林中的刺客一直秘密跟踪在他的身后。刺客叫丁元，原是吴郡巨贾许贡的门客；当年孙策攻下吴郡时杀了许贡，丁元便立志要为许贡报仇，于是，他便潜伏在山林中。他看到孙策下马追赶一只受伤的野鸡时，毫不犹豫地放出了一支冷箭，射中孙策的面额。随从们连忙扶孙策下山，但伤势严重，虽经包扎治疗，伤口终难愈合。

孙策的侍卫们擒获了丁元，在审问时，丁元咬断了舌头。夜里，侍卫们将他囚禁在牢房中，谁知，丁元乘看守不备，一头撞在石柱上，血浆四溅，命丧黄泉。

孙策在临死之前，把二弟孙权托付给军师张昭，对孙权说道："举江东之众，决机于两阵之间，与天下争霸，卿不如我；举贤任能，各尽其心，以保江东，我不如卿。"

说完，他喘息着，向孙权抬了抬手，让他走近一些。孙权连忙走近卧榻，孙策从枕旁取出印绶，交给孙权。孙权双手捧住，泪如雨下，连忙跪下。

张策又向张昭、周瑜等人看了一眼，他们连忙走到卧榻前，齐刷刷地跪在地上，听他弥留之际的最后嘱托：

"你们，要尽力辅助……仲谋，共图大业……"

说到这里，只见他双眉紧拧，浑身抖动，原来，他的创伤迸裂。待郎中匆匆赶到，他已含恨而亡。

年仅十八岁的孙权，继承了兄长事业，征战之余，学文习武，又善骑射，心有智谋，令天下人看重。曹操曾说过："生子当如孙仲谋。"他指的是草船借箭一事，来证实其足智多谋。

有一次，孙权为了探清曹军情况，亲自坐船去曹军营前侦探，被曹军发现，箭镞如雨点般射过来，瞬间船被箭压歪。孙权一想，计从中来，即令将船掉过头来，让船身的另一边受箭，船很快便平衡了。他迅速离开曹军前沿阵地，不仅化险为夷，还获得了大批箭镞。此后，这个故事被小说家借了过去，演绎成为诸葛亮"草船借箭"的千古佳话。

孙策死后，孙权成了东吴的主人，东汉王朝封他为讨虏将军。

孙权这次来鄂县坐镇，扬言建都，实是一种谋略。

来这里建都已经决定了，只是要在稍后一段时间。

在建都之前，他要去实施一个重大的战略。为此，他还要派人去完成一次秘密使命。而这秘密使命，除长史张昭外，没有第三人知道。调在芜湖驻军的定威将军陆逊来到这未来的建都之地，就是要他去完成这次秘密使命的，只是暂时还未向他交底。

因此，陆逊一无所知。

孙权别传

定威将军陆逊，本是军中一个不知名的小将，一次偶然机会被孙权发现，破格升为定威将军，渐渐成为孙权的宠将。孙权以知人善任著称，他善于发现人才，勇于不拘一格地使用人才！这才是他迅速崛起并成为一支强大军事和政治势力的重要因素。

谋事在人，成事在天。他不依赖天命，他有很好的谋士，有善战的将领，就能干好大事，去完成统一使命。然而，他却不会去草率从事，用人往往慎之又慎，一经发现可用之才，即遴选为将领，并宠爱有加；却不轻信纵容，遇到重大任务还须认真考察，确实可信之后方放手使用。

这次之所以调陆逊过来，就是为了完成那个秘密的使命。但陆逊能否很好地完成呢？孙权没有把握，他需要在这里看一看。

定威将军陆逊，遵照讨虏将军孙权的命令，带领他的七千士兵由芜湖乘舰船逆流而上，不过七天时间就抵达樊口，选好地形，扎下营寨，按作战要求，分前、后、中三营，前后各二千五百人，中营二千人，主营在中。

一切安置妥当，陆逊严令兵士守营不出，万不可松懈。然后，骑马往孙权驻扎之地报到。

孙权的大营，扎在长江南岸的渔村旁边。由樊口来这里，必经西山南麓，陆逊途经西山南麓时，猛然记起了什么，他勒住马缰，反望山上。他想起了那天在山上见到那位织布姑娘的情景。不知为什么，那姑娘的身影总在他的面前晃动，尤其是那双明亮的眸子，令他难以忘怀。不知今后还能否见到她？

想到这里，他心中有些惆怅，猛地朝坐骑抽了一鞭，岂知那一鞭抽得太重，骑马受惊，纵身跃前，朝东飞奔而去，险些将陆逊掀下马来。

6

文情是位既知书达礼又十分孝顺的姑娘。这几天的经历，使她有些心神不定。那些突然打扰她们母女平静生活的军人，是什么身份？为何总在西山附近转来转去？她将自己的想法告诉了她的母亲；母亲听了，亦觉得有些奇怪，便嘱咐她今后少出草棚，以防不测；文情点头称是。

她和母亲吃了些节前蒸熟的面饼，又喝了大半碗凉开水，便上了织机。

母亲一边摘竹篮中的地菜，一边向她讲述着有关寒食节的故事——

春秋时，晋献帝宠爱妃子骊姬，将王位传给了骊姬所生的奚齐，杀害了太子申生。

申生的弟弟重耳为了活命，便带着几个亲信逃出晋国。

有一天，他们在山中迷了路，加上好几天没吃饭，饿得头晕眼花，险些无法支持。随从介子推见状，便在僻静的地方，从自己腿上割下一块肉来，用火烤熟，让重耳吃了。

重耳十分感动，表示今后要报答他。

介子推说道："不求公子报答，只求公子能当个清明的国君。"

重耳流亡了十九年，终于在秦穆公的帮助下，回到晋国做了国君，叫晋文公。他封赏了所有随他流亡的功臣，但偏偏忘了介子推。经别人提醒后，他连忙派人去请介子推。

介子推拒绝封赏。

晋文公又亲自去请，介子推却背着他的母亲藏进了绵山。

晋文公派人去山里寻找。但山大林密，没找到。

有人建议晋文公烧山。从山下三面点火，只留下一方；介子推必会从未点火的那一方下山。

晋文公应允。

于是，下令火烧绵山。

顿时，满山通明，烟云遮天。

连烧了三天，绵山变成了焦土，仍不见介子推出来。

大火熄灭之后，人们发现介子推背着老母，烧死在一棵大柏树的旁边。树身上有个洞，洞中有介子推临死前写在一片衣襟上的血书，大意是请求国君记住当年的经历，要做一个清正廉明的君王。

晋文公看了血书之后，既悲又痛，下令厚葬介子推；并把绵山改名为介山；还下诏天下，每年在介子推被烧死的这一天，要禁烟火，吃冷食，以纪念这位贤人。

这就是寒食节的来历。

……

文倩织布一直织到子夜。因为次日她要去鄂县城中卖布，以便去店铺中买些香纸等祭品。母亲看她太劳累了，便心疼地夺过她手中的木梭，催她上床歇息去了。

次日，阳光璀璨，和风习习，孙权带着军师张昭以及侍卫官谷利等十余名御林军，再次登上了西山。来到东北坡，他们再次勘测了地形；之后，他们顺便来到了文倩家的茅棚。孙权让随从远远停下，只和张昭、谷利走近茅棚。

茅棚柴门紧闭，里边依然传出唧唧复唧唧的阵阵织布声。

孙权示意谷利叫门。

谷利走近关着的门前，喊道："喂，请把门打开，主公要见你。"

里面静寂无声。

谷利正要再喊，门却轻轻开了。

文倩当门站着，美丽的眼睛里虽然没有敌意，但并未表示友好；她也没有让人进去的意思。

这时，孙权忽然瞧见有一位老妪走出来，眼里闪烁着惊疑和惶恐。

孙权连忙深施了一礼，并安慰说道："老妈妈，请不要害怕，我们不是坏人，不会伤害你们的。"

这是文倩的母亲熊氏，文母不知是感激还是心有余悸，她双腿跪地，说道："不知将军驾到，贫妪有罪。"

孙权连忙上前扶起文母，轻声相慰："老妈妈放心，我们是路过这里，顺便来看看你们，没有他意。"

文倩一直在冷眼旁观，她紧绷的脸上渐渐有些松弛，仿佛心里在说：看来，他们真的并无恶意。

谷利指了指孙权，对文倩说道："你可知道他是谁吗？"

文倩不答，或许她不想知道他是谁。

谷利接着说道："东吴讨虏将军。你可知道？"

"孙将军？"文倩惊愕地朝孙权看了一眼，缓缓走过去，低下头，慢慢跪下。

文母在一旁说道："小女不知事，得罪将军。请恕罪！"

文倩跪地，低头不语。

孙权不知所措，又不便上前扶起，只是连连挥手，说道："快快起来，快快起来，不怪罪！不怪罪！"

文母对文倩说道："文倩，谢谢将军不怪罪，快请将军上坐！"

文母虽仍然心有余悸，但很客气地请孙权等人走进茅棚。这茅棚里，除了织机、纺车，没有更多家具。孙权和张昭也不客气，便坐在一张木凳上。

文倩分别捧上一碗山茶，回头对孙权说道："久闻将军大名，今能见着将军，是民女有幸。"

孙权对文倩说道："别再拿长矛刺我啊。"

文倩羞涩一笑。

孙权一面饮茶，一面想：这个名叫文倩的姑娘彬彬有礼，文雅庄重，言谈得体，必定是大户人家之后。他瞧了一眼那织机上的布，织的是葛藤布。

"你母女如何来这荒山僻野隐居？"张昭在一旁发问道，这也正是孙权想要问的。

文倩看看母亲，没有回答。

文母叹了口气，眼圈渐渐红了，眼睛也湿润了。

张昭安慰道："慢慢说来。"

文倩缓缓抬起头来，仰望屋顶，她在尽量压抑着自己的感情，让那颗受了创伤的心得以平静。

她的母亲把自己一家的悲惨遭遇讲给孙权等人听了。

在母亲的讲述中，文倩在一旁抽泣不止。

孙权被这一家的遭遇所打动，心中怜悯不已，只是喃喃地说道："战乱使你全家受难，真苦不堪言也。"

文倩抹了抹泪痕，说道："不只是我们一家，黎民百姓都因战乱难以生存。长此以往，百姓怎么活命？"

孙权颇有感触地说道："战乱使百姓遭灾受苦久矣，只有尽快平定天下的大乱，才能使天下大治，黎民大安。"

文倩听了，蓦地跪在孙权面前。

孙权不知如何才好，快说道："快快请起，快快请起。"

文倩说道："恳求将军救民于水深火热之中，让百姓能安居乐业！"

孙权说道："今日来鄂县，就是为了今后能统一天下。"

"愿将军成功！"

孙权问道："看来，文倩姑娘知书达礼，平日里定然博览群书吧？"

文倩说道："见笑了，贱女学识浅薄。我家世代书香，家父虽管教极严，然贱女愚钝，实难长进。"

文母说道："文倩这孩子，从小聪明，三岁背诗，七岁能背经史和《春秋》，十岁会刺绣纺织，十二岁已通琴棋诗画，还熟读了《孙子兵法》《道德经五千言》

等书。稍大些，又随父亲学过营造、测绘等技艺。"

孙权异常惊喜地说道："啊呀呀，文倩姑娘堪称才女啊！"

忽然，张昭的眼睛盯在壁上一幅丝织刺绣上。

孙权也看到了，问道："这是你绣的？"

原来，绣幅上是一幅地图，旁边还有一幅洛阳城平面图，图中有未央宫的宫阙。天头上还绣有八个大字："金瓯一片，江山万里！"字字光彩夺目。

孙权反复欣赏，赞不绝口。

张昭十分激动地说道："文倩姑娘，你真是心灵织江山，手巧绣金瓯啊！"

孙权喜出望外，忽然想起一件事，便问道："你会绘图？"

文倩含笑点点头，羞怯地说道："略知一二。"

接着，她把自己跟随父亲学习营造、测绘技艺的情况简单说了一遍。她指着墙上的绣幅对孙权说道："洛阳城图，是贱女沿着城内城外跑了几遍之后亲手绘出来的，那未央宫是根据文家家谱上的描绘绣出来的。"

说完，她征得母亲的同意，从壁上取下绣幅，说道："愿将拙笨之物，敬献将军，请将军笑纳。"

孙权听了，连忙接过去，对身边的张昭说道："正无寻觅处，有幸结识文倩。如今，建城不愁无图了。"

文倩茫然，不知孙权说的是什么。

张昭向她解释道："我们将军要在这西山之下建筑都城，主公想请你绘制一幅建城图。你愿意吗？"

文倩欣然答应："东吴在这里建都，好！我愿为将军效劳！"

孙树随即粗略地说明了都城布局构想。

文倩点头领悟。

她建议孙权：这建都之事非同小可，需广招天下能者绘图。从中择出最优者，再按图筑城。

孙权觉得文倩此语不但谦逊，而且心胸和见地皆不同凡俗，是女子中的佼佼者。

时间不早了。

谷利一再催孙权回营地，孙权这才不得不站起来辞行。

文倩立于山坡上，目送他们走下西山。

步下西山后，孙权对张昭说道："好一个奇女子，请她下山，必有大用！"

张昭点头赞同，内心似乎在揣摩着什么：这女子终将归谁所有呢？

7

孙权的大本营虽然在江东一带，但自建安十八年（公元213年）之后，已先后占领了长江中下游大片地区，并控制了岭南的大片土地。建安十五年（公元210年）时，岭南的交趾太守士燮投靠孙权后，崔南的七郡都成了孙权的属地。他现在急于打通万里长江，但是，被刘备借去的荆州却像一把大锁，锁住了他向上游发展的手脚。他要打开这把锁，争夺原本属于他的战略要地——荆州。

这个端午节后不久，孙权接到密报：关羽奉刘备之命进攻襄阳、樊城，大败曹军的主将曹仁，俘获了大将于禁，斩了庞德，军威大振！曹操惊恐，连夜派人向驻扎在鄂县的孙权送来急报，要孙权出兵袭击关羽后方，以解襄樊之急！并答应事成之后，将江南之地封给孙权。

孙权觉得收回荆州的时机已经到了。

这天上午，孙权在自己的营中召集各军将领开会，分析蜀魏的对峙形势，研究布局东吴的军队。开完了会，孙权备了酒宴，宴请文官武将。

席上，孙权的兴致特别好，连饮数杯，忽然发现那盘中的鱼特别好吃，滋味殊鲜，便连声赞叹。

张昭告诉他说："这鱼名叫樊口鳊鱼，乃此地特产。各地虽有鳊鱼，均无樊口鳊鱼鲜美。"

"竟然有这种事？"孙权半是赞叹半是疑问，"以后，都城要有个名字，到时候，以都城之名来命名这樊口鳊鱼！"

张昭说道："主公之言甚是，物以城名也。"

孙劭说道："主公，都城之名，事关重大，可广征意见。"

孙权举起酒杯，说道："对，集思广益，要专门集众商议。来，喝酒吧！"他一饮而尽。

一片"喝"声中，酒宴到了高潮。

在东吴，凡是孙权主持的酒宴，必开怀畅饮，每宴必有许多人醉酒。今日宴席上，有几位将军已经大醉下席。

定威将军陆逊不怎么会饮酒，今日也多喝了几杯！好在他年轻，虽然已经醉了，却能自制。散席时，陆将军已身如悬空，视觉恍惚；然世间英雄都不肯认醉，也不肯认输；他装着没醉，强打精神纵身骑上马背，抽鞭飞驰，直奔他的部队所在地樊口。

张昭是位心细如发的长者，他注意到定威将军已经醉酒，尤其是在他上马的瞬间，发现他险些栽下来。

于是，他叫了自己的四个侍卫立即上马，吩咐他们中的两人在陆逊马前，不能让他的坐骑跑得太快；又吩咐另两名侍卫走在后面，防止他跌下马来。

吩咐完毕，只见四匹骏马将陆逊的马夹在中间，欲快不能，欲慢不得。

陆逊趁着酒劲发火道："为何如此放肆？快快闪开，让我过去！"

前面的两个侍卫中的一个说道："将军的马太快，我等马不能赶上。所以，只好在将军马前跑，免得将军把我们抛得太远。"

陆逊听了这话，心中倒也服帖，只好让自己的马夹在中间。

坐骑平安地把他驮到了樊口营地。

孙权见张昭派四匹马护送陆逊，已经明白他的用心，只是点头微笑，也不说话。

军师问孙权道："主公，为何今日一味盯着定威将军饮酒，将他灌醉了？"

"试试他身手而已。"

张昭似明白似不明白地望着孙权，似乎在问：喝酒也能试身手？恐非此也。

孙权看出军师心中疑惑，咧着大嘴笑着，随后悄悄地向他说了个秘密。

张昭听了，直说道："主公高见。"

陆逊回到营中，虽醉却不忘自己的职责，他先去营中检查岗哨，叮嘱吩咐各营不得懈怠。

巡视之后，才回到帐中，一侧身，便打呼噜睡去。

夜已深，陆逊仍在熟睡之中。

忽然，梦中恍若有冲杀喧闹之声，但他仍然不能醒来。

蓦然间，仿佛有值勤士卒急报："将军快醒来，敌军夜袭，已冲破营门；另江面有舰船靠拢，情势紧急！"

陆逊骤然大醒，猛地翻身下榻，只道出一个"快"字。

卫士回答："敌已进营，将军速决！"

陆逊命令："传！中营从左边撤出营地，后营从右边撤出营地，前营奋力抗敌，死守营寨，不得后退！"

卫士应声而去。

做出紧急战斗部署之后，已经完全清醒的陆逊，冷静地想道：怎么突然间从陆地、水上同时夜袭营寨？东、南、西三面都是我军地盘，即使敌军由江北来犯也很不易，这是何处来敌？

但时间不容他多想，他快步出营，挥剑指挥队伍。

由于前营士兵英勇，夜袭军不能深入营中，只在营外虚张声势，阵阵呐喊以示军威。

这时，营外四面突然杀声大震，火把齐明！

陆逊骑在马上挥戟杀过来，正要突入偷袭的军阵之中，忽然听见军中有个洪亮的声音高喊："伯言休动手！"

陆逊抬头看去，对方阵中闪出者不是别人，正是讨虏将军孙权！

他急忙下马，跪在地上向讨虏将军道："险些误伤，主公恕罪！"

孙权大嘴一咧，发自内心地笑着。他一脚跪地（注：古时君对臣或上对下高兴时常下跪，那是表示尊重和爱戴。）扶起陆逊。千军易得，一将难求！陆逊醉酒还能对敌情做出如此迅速的反应，部署如此严谨，迅速包围了偷袭之"敌"，这是非凡的指挥！如此将领才能，还有什么不放心的呢？

军师张昭知道孙权要试探这位定威将军，故偷袭他的军营，恐防误伤了士兵，也带了些骑兵赶来。看到眼前情景，他由衷的高兴。他对孙权说道："东吴人才辈出，主公之幸也。"

孙权高兴地说道："天赐伯言于我，大业在望！"

张昭说道："主公，那重要的使命，可交定威将军去完成了。"

孙权微微点了点头："非伯言莫属，定能成功！"

东方放白，启明星已经升了起来。

8

骄阳如盘，跃出梁子湖东南的山峰，湖水金光粼粼，姿态万千。

定威将军陆逊领着军师张昭和讨虏将军孙权，沿湖滨走来，一队随员和侍卫远远地随在他们的后边。他们走上坡梁，居高临下地展望着前方，只见湖水浩渺，渔帆点点，水天一色。

陆逊不禁感慨万千，说道："此湖湖面宽阔，百里长渠，直通大江，诚训练水军之佳地也。"

他们勘察了梁子湖之后，先乘小船沿九十里樊川向樊口行驶，当行至三山湖时，弃舟登陆；在三山湖勘察过之后，又骑马经瓜圻到月河，尔后来到了雷山脚下的钓台旁歇息。

孙权正要说话，却被谷利打断："那是谁？"

孙权抬头望去，见西山脚下有位身材窈窕的女子，正往这边走来。他看清了是文倩，便说道："谷利，请文倩姑娘到这里来！"

谷利应声而去。

说话之间，文倩已经走近。

她的到来，仿佛昏暗间忽然有了光亮，一些没见过她的官员，都惊叹她的端庄与灵秀。

文倩很敏锐，已觉出有许多目光在看自己，顿觉脸上热辣辣的，与那雷山上的杜鹃花一般红艳。

"孙将军，这梁子湖很大吧？"

文倩有意支开那些射来的目光，把大家的注意力引向刚刚勘察过的梁子湖，聪明的姑娘就这么摆脱了羞涩的难堪。

孙权问她是否了解梁子湖的情况。

她也不拘谨了，望着蜿蜒南伸的樊川，便将她在史书上读到的和在当地听到的有关梁子湖的概况，一一叙述起来：荆楚之地是个多湖之乡，这梁子湖在荆楚也是个颇有名气的湖泊，水面百里余长，北通长江，西抵江夏，西南达铜铁矿藏宝地铜绿山，南至磁湖以及西塞山，东南莲花湖。古时多以水上交通为便，可知这湖对东吴的意义了。对湖中所产鱼藕之类，她自然也作了介绍。

于是，话题又回到了樊口鳊鱼为什么特别鲜美上来。

孙权问道："你知不知道樊口鳊鱼为何特别鲜美？"

文倩答道："鄂县盛产的这种鱼，叫樊口鳊鱼，因为活跃在樊川通江入口处，春季洄游，从长江到梁子湖有近百里之程，只有体力特佳者方可入湖产卵。这种鳊鱼平时生活在江水湖水汇合处，江水浑而湖水清，如是从梁子湖游到长江，则吐一口清水，喝一口浑水；如从江中游回到内湖，便吐一口浑水，喝一口清水。因为吐纳特异，精华兼收，所以味道特别鲜美。"

张昭听后，说道："这很可能。在特殊环境中成长起来的鱼，和其他地方的鱼，味道有别！"

朱据说道："这梁子湖的鳊鱼，与别的地方的鳊鱼有什么不同呢？"

文悄笑着说道："诸位将军可能不知道吧，樊口产的鳊鱼颈项特别短，俗称'缩鳊项'，一般都有十四根刺；而别的地方，比方说建业吧，那里的鳊鱼最多只有十三根刺。若是不信，待你们去建业吃鳊鱼时，留心数一数鱼刺就行了。"

众人听了，都纷纷称奇。

"樊口鳊鱼与天下鳊鱼的不同之处，大约就在此吧。"张昭说道："樊川和梁子湖相连，水相通，鱼儿亦有别于其他同类。"

孙权点头说道："很有道理。走，我们去樊口通江口瞧瞧！"

陆逊领着大家往江边走去。

谷利去渔船上买鱼去了，等将军们快到长江入口处时，他才赶了上来。

在樊川水入江处，江水和湖水相汇，奔腾踊跃，樊口鳊鱼，在这湖水与江水汇合处生存、繁衍、生息、成长，在这特殊环境里获取特殊的养料，因此才有特殊味道。

"嗯，此处水域的确不同于其他地方。"孙权看了这里的地理环境之后，信服地说道："文悄所言不谬。"

说完，他又转过身来面对江面，放眼北岸，目光忽然变得严峻起来，官员们都悄没声息地抬眼北望。江北岸是邾城（今湖北黄冈）的赤壁，亦名赤鼻山。赤壁这段江面有数里宽，江面开阔，江水本来由北奔腾南下，由于樊口旁西山的阻隔，江流不得改向由西而东，走向以赤壁转折点。那赤壁连绵数里，陡峭如削，气势非凡，壁下流水袭石，浪涛飞腾，惊心动魄，蔚为壮观。若在鄂县建筑都城。那么，长江对岸的赤壁便是重要门户，需派重兵驻守。

陆逊十年前并未参加那次赤壁之战，因此，他对当时的战况知之甚少。但他知道，那壮观的战斗场面，一定会令主公经常忆起。至于主公对那次转折历史的战斗是怎么想的，他不得而知。

为打破这突如其来的严肃气氛，陆逊说道："主公，当年曹公败于赤壁，是何等的狼狈！"

孙权极目遥望，颇有感慨地说道："昔日无数英雄已成古人，今朝江山仍未统一。"

孙劭说道："若非赤壁之战，哪有今日鼎立之势！"

此语说得十分中肯。

大家都没有继续说下去，因各人所想不同。

当年主降派以张昭和秦松为代表，极力反对抗曹，主张向曹操投降。说曹操是汉王朝丞相，若奋起抗拒曹公南下，便是背离朝廷！抗曹即割据对抗。

其余势力，诸如袁术、袁绍、吕布等，已被消灭；刘备仅是有野心而无实力之辈，根本不能对抗曹公。除关羽所率两千水军由汉江南逃之外，刘备已无一兵一卒。唯讨虏将军孙权是一股最大的力量，对抗曹公，便意味着战争将会在相当长的时间内不能停止，天下难于统一！

以鲁肃为代表的主战派认为，投降没有出路！只有决一死战，方能求得生存！

孙权接受了鲁肃的意见，召回周瑜。共同分析三方的形势，决定联合刘备。后来，在赤壁与曹操一战，不但救了刘备，使刘备得以恢复生机，而且形成了曹、孙、刘三足鼎立之势！从此，战火不息，无望统一。

对于三足鼎立的天下形势，张昭心中一直隐隐作痛。

赤壁之战后，他认为周瑜以两万水军胜曹操二十八万（曹操自称八十三万人马，乃是兵不厌诈，虚虚实实），纯属机遇。当时，曹军在青州训练十余万水军，余则大部分为荆州刘表所属。十月得刘表水军，冬月即率领来长江参战。刘表水军能否听曹将指挥？是否能英勇善战？而青州水军虽有十余万，然都是北方士兵，水性并不娴熟。更何况在风大浪急的长江之上呢！

曹操令青州水军中的一部分作为先遣部队，由汉江经夏口（经武汉）入长江。一进长江，风吹浪击，先遣军有的呕吐不止，有的累倒，有的病倒。

舰船行至赤壁附近，迎头遇上周瑜率领的两万溯江而上的水军，遭遇即战。曹军毫无准备，也无战斗力，一战即败。于是，命令舰船停靠在江北岸的赤壁之下。

初战不利，锐气大减。曹公只好把所有船只停泊在乌林至赤壁五十余里的长江岸边，一方面作再战准备，一方面抓紧时间训练以适应大江作战。

由于青州士兵不习惯江浪摇荡，只好用铁链将战舰都连接起来，以御风浪袭击。

于是，才有黄盖献计，火烧曹军战船！这便使曹军在惊慌失措中失去控制，纷纷溃散。

此次大战，奠定了东吴今日的根基。

若非这些对曹操水军不利的条件，两万水军能打败排列几十里、近三十万之众的水军吗?

今天同来这樊口的官员中,南郡长诸葛瑾十分赞成三国鼎立!

他最恨曹操。说曹操是当今大奸,名为汉相,实为汉贼!唯有和刘备联盟,才足以抗拒这个当今大奸!

孙劭当年是积极反对联刘的,他佩服曹公心有大略,文能诗,武能战,用人有方。不过,孙劭却不轻易说明自己的意见,而且,常常使人觉得他口是心非。

孙权原先并无抗曹的思想准备,更无联刘的准备,只因他不为曹操所器重,加上鲁肃、周瑜赞成,才走上了对抗曹操之路。

赤壁侥幸大胜之后,孙权又被鲁肃一步一步劝逼,加上与刘备联盟,才借荆州给刘备立足,刘备却无归还之意。

这就无异于养虎为患,哪里是联盟?

三足必须先去其一足!孙权已下此心。

生为人杰,死亦鬼雄。

他将在鄂县建都,拜天称帝,以实现父亲和哥哥争霸天下的心愿!

他把目光从遥远的赤壁收回,收向樊川,对身边的陆逊说道:"什么孙刘联盟?在赤壁之战时,刘备仅有的两千水军,由关羽率领,就躲在这樊川,不敢参战。所以,后来他们也没有占领地盘。但刘备借了我荆州去立足,到今天仍以联盟为借口,不还于我。实在是小人着恼。"

提起荆州,众人都觉得刘备言而无信,属市井小人之举,是言而无信之徒;虽能得到眼前的好处,却难成大气候。他们看到孙权对荆州一直耿耿于怀,怕引起他的烦恼,所以,谁也没有再作声。

夕阳落山时,孙权率领将领们离开樊口,马蹄声声,尘土飞扬。他们挥鞭策马,向着孙权的大营飞奔而去。

9

孙权已有多时未见到文倩姑娘了,他很想知道都城的选址和测量、绘图等事宜的进展情况。当初,他让文倩负责此项工作,但他内心其实并不放心。他担心文倩姑娘由于年纪轻,阅历少,不能胜此大任。故而他又派人去建业,取来了建石头城时绘制的图形,若文倩不能及时绘出都城的图形,便会仿照石头城修筑都城。

他让谷利去问一下营造总监艾达明。

谷利回来禀报说，艾达明和文倩姑娘去虎头山测量地形去了，是否派人召他们回来？

孙权听了，摇了摇头，说道："我们何不去虎头山，看一看那里的地形呢？"

说完，便命人牵过黑雕，带上谷利和几名侍卫出了大营。

文倩和艾达明等一行十余人，已测量完了附近的地形，来到虎头山旁边的"凤鸣寺"中。方丈见是孙大将军派出来的官员，便让僧人烧水沏茶，又在一棵合抱的梧桐树下摆上木桌，还取出了一些瓜果，让他们边喝茶，边歇息。

方丈已年过花甲，但他身健脑清，又善于谈吐。他指着寺庙门额上的"凤鸣寺"三个字说道："这是已故的鲁肃将军所题。"

众人抬头看去，见其书法飘逸，果然是鲁肃的笔迹。

原来，在赤壁大战之前，孙权曾和周瑜、鲁肃到过鄂县，选择建都城之址。他们站在凤凰台上，目测这周围的湖泊港口及驻扎屯兵的地形，以为若与刘曹争夺天下，在鄂县建都十分必要。

后来，又经过勘察比较，仍然认为在鄂县建都胜于其他地方。

如今，鲁、周两位名将均已作古，但他们的功绩以及在凤鸣寺上的题字，却为世人所不忘。

"老法师，"文倩放下茶碗，双手合十，微微低首，向方丈说道："赤壁之战，才有今天的三足鼎立之势，但求佛祖保佑，天下能早日统一，黎民百姓可免于兵荒马乱。"

方丈听了点了点头，说道："是啊，姑娘所言，乃天下人心所愿。当年赤壁大战之后，江面上常常看到浮尸随波逐流而下，其状惨极，令人心惊。听说，那场大战死了二十多万人啊！"

文倩说道："赤壁大战，虽是英雄之举，但又是一场灾乱，以少胜多，大败曹军，这是英雄奇迹。但是，却也加剧了天下的混乱！"看来，文倩是读了不少古书的，她的一些见解颇有新意。

她接着说道："因为三国称雄，天下便不能统一；天下不统一，百姓便会遭受没完没了的深重灾乱。孙刘联盟，刘备得利。凭孙将军的才能、功德和精兵良将，完全是可以打败曹操而统一天下的。若总是保护和迁就刘备而割据，则是枉论英雄也。"

"说得好！"不知何时，孙权已经走到了梧桐树下，文倩的一席话，他都听清楚了。

原来，孙权等人在凤凰台下已经下了马。他站在岗阜之上，眺望四周，山冈江水尽收眼底，此处襟山带湖，又傍江岸，形势险要，凤凰台隆起于长江之滨，蜿蜒南去，与洋澜湖相接，四周有村落，沃野有庄稼，是一方不可多得的宝地。当地有"凤台烟树"的美誉，还有传说流传于民间，说此处昔年有凤凰常栖于此台的梧桐树之上，朝西山方向展翅啼鸣。

孙权进入凤鸣寺时，听见文倩等人正在说话，便在一旁听了好一会儿。待文倩说完了，他才兴高采烈地迈步走进去。

众人见孙权来了，都连忙站了起来。

方丈双手捧上一碗茶水。

孙权问文倩道："文倩姑娘，建都之图何时可绘？"

其实，文倩已经勘察了三个多月，各处地形测量了不下百次，所测量的册簿已经装满了三个木箱。她已悄悄地绘制了九种建城图形，但仍觉不如人意，故而便没有禀报孙权，只是多次向营造总监和几位年长的工匠们请教过，待到自认为无懈可击时，再将正式的建都图形呈报给孙权。

此时，她听了孙权的问话之后，连忙说道："请将军放心，三天之后便可以绘成。"

"好啊，我还派人去建业取来了石头城的图形，你可以借鉴比较一下。"

文倩笑着说道："石头城的图形我曾见过了。"

孙权有些诧异："你见过？"

文倩说道："家父在世时，曾教过一个学生，叫司徒中；是司徒中绘制的图形，家父还让我帮他修改过呢。"

孙权听了，心中大喜，遂对文倩绘图一事放心了。

文倩接着说道："将军，我有一个请求，不知是否能说？"

"但说无妨。"

"请求将军向军中下令，要保护好建城的木桩，不可桩上系马。"

原来，文倩他们在寿山和太平桥一带钉的测量木桩，被士兵系马时拽倒了多根，若不及时补钉木桩，会使建筑图形失误。

孙权听了，立即向谷利说道："回去后告知长史，一是布告军民，要保护木桩原样原地，不可移动、毁坏，若有违者，一律严惩；二是选荐三十名官兵，交于文倩姑娘和营监总督听遣，再在军民中广征能工巧匠参加建城。"

谷利听了，立即起身。

孙权叫住他，说道："请定威将军速来这里！"

谷利听了，策马而去。

孙权迈步登上凤凰台。

洋澜湖碧波千顷，再远处，有群峰似屏风环绕，身后是万里长江，江水浩荡东去，直通东海。未来的都城将在凤凰台西侧建成。这里，便是令天下刮目相观的城郭！

孙权脸上，再次露出了由衷的笑容。

10

文倩已经绘制成了建城之图。

但她很谨慎，放了两天，一再思考有无不足之处，又细细审核了三遍，才决定呈报给孙权。想到这西山之下要建成都城，她就无比兴奋。但她在呈报给孙权审定之前，忽然又改变了主意。

此刻，她十分想见到定威将军，想让他先看一看此图，听听他的意见，看还有没有不妥之处。

不知为什么，她虽然与陆逊见面不多，说话更少，但她总忘不了他，她觉得他像自己的哥哥，既稳重，又可信。

于是，她吃了早饭之后，又沿着纤夫踩出的崎岖小路朝西走去。

她望着波涛滚滚的长江，心中忽然闪出一位少年英俊的将军。说来也怪，从那天在茅棚见了陆逊之后，她的那颗心中，便有了一种不可捉摸的甜滋滋的感觉。自那以后，这感觉便常常莫名其妙地来扰乱她静如止水的少女之心。

这时，远远传来一阵马蹄之声。她抬头望去，不觉一阵慌乱，那正是她要找的定威将军陆逊，后面还跟着他的几位随从。眨眼间，陆逊的坐骑已近眼前，正当文倩不知所措时，陆逊已经跳下了马背，立在文倩的面前。

文倩努力使自己镇定下来，不惊不慌，大方自若。对视片刻之后，还是她先开了口："陆将军！"

陆逊微笑着说道："文倩姑娘，城建图可绘好了？"

文倩嫣然一笑，却暗暗吃惊他是怎么知道自己是去送城建图的？便故意问道："你怎么知道我是来送城建图的？"说着，从斜背在肩上的绣花袋中取出图形来，双手递上。

陆逊瞧着她绯红的脸蛋，伸手接过图去，展开浏览了一遍，连连点头。

"请先别点头，"文倩说道，"不足之处请将军指教！"

陆逊说道："无瑕可剔！讨虏将军定会满意。走，一道去见将军！"

文倩故意说道："你们骑马，我一个女子跟在后面步行，多不方便。请陆将军拿了图纸呈孙将军，可好？"

陆逊便说道："我随你同去！"

陆逊令随从牵过一匹马给文倩。

文倩却说："我不会骑马，若陆将军愿意，改日教我骑马。"

说完，她的脸"唰"地红了。

陆逊欣然应允，他果断一挥手，以示决意，说道："好，君子一言为定。"

由于陆逊的坚持，文倩和他步行一同去见讨虏将军孙权。

这学骑马的要求，实际上是偶尔戏言。陆逊居然十分认真，连着两天在西山南麓教她骑马。文倩的活泼让他目瞪口呆，如此俊秀美丽、文质彬彬的女子，如武士一般，仅仅两日，骑术便能与一般男子相当了。

陆逊是位自重严律的人，他惯于战场上的拼命，却羞于与少女交谈。他教文倩学骑，未敢越雷池半步，生怕触及她的衣裙。

文倩见陆逊如此认真，暗暗窃笑。那笑声十分动情，搅乱了陆逊的心绪，如南浦的水面被春风吹拂，水波荡漾，久久不能平静。

11

孙权接到文倩送去的都城图卷之后，便连夜在灯下审阅起来。

文倩的都城图已经装订成册，共有八十二页，其中有图五十六页，文二十六页，不是内里行手，决然绘不出如此精确之图；不经实地反复勘察，也写不出如此精辟之文字。

都城呈长方形，东西城墙略长，南北城墙略短，周长六里，占地八百三十六亩。城墙外有护濠（护城河）；一般城池有四座城门，而文倩绘的都城，却有五座城门，靠西北角处加了一座城门，起名叫"流律门"，此门紧靠江边，乃为方便水运而建。

孙权审核完毕，连连拍案叫绝。

他又召集张昭、陆逊等人连夜讨论。张昭说此图甚好，可与建业相比。孙权便忙命谷利取来建业城的图形，不看则已，看过之后都心悦诚服地佩服文倩的聪明才智。

原来，将在鄂县新建的都城，与建业城有诸多相似之处，是巧合？还是天意？比方说，二城皆坐落在长江的重要渡口处；建业之西有夹江（今淮河八江孔道），鄂县西有樊川（今长港）；建业是东吴重要的水军根据地，樊口是鄂县训练水军、进湖入江的门户；建业四周环山，鄂县亦有山峦，只是离城稍远一些；建业西部有清凉山，鄂县西部郊外有西山；建业南有前湖，北有后湖，郊区有大片的沼泽地带，而鄂县南有洋澜湖，东有花湖，西南有三山湖，南有梁子湖，人称鄂县为百湖之县；建业有铜、铁矿藏，鄂县的铜、铁矿藏量多，易采，有利于就地铸造兵器和钱币。

当他们将一张张图形，一页一页地审核完了，天色已经亮了。也许是过于兴奋，孙权竟毫无睡意，他对谷利说道："备马，我要去西山打猎！"

待谷利去为他备马的时候，他匆匆以凉水洗了洗脸，对众人说道："诸位累了一夜，都困乏了，回去歇息吧。"

说完，他便跃上谷利牵来的黑雕，迎着刚刚跃出江面的一轮朝阳，向西山策马而去。

12

建城图定下来之后，孙权又召集文武百官，将文倩制的画册让大家传看；众人看了，交口称赞。

接着，孙权就要大家为新建都城出计献策。

一时间，众人交头接耳，议论纷纷。

这时，张昭军师站出来说道："主公，都城不可无业无商，民为根本，这鄂县地方三多一少，即山水多，野兽多，鱼虾多，但人口稀少。既然定都鄂县，就要移民来鄂县。我们应从建业迁富户、业民来此。"他所说的富户，每户连家仆家丁算在一起，大约有十多人。

孙权说道："子布所言极是。"

回头瞅瞅丞相孙劭，孙权说道："丞相，请立即起草文书，从建业移一千户富庶之民来此，尤其是要注意炼铜、炼铁、织绣、造船等工匠，在这里安家落户，共图大业。"

说完，他又转向众官员，大声说道："都城岂能无名？名正则言顺，众位可曾想过？"

百官们纷纷说出了自己认为最好的都城之名，诸如：安都、绕城、牛京、兴安等等，还有永盛、东兴、成武、华富等等。

孙权听了，并不中意，他微微摇头或默不作声。

等大家言毕，孙权转向张昭道："子布，君何不言？"

张昭慢条斯理地说道："主公，我们是以武建国，建国之后必然繁荣昌盛。老臣建议，都名'武昌'！"

孙权听了，双目顿时明亮起来："好！以武而昌！"

"以武而昌！"众人一片赞叹声。

陆逊高兴地说道："张军师之议高明，以武而昌，所以'武昌'！"

讨虏将军孙权不动声色。

良久，他一步一步地走向张昭，忽然间按捺不住内心的兴奋，说道："子布！此议甚合我意，又得众望。好，定都名'武昌'！"

东吴浴血奋战夺天下，实现天下大统，都城繁荣昌盛！

这正是讨虏将军孙权毕生的宏愿，他怎能不高兴呢？

当晚，孙权设宴，与将领们畅饮。

席间，有樊口鳊鱼佐酒，孙权看到盘中的鳊鱼，忽然忆起了在樊口议论此鱼之名的往事，便笑着说道："诸位，既然都城之名已定，那么，武昌盛产的樊口鳊鱼，就叫'武昌鱼'，可好？"

经他一提，大家都赞同。

于是，樊口鳊鱼自此亦叫"武昌鱼"了。

13

都城定名之后，筑城和建业迁民同时进行。

在千户富户迁来之前，孙权的三位夫人和其他一些将领的眷属，已先期乘船向武昌进发了。

三位夫人是从吴郡（今苏州市）起航的。在王夫人、徐夫人、步夫人中，唯步夫人最得孙权宠爱。孙权最讨厌徐夫人，几年来，他根本不见徐夫人的面。三位夫人来了之后，孙权并没有显得十分高兴，他依然忙于与几位将军讨论军事，部署军队，他还抽空去了建筑工地巡察。

这几天，他正在陆逊营中，张昭等人也在樊口。

一个十分周密也十分大胆的军事计划，已经酝酿多时了。这几天，陆逊营中的烛光彻夜明亮，营地警卫严密。

至今日拂晓时已经审定，一场重创刘备的战役，即将拉开序幕。

吃罢早饭，其他将领纷纷回到自己的驻地去了，陆逊陪着孙权步出营帐，二人缓缓向西山走去。

"主公，三位夫人来了，你不回去看看？"陆逊笑着对孙权说道，"我已派人到江边买武昌鱼去了，请三位夫人尝一尝武昌鱼的味道。"

孙权说道："谢谢你的盛情。噢，我记起一事，你还记得文倩姑娘在凤鸣寺所说的一席话吗？"

"记得，你当场还赞扬过她呢。"

"这几天，她日夜忙于筑城。你见了她时，代我问候，要她劳逸有度，不可过于劳累了。"

陆逊点头，并自言自语地说道："文倩姑娘文武兼备，若是个男子，留在军中，必然大有作为。"

孙权听了，颇有感慨地说道："是啊，像她这样文武双全的奇女子，可惜在我东吴实在太少了。伯言，你说说看，都城建好之后，应当如何奖赏文倩姑娘才好？"

陆逊一时不知如何作答。

"依我之见，应当重用。"

陆逊憨厚地笑着说道："主公言之有理。"

他们说着，已经来到西山脚下的水军营地了。

水军营地在寒溪入江口的雨台山上。

寒溪可停泊船只。当年，周瑜与刘备在樊口会师时，这里便驻扎着东吴的精锐水师。寒溪水面虽然不阔，但前面直通长江，平时可泊船，战时可集结，且左有雨台山，右有西山，既可隐蔽舰船，又可防避风浪，实在是一处得天独厚的军事要塞。

当他们走到营中时，方知道文倩姑娘和营建总监等人也在营中。

文倩拜见了孙权和陆逊之后，连忙禀报说，他们是为武昌城北门护濠泄水之事来水军营地的；工程之事已经办完，正准备离去。

孙权留住了她，并嘱咐谷利去请三位夫人来水军营地，与文倩见面。

孙权并非好色之徒，对文倩并无任何非分之想。但他很器重文倩，常常把她与自己的几位夫人相比。他觉得文倩胸有大略，是一位文韬武略的奇女，他很想和她一起纵谈天下，听听她对天下形势的见解。因为再过一些时候，他要去完成一项使命，然后再返武昌。也就是说，他要暂时离开武昌。所以，他要和她畅谈一次。

这时，三位夫人来了。

孙权对她们说道："这位姑娘，是位才貌双全的女子，叫文倩。"

文倩连忙跪地叩拜。

步夫人等慌忙上前搀扶起她，说道："快快请起，快快请起！"

说了一会话之后，孙权展开武昌城图，让文倩一一指给她们看。

看完了，孙权指着寒溪说道："这里有一座城门，是雄踞大江中游的武昌城北门！"

他又转身面向大江，以雄才大略家的口吻说道："东去可达吴越东海，西上可得荆川汉中，北进可拒青徐幽燕强敌，南往可抵交州交趾！"

这时，步夫人连忙让侍卫取出一幅孙权书写的条幅。

文倩展开条幅，上书四字："鄂女有才。"

"才"字之后，尚留有一空当未写字。

为什么留着呢？

谷利便问道："主公的字写得好。可这后面还留个空当干什么？"

孙权只是笑而未答。

这幅条幅，是步夫人到达武昌之后请孙权写的。

她在吴郡时已经听人说过，鄂县有位才华横溢的文倩姑娘，正在为主公绘制都城图分，主公对她十分器重。到了武昌之后，又从孙权的言谈中得知文武官员们都十分钦佩她。她为了取悦于孙权，同时，她也想结识这位文倩姑娘，便央求孙权写了这幅条幅，自己又有意少绣了一个字。

见众人都不知空当里该填何字，步夫人笑着说道："猜猜看，应该是个什么字？"

"我的想法是，"谷利说道，"文倩姑娘光彩照人，应该是个'貌'字！"

陆逊说道："依我看，文倩姑娘才思飘逸，好像绣个'华'字更妥切。"

文倩站在一旁微笑不语。

孙权说道："鄂女有才'华'，鄂女有才'貌'，都可。不过，我觉得定威将军说的'华'字更好。"

陆逊听了，脸上一下子红了起来。

孙权对大家说道："文倩姑娘建城有功，功不可没，若今后得了天下，必对文倩姑娘有封。"

步夫人听了，接着丈夫的话说道："文倩姑娘有才有智，可留在将军身边当谋士。今后嫁个如意郎君，还可封诰。你们说呢？"

她又转身问徐夫人和王夫人，这两位夫人连忙点头称是。

孙权温和地朝步夫人点点头，步夫人之见正合他意，他高兴地说道："好，依了三位夫人，文倩姑娘可任幕府侍中之职。"

侍中，就是高级咨询官；幕府当然指的是讨虏将军的幕府。将来自己为王，她当然就是王府侍中了。孙权在侍中前加上"幕府"二字，可见其用心良苦，并非偶想之得。

步夫人见丈夫依了自己的意见，拍手叫道："好，主公英明！文倩姑娘，快谢将军封职！"

文倩连忙跪下，但她只低头微笑，有顷才抬头说道："谢将军！倘若将军一统天下，文倩将鞠躬尽瘁！"

孙权高兴地说道："一言为定，决不食言！"

步夫人连忙搀了文倩起来。

自古朝廷和官府少有女官，讨虏将军孙权竟然破了先例，这不仅仅是因为文倩的缘故，实际上是他不拘一格选贤任能。

他们从水军营中走出来，又沿着正在施工的城墙上去查看了一番，文倩才与孙权及三位夫人分手。孙权要派人护送文倩回去，陆逊连忙说道："可让文倩姑娘骑我的马回去。"

孙权听了，有些吃惊："怎么，文倩姑娘会骑马？"

陆逊说道："骑术可抵男子。"

文倩答道："回主公，前不久刚刚学会。"

"何人所教？"

文倩朝陆逊看了看，脸儿红了，低声说道："是陆将军。"

孙权望着低头憨笑的陆逊，没有再问了。

只是步夫人心细，她将这些都看在眼里。

14

住了几天，孙权派人去吴郡接来寡居的嫂子——大乔夫人和周瑜的遗孀——小乔夫人，让她们出来散散心，并打算在武昌城为她们修建宅第，待天下局势平静之后，就让她们住在武昌城。

这一天，孙权、张昭、孙劭、南阳郡长诸葛瑾等人，在江滩察看地形，指指划划。这里滩地广阔，可容万人。孙权打算在这里建筑一个土台，战前用来点将，战后可在这里散花劳军。

勘察完了地形之后，孙权让人备船，要带夫人们去游览长江中的蟠龙矶，他让文倩陪同大乔和小乔随船同往。

今天是东风，整个江面都翻卷着浪涛。很少在江上坐船的夫人和侍女们有一些提心吊胆。这浪势也够吓人的了，无怪乎当年曹操的青州水军在风浪中呕吐不止，失去战斗力呢。

船行至江中，更觉一浪赶一浪，船身颠颠簸簸。这里的江面十分宽阔，风浪更大，肆无忌惮。

不过，这风浪对于习惯于水上征战的孙权来说，不仅没有威胁，反而增添了几分快感。

小乔夫人站在楼船上，指着对岸问道："对岸是何处？"

站在旁边的诸葛瑾说道："是邾城赤壁。"

小乔夫人听了，没有再说话，只是默默地望着浩瀚的长江。

诸葛瑾的话，勾起了孙权对往事的回忆。

他抬头望着长江北岸，情不自禁地站起来，走近船舷，自语道："当年公瑾置生死于度外，赤壁才有大胜。赤壁之战后，刘备无立足之地，鲁子敬为刘备说情借去荆州；公瑾得知，坚不应允；可惜次年公瑾病逝；鲁子敬第二次又来为刘备说情，我才将荆州借给了刘备！无奈木已成舟，后悔不及。怎对得起当年浴血奋战的公瑾！"

孙权一边说，一边以掌击船板，"不夺回荆州，对不起公瑾！"

船舷发出"咂咂"之声。

公瑾即周瑜，鲁子敬即鲁肃。

赤壁之战后，鲁肃极力主张借荆州给刘备栖身，以共同抗曹；而周瑜坚决不同意鲁肃的这个荒唐的主张。

可惜的是，一年之后，周瑜突然病逝。

鲁肃接任了周瑜的军务。

鲁肃复又提出借荆州给刘备栖身的主张，孙权不得已才依了。

鲁肃又进一步说服孙权，将其妹妹孙尚香嫁给刘备，以加强和巩固孙刘联盟，共同对付曹操。

但荆州至今不能还来，故遗患今日。

孙权觉得对不起周瑜，准备向小乔夫人说几句安慰话。

岂知，孙权刚回过身来，便见小乔夫人泪流满面，凄凄然十分悲伤。

这小乔夫人于周瑜在世之日，夫妻感情非同一般。周瑜逝世之后，她多年来常常哭思，今日又身临这赤壁江面，丈夫的容颜又浮现在眼前，心中的悲哀岂不油然而生？何况有人提及，便更加悲伤，一时泪如雨下。

文倩为了安慰小乔夫人，便指着江水中的蟠龙矶说道："此矶乃江底凸起的一座石岛，岛上乱石嶙峋，蜿蜒于波浪之中，犹如一条蟠龙。传说当年伍子胥的父亲被楚平王杀害之后，又派兵追杀伍子胥。伍子胥逃到了鄂县的庐州，被一渔父所救，用船将他送至此处；他便渡江而去，投奔了吴王夫差。"

小乔和大乔以及三位夫人都在吴郡住过，对吴王夫差的传说侠事知道的颇多。

听了文倩的讲述之后，她们都感慨不已。

风浪渐渐大了起来，船只难以停靠蟠龙矶。

文倩便对孙权说道："孙将军，风浪已大，改日再来畅游。好吗？"

孙权刚才见小乔夫人因思念周瑜而悲痛，后悔不该当着她的面提及往事。他心中早已没了游兴。听了文倩的建议，便点头应允。

谷利遂命令舵工掉转船头，弃船登岸。

15

昨日，文倩听总监无意中说过，吕蒙将军病了，孙权要派陆逊前去陆口探望，不几日便要动身上路了。她听了之后，总是觉得身心有些不安。晚上，她悄悄自己织的葛布连夜为他缝制了两双布袜，一大早，她便匆匆下山去了。

当她走到陆逊军营的门口时，忽然放慢了脚步，踯躅不前，又惶然地退了回来。

然而，既来之，则安之，她不甘心未见到陆将军就扫兴而归。

她立在营门前痴想了片刻之后，终于又从原路返回。

……

在西山东麓，她无精打采地往回慢走，刚要拐弯，忽然发现了讨虏将军孙权、长史张昭迎面而来，后面跟着十几名侍卫。她正想避让，孙权已望见她，并向她招手。她只好迎了上去。

孙权问道："文倩姑娘，你去哪里了？"

文倩回答道："我去了我姑母家。"她为自己的说谎而羞怯脸红。

其实，文倩确有一位远房姑母住在樊口，只是少有来往，因为文倩的母亲原是江夏郡金牛人。其先祖熊红，乃是楚中王子，被封为鄂王，在金牛附近建城。后来，熊氏族人繁衍颇多，有些支脉徙迁于长江沿岸。文倩的这位远房姑母是随祖父由金牛迁往樊口的。后来，家道衰落，在樊口月河湾以种麻为生。文倩随母亲流落到鄂县以后，有一次在渡口等船，母亲同待渡的妇人闲谈时，才认下了这门远亲。

孙权立即跳下马，与她同行。

孙权问她，都城建得如何？

"按图施工，进展顺利。"

孙权听了，点了点头。

"我有件事，想请教一下将军，不知可否？"

"说嘛，你是幕府侍中嘛。"

"将军来此建都，是三国鼎立之都呢，还是天下统一之都？"

孙权一时不知怎么回答，只是"啊"了一声。

文倩止步，说道："我是从苦难中过来的，知道天下尚有诸多百姓还生活在水深火热之中。所以，我最关心此事！"

孙权深深理解她的心愿，下决心似的回答了一声："当然是统一之都。"

文倩听了，无比高兴，她激动地说道："但愿将军的雄心大略能够早日实现。将军认为刘备和曹操，谁是主敌？"

"刘备！"孙权斩钉截铁地回答道："幕府侍中有什么见解？我倒是真诚地想听听。"

"对！讨还荆州，扼住川峡。"因为激动，文倩竟忘了谦虚，"而后，放心大胆地北攻宛城（今河南南阳），进而取许县（汉献帝的京都许昌），直取曹操大本营。而刘备，可轻取之！"

孙权高兴地说道："好，正合我意！"

文倩脸儿一红，粲然一笑。

长史张昭不知何时悄然来到了他们身后。

"将军，听说吕蒙将军病了，你派陆逊将军去陆口探望。我觉得，关羽围攻樊城已经好几个月了，我看他是骑虎难下，欲破不能，欲弃难舍，假若将军能借这个机会……"

孙权四顾，见身后除张昭、谷利外，余则相距甚远，这才低声说道："幕府侍中所言甚是。不过，且不可向外张扬。"

文倩完全明白了，她不好意思地咬咬下唇。

此刻，她才知道，讨虏将军孙权明里是来建武昌城，暗中却要去偷袭关羽背后，夺回荆州！这消息真叫她暗暗高兴。她想，只有夺回荆州，才能全力破曹，尽快统一天下。

然而，她不知道东吴早就渐渐地与刘备为敌了，孙刘联盟已到名存实亡的边缘。对于刘备不肯还荆州，孙权早就火冒三丈，恨得咬牙切齿。当初借荆州时好话说尽，要他还荆州时却是怨上加恨！刘备是阴险狡诈的小人！每每派人去催讨荆州，他总是推三说四，什么打下了益州再还啊，什么好事做到头啊……可他又没有胆量去攻打益州（四川成都）。

孙权曾写信告诉他，若他刘备不去攻打益州，我孙权便要派兵去攻打益州。刘备连忙复信，说益州是天府之国，人民富庶，地势险阻，刘璋（益州牧）虽然无能，但足可以保护自己……我（刘备）与刘璋本属皇族同根，无故自己打自己，敌（曹操）有机可乘。

刘备力劝孙权不可攻打益州。

孙权再也不可忍了，决心去攻打益州，他遣神威将军孙瑜率水军攻打。

可刘备用船队封锁了江面，不许通过；并对孙瑜说：如果你非夺取蜀地（四川）不可，我刘备宁可逃入深山，也不能失信于天下。

孙权无可奈何，只得令孙瑜退回。

然而，后来由于益州内部的原因，刘璋的部下偷偷引刘备进蜀，轻而易举地得了益州。刘备这是仁呢，还是义？

孙权于是又派人去讨还荆州！

可刘备厚着脸皮说：我正打算去进攻凉州（今甘肃省），等取了凉州，一定交还荆州。

孙权已经完全看透了刘备的心，认为他是过河拆桥，实在难以信赖。

孙权怒不可遏，决心夺回荆州。

如今，天赐良机，那守镇荆州的关羽偏要去围攻曹公的樊城。关羽已经离开荆州，但偏偏樊城久攻不下。此时正是夺回荆州的大好时机！机不可失，时不再来。

恰好，此时接到曹操的来信，要求孙权派兵去攻打关羽，以解樊城之围。因为曹操被困在樊城，情势十分紧急。

于是，孙权决定攻取荆州。

这时，忽然传来吕蒙将军有病的消息！张昭见机生计，向孙权建议，秘密派陆逊将军去陆口，以探吕蒙将军的病为名，摸清敌情，然后前去攻夺荆州。

"我和军师正要去樊口定威营中，和定威将军研究去陆口事宜。"孙权对文倩说道："既然你已经知道了这个机密要事，就千万不可泄露。"

"请将军放心！"文倩说道："你既命我为侍中，我会尽职尽责的。"

孙权赞许地点了点头。

此刻，已经走到了樊口，文倩站住了。

"走吧，"孙权说道："一道去定威将军营中坐坐。"

文倩犹豫了片刻，说道："我就不去了吧，家中还有事，我得回去。"

家中有事，这倒不假，母亲正在病中。

孙权没有强求，他说道："那么，我们改日再谈，你有许多见解颇为独到，我很想听听。"

文倩点头一笑，然后和张昭打了个招呼，便独自转身走了。

她轻轻摸了摸揣在胸前的布袜，似觉有一种难以言明的惆怅。

16

文倩正在山路上走着，忽然听见路边的竹林中有响动，起初，她以为是觅食的野兽，可是，仔细一听，觉得有些奇怪——那分明就是人在竹林中走动的声音！

她警觉起来，躲在一株松树后观察。

不一会儿，一个人影走出竹林，又敏捷地跳上一块岩石。

然后，悄无声息地沿着林中小路消失了。

文倩只能看到他的背影，却看不见他的面貌，但她已记住了他，因为他的手中握有一根扁担，扁担的一端绕着绳子，腰间别着一把砍柴刀。

樵夫？文倩心中疑惑起来。

这西山满山遍野都是松柴，为何不见他砍的柴？难道他另有所图？是打家劫舍的强人？还是曹营派来的奸细？为了查明他的身份，文倩悄悄地跟在他的后边。

当走到雷山时，文倩看见那人站住了。

他拨开树枝，正在朝樊口方向窥视。

远处，便是定威将军的营地，孙权等人刚刚走到营地的木栅地外。

文倩想再走近一步。谁知，她的脚下绊动了一块山石，山石滚下山坡，发出巨大的声响。只见那人惊慌地转身看了一眼，便迅速隐进了一片树林中，轻捷得像只山猫。

就在他回头时，文倩已经看清楚了，那个人的左耳少了一截！

两次见到"半耳"，文倩已认定此人不是以打柴为生的樵夫。

他到底是谁呢？为什么要在密林中钻来钻去？

文倩心中有一个疑团。

第二章

巾帼侍中论天下，青年将军请长缨

1

尽管细雨蒙蒙，文倩依然默立于雷山之下。

定威将军走了，他从樊口悄悄起程，悄悄乘船去陆口了。

文倩本打算今天来为陆逊送行的，可惜晚了半步，船已离岸而去。她懊悔昨天不该没有勇气，踯躅不前，不敢踏入他的营中。现在已经迟了，那舰船早已消失在江面的雾色之中，只有无限的遗憾在她心中缭绕。

她静静地伫立着，久久地眺望着茫茫的长江。

渐渐地，她的心中也变得空荡起来，亦如长江上的茫茫水雾。

夏初的东风，挟带着袭人的寒雨扑向文倩，寒意簌簌。她感到身上很冷，但她仍如痴如醉地望着长江。她的牙齿开始打架，身子也开始发抖起来，寒意竟是如此无情。

此时，几只江鸥自江面上飞过来，在雷山的望夫石旁翻飞着，啼叫着，久久不肯离去。望夫石是一大一小两块石柱，如一妇人携一幼童立于山崖之上。据当地的居民说，在古时，有一对夫妇居住在雷山坡上。后来，其夫从役去了塞北，音讯全无。妻子日夜思念丈夫，常常携子站在雷山上向江面眺望，日复一日，冬去春来，最后竟化成了一尊石人！如今仍立在山崖上盼望亲人归来。此说虽为民间所传，但也道出了众多百姓反对徭役、厌恶征战的情绪。

文倩终究抵挡不住袭人的冷风，她离开雷山，踏上雨中的山路，一步步走回自家的茅棚。

……

接连几天的绵绵阴雨，使孙权心中很不痛快。这雨也真够烦人的了，湖水上涨，军中帐篷漏雨，柴草潮湿难燃，食宿多有不便。

忽然，他想起了文倩母女，她们的茅草棚漏雨吗？有无山水冲进棚中？母女二人孤零零地住在山上，难处不少。

不行！要尽快让她们搬下山来。

雨还在不停地下着，不知还要下多久。孙权心急如焚，他要亲自上西山上去看一看。

他只带了谷利一人，就悄悄上山去了。

雨中的茅棚愁煞人了，外面雨下得太大，室内面积狭小，灶中炊烟浓烈，大约是柴草受了潮，一女子正用一柄葵扇扇风。

孙权忙叫道："文倩，这雨叫你吃尽了苦头。"

那女子迅速地扭过头来，并没有回应。

孙权又喊道："文倩！"

她仍笑着。

孙权不禁疑惑起来。他仔细看去，这女子远看酷似文倩，近看脸庞稍瘦，"莫非是她妹妹？"他想起来了，文倩曾说过她有一位妹妹。看来，这一定是她的妹妹无疑了。

她忽然开口问道："你是孙将军？"

孙权回答道："是啊！那么，你就是文倩的妹妹了？"

"我姐姐病了。我家茅草棚舍，有污孙将军大驾！"她虽然有些羞涩，但举止落落大方。

孙权有些诧异："啊，她是怎么病的？"

"人吃五谷杂粮，免不了要生病啊。"她的回答有些调皮味，"姐姐病了五天了。"

她叫文好。

当年在逃难时，她和姐姐、母亲失散，幸亏被婶娘遇上，便把她领在身边，流落到了岳阳。去年，武昌有一客商去岳阳运货，将文倩母女生病的情况说给她的婶娘听了，婶娘不放心他们母女，便让文好乘上那位客商的货船，顺江而下来到了武昌，和母亲、姐姐团聚了。

由于刚来武昌，故此，讨虏将军她还不曾见过。

躺在织室里的文倩，已经听到了讨虏将军同妹妹的对话，便忙不迭地披衣起来。刚要出外迎接，便见孙权已跨步入内。

"主公。"文倩连忙跪下。

一见文倩病成这般模样，孙权十分吃惊，也非常难过。几日不见，文倩的脸消瘦了许多，眼睛也陷下去不少，面庞明显少了红润，白皙之中稍带有淡黄之色。也许是刚刚退烧的缘故，她的双唇已经脱皮。孙权恻隐之心油然而生，疼爱之情飘然而至。

望着讨虏将军那不乏同情而又忧郁的目光，文倩为之深深打动，报以莞尔。那樊口江边寒雨侵袭而病的起由，是万万不能告诉讨虏将军的，只能深埋心底。

她觉得眼前的讨虏将军渐渐模糊起来。接着，两颗晶莹的泪珠滴落下来。她连忙低下头去。

"谷利！"孙权走到门外，嘱咐谷利下山去请医生。

文好快嘴快舌地说道："孙将军，若医生来了，这寒棚草舍……"

孙权说道："征战使百姓灾难深重，你家原本是书香之后，受了战争之苦。我可以来，医生为何就不可以来？"

文倩听了孙权的几句话，竟然低声抽泣起来。

文好见这般情景，眼睛闪了几闪，说道："姐姐，瞧你只顾自己和孙将军说话，也不让我拜见孙将军。日后，我还想讨个一官半职呢！"

文倩止了泪，说道："哦，这是我的妹妹文好，别看才十六岁，可心灵嘴尖呢。文好，快快上前拜见过孙将军。"

文好连忙在孙权面前跪下，"将军大度，请不要见怪民间小女子无礼！"

孙权连忙说道："起来，起来，拘什么礼啊！"

文好起来之后，躲在姐姐身边，说了一会悄悄话。

文倩听了，笑了起来。

孙权问文倩，她妹妹说了些什么？

文倩答道，她妹妹说，没见到讨虏将军之前，还以为讨虏将军是胡须盈尺，威风凛凛，一脸杀气，如一尊铁塔；谁知见了之后才知道，竟是一个平平常常的大哥哥呢。

孙权听了，爽朗地笑了："论年龄，本来应该叫我大哥哥嘛！"

文好忙接着说道："以后我就叫你将军哥哥——好不好？"

孙权说道："好，就这么叫，很好！"

站在一旁的文倩，白皙惨淡的脸庞上飞起了一丝红晕。

孙权望着姐妹俩，心想：等她病好了，就让她全家搬下山去；尽快建一些房子，让几位夫人都搬进去，让文倩一家也搬进去，早晚也好有个照应。

此事必须在完成使命之前就完成。

哦，她的母亲到哪里去了？

孙权问文倩，不想文倩面有忧色。

文妤不顾姐姐用眼神暗示，抢着说道："将军哥哥，我母亲卧床多日了。"

孙权吃惊不小，说道："啊，我去瞧瞧！"

孙权要进里间探望，文倩坚决不许，起身挡住不让他进里屋。

孙权不便强求，只好依然坐下，劝文倩道："你快坐下，病体不宜久站。"

文倩坐下，解释道："将军屈尊来山间茅屋，已经把我们看得非常重了。"

文倩的母亲，近日饮食不调，日益不能自持，一病不起，已骨瘦如柴。

孙权面对文倩，甚感内疚，连声懊叹惭愧。

文倩安慰他放宽心，不必忧虑，过些日子自然会好起来的。

说话间，谷利领着医生来了。

孙权责问谷利，医生为何姗姗来迟？

文倩说道："不过才一炷香的时间呢。"

孙权对医生说道："好了，快看她们的病吧，务必药到病除。"

医生遵从，先拿脉。

古时拿脉，医生与女患者之间，不可直接接触，皆以隔壁探问，牵线诊脉之法。

文倩不愿遵从这种惯例，认为这是多此一举。

她请医生直接拿脉。

随后，文妤搀扶母亲从里间走出来。

看完病，医生嘱咐文倩不可外出受风寒；又嘱咐文倩的母亲，因她虚火上升，须静养一些日子，不可操之过急。

接着，医生为母女二人各开了药方。

医生有些为难地说道："哟，这可犯难了，樊口没有药房，只好去西塞镇抓药呢！"

西塞镇离这里约有七十里。

孙权说道："谷利，传令派侍卫二名，快马去西塞抓药，不得延误！"

医生最后悄声嘱咐文倩说道："要好好调养你的母亲……"

孙权说道："文倩，我也要下山了，你该好好休息才好。"

他又走近文母，安慰她要好好养病。

然后，他又吩咐文好，"文好，你要尽心照料姐姐和母亲。我走了。"

文倩要送孙权出门，被他急止，要她躺下休息，不可出门再受风寒。她只好站在门里，目送孙权离去。

门外已经静了下来，她仍手扶门框呆立，等候送孙权归来的文好。

下午，讨虏将军派谷利送来高丽参和燕窝，并说讨虏将军吩咐说老人需要补身体，这高丽参是很好的补品；燕窝有助去寒止咳，让文倩和她母亲食用。

次日，步夫人奉命带着四名使女来到西山的茅棚，探望文倩和她母亲，宽慰了一番之后，才告辞离去。

连服了三天药，文倩的病已经减轻，久卧反不舒服，她就想出去走走。

天气很好，漫山遍野的山花的余香飘散在坡谷间，她在山坡上坐了片刻，觉得身子轻飘飘的，就站了起来，感到腿的力量似乎不如以前，她便使尽力气迈步走动。

走近一块平滑的大青石时，她坐下了。这里正好可以看见山下的营寨。阳光下，营寨如白帆片片；再向远处望去，有十多艘大船停泊在长江的码头旁，一些民工正从船上向岸上卸货——那船队又运来了一批建城的物资，还有第一批到达鄂县的修建王宫的能工巧匠。

文倩心里有些焦急。

建筑工程正在日夜施工，自己却在山上养病。

她想起讨虏将军对自己委以的重任，想起热火朝天的筑城工地，心中涌起一股热流。她站起来，试探着舒展自己的双手。然后，便在草地上练起了"梭子拳"——她首创了一套健体防身的拳法。

徐徐的春风和满坡的青草陪伴着她，葱葱郁郁的古松望着她。

2

江南的梅雨季节令人心烦意乱，连着一些时日的阴雨，急煞了讨虏将军。

陆伯言已去数日，孙权耐着性子等待他的信息。

雨刚停，孙权便走出营寨眺望西山。这几天，他已经养成了一种习惯，每喝完酒，必出营寨西望西山，有时甚至抬步踏雨往西踱步。那不过是漫无目的的散步而已。

他有些厌倦侍从，他走一步，他们便紧跟一步，行到哪跟到哪。

不过，却不能恼怒，这是礼制使然。

他西走了约一里之遥，回头看见几个侍从不客气地"盯"住他，一步不让。他停下脚步，侍从们也停下来。他怒目圆睁，侍从们却视而不见，因为这是他们的职责。他只能回过头来再走，侍从们起步也走。

他暗暗叹了口气，又折身北去江边。

那天在江中游览的情景，至今记忆犹新。那本是兴致勃勃的畅游，却扫兴而归。许多事情就是这样，往往事与愿违。由此，讨虏将军联想到自己近二十年的征战生涯，有时预定能胜，却意外一败涂地，不堪回首。

这些就不去想了，叫人沮丧，还是想想高兴的事吧。

不知不觉之中，他已经走近江边的钓台；跃上钓台，心中陡然涌起一股豪情。清风吹拂江面，微波荡漾，令人心旷神怡。

"清风徐来，水波不兴……"

不知哪来的诗句涌向他的心田。他不是诗人，也不写诗。但他喜爱曹操的诗，那是很有气魄的诗，是他情怀的写真。

人说曹操挟天子以令诸侯，孙权却从来不这么认为。令了哪路诸侯？是曹操将汉皇帝保护起来了，要不然，献帝早在混战中丢了脑袋！再说，汉皇帝实在是个中听不中用的皇帝，实在没本领治理天下，他不能治理天下就不能让别人治理吗？

秦朝不行了，汉取而代之，天经地义。

何况曹操还在为汉室维护天下统一呢。

曹操是真正的英雄。

然而，曹操虽是英雄，且据有北方领土，可他的大将都是他的族人，曹真、曹爽、曹休、曹仁等。这些人中，有的是将才，有的却是蠢材！

所以，曹操一时难以统一中国。

当然，赤壁一战，大伤曹操元气，孙刘联盟，给了曹操极大阻力，致使他不能彻底取胜。不过，有讨虏将军孙权，曹操是绝对统一不了天下的。曹操也是位知人善任者，只是亲族观念太浓，为庸人所拥。

想到这里，孙权心中掠过一丝快意，自豪感油然而生！

曹操之短，恰是他之所长！他用人不拘一格，唯才是用，很少让亲族当大任，即便是丞相孙劭也非亲族，孙劭是北海（今山东昌乐）人。周瑜、鲁肃、吕蒙、陆逊、丁奉、潘璋等等，十之八九是选得的良将，各司其职，各尽其才。有如此诸多的将军、谋士，何愁天下不统一？

当今统一天下非己莫属！

那浩瀚的长江南岸，将托起一座新城！

还将在附近的铜绿山、铁山、汀祖、程潮一带，采矿炼铜，铸锻千刀万剑，以装备东吴的军队！

孙权将在这里祭天称帝！

东吴信奉"以武而昌"——武力统一天下，此城已取名"武昌"。城中还将修筑武昌宫，宫中宫殿林立，玉宇琼楼。各国使节前来朝贺，文武百官一呼百应……

"主公！"

憧憬中的讨虏将军如梦初醒，他回头看了看，是谷利在恭请他回营。

他抬头望去，此时，阴云已经散去，万里碧空如洗。

3

午后，谷利奉讨虏将军孙权之命，去西山通知文倩，明天就派人上山，帮她向山下搬家。

谷利刚走上东北坡的茅草棚附近，忽然听见哭声，细听了一会，才听出是文倩姐妹俩的恸哭之声。

文倩的母亲仙逝了。

孙权得知这个不幸的消息后，当即召集军师张昭、丞相孙劭等几位文武要员商议，认为文倩绘制建城图有功，可拨些银两安葬其母。再说，文倩先祖乃越国名相，祖父、父亲系朝廷命官，文倩母亲可予公葬。

于是，孙权派诸葛瑾前往治理丧事。

出殡这天，太阳升高数丈，由士兵抬棺出殡，至樊口安葬。

当地风俗是，出殡时间在早上，老人去世称为白喜事；而傍晚至夜间是不能出殡的，因为那是迎亲花轿的接送时间，称为红喜事。

诸葛瑾依照当地风俗，派人南去几十里外请来了山村里的吹鼓手，吹吹打打，悲伤而热闹。在樊口附近的山丘之上，依死者生前遗愿，枕南而葬；她要遥望文倩父亲在北方漂泊的灵魂。

棺材是内棺外椁。

安葬完毕，文倩姐妹俩跪在诸葛瑾和官员面前，叩头拜谢。

前来送葬的大乔、小乔夫人，牵起她们姊妹，劝说不要过于悲伤，一直将她们送回西山。

安葬后的第三天，孙权派了二十名卫士上了西山，帮文倩搬家。

但文倩拒绝了，她执意要守孝"三七"。

守孝无可非议，讨虏将军也奈何不得，只能依了她。

讨虏将军担忧她们姐妹孤独，便派了三位夫人的几名侍女上山，为她们姐妹做伴；还派了数十名卫士，在附近值守。

4

定威将军陆逊自陆口归来之日，正是文倩姐妹俩守孝"头七"的最后一天。

他听说文倩的母亲病故，决定上西山看看。

"她母亲死了，不就她一人居山上？"定威将军边走边想。

他有些担心：一个未曾婚配之女，独居山上，那怎么行啊？左思右想也没能想出一个万全之策。

最后，他忽然想到讨虏将军，能不能由他出面，接文倩下山，去和二位乔夫人做伴？讨虏将军会同意的，因为定威将军已经看出，讨虏将军对文倩温和，特别关心。

当他走到茅棚不远处时，见到有许多士兵在此活动，而且还扎了营帐。他就明白这是怎么一回事了，他感到放心，因为文倩得到了保护。

他加快了脚步向茅棚织室走去。

门紧闭着。这是陆逊所不曾想到的。怎么啦？敲敲门，内无应声。再敲，依然无声。环顾四周，也无异常现象。

陆逊很是疑惑，对着门大喊了三声："文倩，陆逊归来了！"

陆逊的到来，文倩早已从门缝间瞧得清白，只因守孝期间不能接触外人。这是前人传下的禁规。

定威将军在外面叫喊，声声如刀，刺进文倩的心房，她的泪水潸潸流下来，打湿了素白的孝衣。

文妤也伴着姐姐泪水涟涟，她不明白泪为谁流。

也许是被姐姐的泪水所感染吧？

她不知道门外是谁，但姐姐不让她答话；外面却声声紧逼，她不忍心再让他继续喊下去，便不顾姐姐的阻止，隔门应道："守孝不会客！望请鉴谅。"

陆逊这才知道文倩仍居茅棚织室，一颗紧缩的心松弛下来了。

定威将军悄悄离去。

片刻工夫，脚步便走远了。

茅棚织室内，文妤泪眼朝着缝隙间瞅着，见那将军三步一回头，五步一转身，远去，消失。她回头再瞧瞧姐姐，姐姐双手掩面，泪水透过指缝，滴湿了脚下蒙着白布的鞋。

陆逊下了西山，东行二里，来见讨虏将军孙权。

孙权见陆伯言归来，喜出望外，连忙令谷利请来张昭。

陆逊去陆口探视吕蒙的病，很出色地完成了决战前的使命。他将此行的情况以及与吕蒙将军一起拟定的战略战术，详尽地做了汇报。

关羽自恃勇猛，于去年八月便开始围攻樊城。

曹操日夜为此焦急。

后来，汉水泛滥，大水淹了曹操派去救援的兵马；关羽还活捉了曹军大将领于禁。

但关羽仍不能攻进樊城，到今仍然围着。

自吕蒙将军守陆口以来，与荆州守将关羽对峙。吕蒙深知关羽早怀有扩张野心。目前，虽围樊城去了，可关羽很不放心，仍留许多兵力守卫荆州。

吕蒙建议，如果派一位将军守南郡，派潘璋进军白帝城，再派一位将军率一万兵力，在长江上游游弋，让吕蒙去攻打关羽背后，定能生擒关羽。

张昭说道："我们仍按原计划行事，主公？"

讨虏将军点头，问定威将军道："伯言，依你之见如何夺取荆州？"

陆逊胸有成竹地说道："一路上，我反复想过，最好以吕蒙将军生病为由，公开调他去建业养病。然后，让吕将军做好准备，把舰船改装成商船，内舱藏精兵，外坐商人，迷惑对方。然后，出其不意地夺取荆州。"

孙权目光炯炯，抑制不住内心的激动。但他不露声色地问道："那么，吕子明离陆口，谁去接替他呢？"

张昭说道："最好派一位不知名的将领去接替吕蒙，以蒙惑关羽。而这个将领，又必须勇猛有谋，才能很好地完成此任务！"

陆逊沉默了片刻才说道："主公，让我去吧，因为我未有远名！"

孙权与张昭相互高兴地对视了一眼。

孙权激动地说道："好，这就是我和军师夺回荆州的全部计谋！伯言，你我所谋略同啊！"

张昭说道："也只有你，才能出色地完成这个任务。祝贺你，定威将军！"

孙权决定派一个人秘密前往陆口，告知吕蒙这个夺回荆州的全部计划。

等安排好之后，再派陆逊去陆口接任他。

5

守孝"三七"已经期满。

文倩、文好两姐妹去樊口祭祀。她们去买了些食品、水酒和香纸之类的祭品，沿着江边向樊口走去。

在母亲坟前，姐妹两人痛哭不止；幼年丧父，母又亡故，今后只有姐妹相依为命了。越想越悲，越悲越哭，文倩终于昏倒，文好止住哭声，搀扶住姐姐，离开了母亲的坟墓。

途经定威将军营寨前的时候，文倩止不住朝营中望了望。

上了西山，刚爬上东坡，忽然发现那些卫士的营帐不见了，士兵们全部坐在山坡上。文倩老远就看见了谷利；走近时，谷利迎上来，说是奉主公之命，来接侍中和她妹妹下西山，与二乔夫人一起居住。

文倩说，先下去看一看，然后再作决定。

"那可由不了我，也由不了你啊，"谷利说道，"这是讨虏将军的军令，军令如山啊。"

文倩没有言语。

谷利有些着急，央求说道："侍中，求你了，快随我下山吧。"

文倩无声地点了点头。

文好见姐姐眼中闪动着晶莹的泪花。

谷利一声令下，兵士们不敢怠慢，从茅棚中搬出织机和几件简单衣物，破旧家具尽弃。

山下，早有侍卫在等着文倩姐妹。

但文倩不肯骑马，和妹妹步行。

到了营前，她们远远望见讨虏将军、步夫人、二位乔夫人站在营前。文倩走近，满脸哀伤，却强颜作笑，逐一向他们施礼。

讨虏将军热情地说道："你们先和两位乔夫人暂时屈住营中，待新居室修好以后，再搬新居。"

文倩走近讨虏将军面前，忽地跪下："谢谢将军大恩大德……"因为激动，再加上难过，她已经说不下去了。

文妤也随同姐姐在孙权面前跪下。

两姐妹眼泪如注。

讨虏将军见两姐妹悲痛欲绝，亦悲从中来，他连连挥手，闭上眼睛；步夫人、二位乔夫人慌忙走上前去，搀扶起文倩、文妤，使女们将她们扶进营寨。

二位乔夫人分别住在北、南大室，两姐妹分别住东、西两间小室。

安顿好后，文倩被召至孙权营中，张昭、陆逊、孙劭、诸葛瑾、秦博、吕壹等文武官员已在场。

她迟疑片刻，缓步步入。

陆逊悄悄抬头看看她，她歉意地点点头。

孙权正在说话："建安十五年（公元 210 年），鲁子敬力劝借去荆州，守荆州的关羽又经常想强占我们的南郡、陆口，有意扩张。如今，吕蒙将军卧病，打算调他去建业归养。可是，调谁去接替吕将军守陆口呢？陆口与荆州对峙，至关重要，谁去最合适，请众位商议。"

文倩因为还困扰在悲伤中，加之对军中人事知之甚少，不曾说话，只听别人议论。

众人提了不少于十名将军去陆口接任，孙权均不动声色；其中，也有人提议派遣定威将军陆逊，说陆将军虽然年轻，却勇猛有谋，定能胜任。

"主公，我去陆口接替吕蒙将军吧！"陆逊突然出人意料地站了出来，主动请战，"我虽不才，借公之威严，定能坚守陆口。"

文倩被定威将军自告奋勇的气概所吸引！

她集中了注意力，她那仍带着悲伤的目光，久久地凝望着讨虏将军，希望他能答应。她全然不知道讨虏将军和张昭、陆逊密谋已定。

因为在讨虏将军的阵营内，意见复杂，其中有大部分人拥护刘备，少数人甚至反对取回荆州。

讨虏将军佯装对陆逊不信任，说道："你？恐怕太年轻了吧？"

张昭说道："伯言年少志高，定能当此重任。"

孙权似无可奈何地说道："好吧，可要加倍小心，陆口不保，可要问罪！"

陆逊说道："愿立军令状！"

"这就是文倩，"讨虏将军的目光忽然落在文倩身上，"已任为幕府侍中，请诸位见识。"

孙权环顾四周，似乎在搜寻敢于异议者。

文倩脸上血泼一般，惶惶然不知所措。

不过，她心里明白，讨虏将军这是有意无意中推荐自己。

惶然之余，她又有三分安慰，她似乎经历着一个不平常的变化，由一个流落异乡的民间女子，竟然成了正式女官。

但她又不完全相信，真的能成为"官"吗？因为在那"官"帽下，站着的都是男子。她遍读史籍，夏商殷周、朝朝代代，鲜有女官。

文倩深深地感激讨虏将军的重用和信赖。

议事毕，文倩立在营寨前，目送定威将军离去。

陆逊离开时，很不经意地朝她看了一眼，便不声不响地上马走了。

文倩那颗少女心中，永远会闪动着定威将军离开营寨前的那一个平淡的目光；那平淡的目光，如一块冰投进了少女心中的湖泊，那么无情而又冰冷。

正在这时，讨虏将军走到了她的身旁，他也凝神地望着远去的陆逊。

孙权说道："明天，同去樊川祭西湖。"

文倩听了，默默地点着头。

6

早晨，天空洁净如洗，文倩和文好起得很早。

早饭之后，文倩被召去樊川。

讨虏将军孙权统领着庞大的祭湖队伍，有水军、步兵、骑兵，还有卫士、御林军，等等，浩浩荡荡，威风凛凛，张昭、孙劭、文倩、诸葛瑾及所有将领，紧步讨虏将军的后尘。

定威将军陆逊早已率领士兵立在营前，等候着祭湖队伍的到来。

来至湖前，各将领率士兵列好队，讨虏将军漫步来到百官和士兵之前，面对湖水；谷利点燃香烛；张昭郑重宣布："现在，祭湖开始！讨虏将军令：武昌之西的梁子湖，赐名为西湖。"

孙权接过谷利点燃的香，跪拜湖水："我今日祭祀西湖，祝愿西湖赐民以兴渔之利，给民以灌溉之泽，使民无水患之灾！"

然后，郑重三拜。

广阔的湖面，平静如镜，顿然风起，波涛起伏，湖鱼迭跃，似在回应讨虏将军的祭词。

这祭湖礼仪，是讨虏将军孙权为安慰百姓、祈求庇护之举。

欲今后建都武昌，必须民业兴旺，物产丰盈。而浩瀚的梁子湖，不但是鱼米之乡，而且，平时可在水中操练水军，战时，战舰可沿九十里樊川入江，可战可守；向西，可直逼江陵，入川蜀；向东，可进鄱阳，并可顺江入海。

祭湖完毕，孙权命文武百官和随从人员游览西湖。

军师张昭昨天已经安排妥当，湖边现停泊五艘舰船，孙权、三位夫人、文倩，还有陆逊以及侍卫人员等，分别乘舰船，在湖上游览。

午饭后，孙权等人在定威将军陆逊营中稍稍休息便要离去，定威将军送孙权等出营，直到西山南麓才回。

失母的悲伤，使文倩变得寡言少语。船上游览时，虽心头余悲未尽，但见波光粼粼，碧波万顷，绿荷摇曳，渔舟飘荡，真个赏心悦目，她便暂时忘却了悲伤。

最感欣慰的是，她和定威将军同在一船，同席用膳，虽不曾交谈，毕竟有了几分欣慰。最难忘的是那一点头，陆逊在游完湖回营途中，走到孙权一旁，借机向文倩点了点头，以示问候；文倩心中流过一股巨大的温暖。

快到住室营前，远远望见妹妹文好等候营门，孤苦伶仃，满脸忧伤。

文倩心中顿时紧缩。

文好伤心地扭过头去，背对姐姐。

姐姐走近妹妹，悄悄站下，片刻才轻声问道："等了好久了哦？"

文好不回答，闪身进到屋里，进了自己的居室，坐在床沿上。

文倩跟了进去，站在文妤床前。

"往后你出去，把我也带上，好吗？姐姐。"

文倩强忍住泪，点着头。

文妤站起来，抱住了姐姐，死死抱住，生怕姐姐离开。

姐妹俩都流泪了，都没有出声。

俄顷，文倩说道："妹妹，讨虏将军说，要我陪几位夫人出去游玩几天，我们一起去吧。"

文妤含着眼泪笑了。

7

连着几天，三位夫人和大乔夫人、小乔夫人，带着文倩姐妹游山玩水，使姐妹俩不再那么悲伤，丧母之悲渐渐淡了许多。

又过了一天，孙权亲自陪她们出游。

二位乔夫人没来，只带着文倩姐妹、步夫人和使女、侍卫。出营往西山南麓漫步，他不仅仅是为了陪同散心，更想与文倩议论当今形势，不拘一格，纵谈天下，可以忘忧，亦可解愁！因为他发现，文倩虽然是个女子，但读书颇多，且对人对事总有她独到的见解。与她谈论，总有些意想不到的补益。

"谷利，去告诉定威将军，带了酒菜，速来！"忽然，孙权心血来潮，派谷利去请陆逊将军。

文倩不明白讨虏将军为什么突然想起要定威将军过来？她望着孙权，欲言又止。

孙权说道："请定威将军来，是要他和我一起，听你论说天下！"

"将军可别难为我，我哪里敢在将军面前论天下哦？"

"不必过谦，"孙权说道，"你是我的高级咨询官，须多出些计谋才是。"

文倩说道："那就姑妄言之了！"

步夫人站在一旁静听，只恨自己无能。

文妤帮着说道："姐姐，你就依了将军哥哥吧。小时候，父亲不是也常常谈论天下大事嘛！"

远处传来一阵马蹄声。

眨眼间，陆逊将军跟着谷利来到孙权面前，他向步夫人请安后又问文倩好。他忽然发现文倩旁边有一位不曾见过的女子，但又不便相问。

孙权见他迟疑，即说道："不认识她，是吧？此乃文倩之妹文好是也。"

定威将军"啊"了一声，说道："难怪十分相像呢。"

"何止是相像，小人儿长得更俊秀呢！"

文好听了，脸儿"唰"地红了，连忙躲到文倩身后。

"谷利，你陪文好去山坡上走走吧。"孙权转身对谷利说道："不过，要注意山中的野兽和豹子哦。"

谷利领着文好走了。

孙权又问陆逊道："你的酒菜呢？"

陆逊说随后就到。

他们一行一同来到平缓的山坡上，席地而坐。

孙权此时才告诉陆逊说道："今天特请来幕府侍中文倩论天下，我等只当听客。"

文倩只是满脸笑容，并未作答。

陆逊说道："主公总该出个题目吧？"

讨虏将军孙权说道："好，当今天下，于鼎立混战之时，今后该如何统一？"

提起统一天下，文倩倒来了精神，少年就学于父，常聆听父亲讲历史之成败，谈古今之得失，治国兴邦之道。对于当今形势，平日也常所思，因此，她便口无顾忌地讲述起来。

"要统一，就不能联盟！联盟只宜于防御，消除对抗……"

文倩的话音刚有所停顿，孙权即连连点头称是。是啊，自赤壁之战联盟刘备以来，形势正是如此。

文倩继续说道："而且，联盟只是消除防御，乃权宜之计，各以己利为重，是同床异梦，只能巩固鼎立之势！"

孙权瞧了瞧陆逊，见陆逊也在连连点头。

文倩看了看孙权和陆逊，又深入讲道："鼎立者，统一之障碍也！必先去其一足。"

见孙权和陆逊听得十分认真，文倩继续说道，在三足中，刘备最弱，可先灭刘备，夺回荆州，扼住西蜀咽喉。失去荆州，刘备必不甘心，若贸然出兵，则将其消灭于楚蜀之间，然后乘势溯江而上，可夺取西蜀。

回过头来，由荆州直取宛城，再逼许县，曹操势必挟献帝后撤。趁其避我锐气之时，步步紧逼，则有望统一天下。

孙权对曹操早就心存警觉，这位汉丞相已封魏王。他挟天子以令诸侯，纵横天下，恃强好胜，人皆畏之。

但孙权又十分敬佩曹操。他说道："曹丞相孟德，人皆谤之，其实，军事韬略，治国有方，诗文天赋，皆过人也。"

文倩为讨虏将军孙权开明大度的胸怀所感动，竟然正视主要敌手之长！无怪乎能有天下三分之一。

对于曹操，该如何评说呢？

文倩问道："曹操的文告《让县自明本志令》，不知主公和陆将军看过没有？"

孙权和陆逊面面相觑，因为他们虽然知道"本志令"，但对其内容，早已记不起来了。

那"本志令"，是建安十五年（公元210年），曹操兴筑著名的铜雀台之后，为了辞让汉献帝所封的县而写的文告，阐明了志向和决心，从中可窥见曹操的为人。

文告大意是说：曹操二十岁被保荐当"孝廉"。他自知非藏深山之名士，恐怕世人当其为凡夫俗子；为了争取名誉，在济南时，他铲除贪官，清除污秽，罢免八名阿附权贵的官员。

因为这，强门豪族忿恨。

他畏怯杀身之祸，所以辞职。

在淮县东建了书房，打算等到天下太平时再出任。

谁料朝廷征召，任典军指挥官，为国讨伐盗贼立功。他没有别的奢望，只盼望将来在墓碑上写着：汉王朝故征西将军曹操之墓。

生平大志不过如此。

不久，兼任兖州督导官，击破黄巾军三十万人；接着讨袁术，逼袁术穷途而亡；讨袁绍，再平定刘表。

身为宰相，作为人臣，尊贵已极，远非昔日所希望。

若国家无我，不知有几人可称帝，几人可称王。

有人见我力量日益强盛，见我向来不信天命，因之随意猜测，说我有盗墓之意。故此，向各位大人说明，全是肺腑之言。

然而，若要我交出军权而回封侯所国，则不可能，恐防被害。不过，我的侯国有四县之多，人民三万户，我岂肯受？天下未统一，官位不可让，封国可拒绝。现向朝廷缴回阳县、柘县、苦县三县，二万户民。

……

孙权和陆逊静听如痴。

酒菜送来了，文倩见状，停了下来，请他们饮酒。

讨虏将军这才端起酒来，一口饮干，说道："曹操让县文告，光明磊落，字字如珠玑也！"

陆逊深思了一会，说道："曹操自己承认，他是被时势所逼，身居高位，如骑上老虎之背，再也不能下来。此语不假。"

话题引上了刘备。

文倩认为，刘备心术不正。最初，他也是朝廷命官，只是昨天投靠袁术，今天投靠曹操，明天投靠袁绍，后天再投刘表！投一处背叛一处，这哪里是仁人义士？是投机！

孙权听了，说道："天下人都说刘备重情义，其实是个伪君子。我东吴对他不满，他却借去荆州不还。想起此事，我心中闷塞。"

孙权酒过三巡，酒兴渐浓，他干脆抱起酒坛子咕噜了一阵子。

陆逊说道："不论于国于家还是于公于私，都应当夺回荆州。"

孙权有些激动，他指着滚滚东去的大江，大声说道："刘备，非大丈夫也。此人虽然无能，却碍我大事！"

派往陆口通知吕蒙的密使快回来了，行动的时机已经成熟。对，三足必先去其一足，其足乃刘备是也！

孙权说道："伯言，明天上山打猎，我给你饯行！"

"是不是等吕将军那边……"

"不必等了，按已定之策行事即可。"

陆逊听了，一脸的兴奋，端起酒杯，一饮而尽。

文倩又为他斟满了一杯："祝将军马到成功！"

陆逊又整杯饮下。

他脸色通红，目光如醉。

文倩见孙权和陆逊的酒兴正浓，边饮酒边谈论兵力部署和粮草舰船的安排，便说要去山坡上看看文好。

孙权点头应允后，文倩站起来，朝山坡上走去。

山路曲折难行。

她走了一会，不见谷利和文好的影子，心中有些着急，便大声喊起来："文好，你在哪里？"

山空谷静，她的喊声在山坡上飘荡。

谁知，她的喊声刚落，便听见不远处的林子中有响动之声。

她大声喊了一声："是谁在林子中？"

林中无人应答。

远处，传来了文好的声音："姐姐，我在这里！"

文倩连忙喊道："谷利，速速过来！"

这时，寂静的林子中传出拨动树枝的响声，有人自林子遁去。

文倩又想起了那个樵夫。

这时，谷利一手持剑，一手拉着文好，向她奔跑而来。

谷利说，他也听见了林中的脚步之声。

他们悄悄钻入林子。林中早已没了人影！但他们在地上拾到了一支利箭。那箭镞十分锋利，显然尚未使用过。

文倩拨开树枝望去，见孙权和陆逊正坐在山坡上饮酒、谈笑，手持佩刀的侍卫们，在他们的不远处走动着。

她心中闪过一个阴影。

谷利的警惕性更高。

他朝远处打了个呼哨，不一会儿，便跑来几名卫士，谷利对他们说了几句话，他们便匆匆离去了。不一会儿，一队手执刀枪的士兵悄悄地包围了山林，仔细地在山林中搜索着。

当文倩回到孙权和陆逊的身边时，他们还在对饮，林子中发生的一切，他们一点都不知道。

……

晚饭后，文倩正在点烛，谷利来了。

他告诉文倩说，数百名士兵在林子中搜了三遍，除拾到一块葛布包着的锅巴外，什么也没搜到。

文倩问道："要不要禀告主公？"

谷利摇了摇头，说道："若告诉了主公，他还会笑我们大惊小怪呢。"

见文倩半天无语，他知道文倩是在为讨虏将军担心呢，便安慰她道："你放心好了，我已禀报了长史，他从御林军中又挑选出了百名侍卫，还要我当他们的临时教头呢。"

文倩听了，心中稍许踏实了一些。

难道又是那个"半耳"？半耳"是个刺客？

若是刺客，是何人派来的？刺客欲刺杀何人？

她忽然联想到孙权的长兄——孙策。

她害怕重演孙策打猎被刺的悲剧。

她有一种不祥的预感。

第三章

寒溪猎熊壮行色，尚书通敌送密信

1

蓝天艳阳，无风少云。

讨虏将军孙权率众将领、百官，一大早即上了西山。山上高峰深壑，花繁草茂，大树浓荫，遍布岩崖，虎、豹、鹿、麋、兔、犴、狐、豺等野物甚多，是狩猎之佳地。他在山间迂回，寻找猎物，许久不曾弯弓。

忽然，有只野猪从马前窜过。

孙权策马追去，一直追到寒溪旁边的峡谷中，却不见了野猪。

他有些恼火。

此时，忽见一只黑熊急奔过来。

士兵们围了上来。困兽犹斗，黑熊被围，见无处逃生，便奋起反抗，左冲右突。

孙权已打马过来，大喊一声："闪开！看箭！"

他张弓搭箭，"嗖"地射出，可惜不中要害，反引得黑熊龇牙咧嘴地反扑过来。

正在这千钧一发之际，突然横过一只长戟，刺中黑熊；黑熊长啸一声，躺倒在地。

孙权抬头一看，原来是定威将军刺倒了黑熊。

有些将领猎到了麂子和野鸡，谷利和另一名侍卫射杀到一只野猪。

狩猎结束，士兵们在一块平地上，架起柴木，将黑熊剥皮后倒悬炙烤。

谷利忙下西山，接来三位夫人、两位乔夫人以及文倩姐妹，还有张昭、孙劭、秦博、张温等一班文官，参加野宴，为陆逊送行。

孙权同几位夫人和文倩姐妹，以及几位要员席地而坐，合围一圈。文倩恰与陆逊遥遥相向，一抬眼，便见那少年英俊的脸上尚有汗渍。

此时，张昭举杯，从地上站起来，走近孙权说道："主公，愿江山早日统一，国泰民安。"

孙权也站了起来，举杯齐眉，一步步走向崖前，面江而立。

众将军均纷纷站起，紧随讨虏将军身后，举杯过额。

孙权慢声慢气地说道："孙权继兄大业，率江东父老征战，愿保江东一方平安。来日天下大统，以慰先祖在天之灵。"

孙权说完，洒酒崖下。

阵阵酒香，在山风中飘荡。

2

天气变化无常，昨天晴朗，今晨的天空一片阴沉。

一个月之前，讨虏将军孙权和步夫人、二位乔夫人、文倩以及张昭、孙劭等乘楼船游长江时，孙权亲自选定的点将散花台，已经修建成功；场地平整，台子由沙土筑成，突出地面数尺；站在台上，环顾四周，江山景色，尽收眼底。

今天，孙权要亲自在这里点将。

台前摆有一案，孙权直立在案后。

张昭站在台前，宣读命令："左护军、虎威将军、兼汉昌郡长吕蒙，因病不能任职，即日离任去建业养病。升定威将军陆逊为偏将军，调陆口接任，即日上任，不得迟误。"

离这里约有百步的小山岗上，文倩和妹妹文好坐在山石上，不眨眼地望着散花滩。昨天在西山，她和定威将军一句话都没有说，今天，陆逊已经升为偏将军了，即将出发，要西去陆口。她的心中似有一种空茫和惆怅。今天，她想对陆逊说几句话，哪怕片言只语、平常问候也好。

命令宣读完毕以后，文倩急急地下了山冈，和步夫人一道到江边舰船旁等候。

不一会儿，讨虏将军孙权和偏将军陆逊并肩走来。

张昭、孙劭、秦博等人跟在后面相送。

张昭对陆逊说道："陆将军，祝贺你！"

陆逊说道："我再回武昌时，但愿都城建成，百业兴旺。"

见他们走近，文倩微笑着迎了上去，准备和陆逊打招呼。

但此时，孙权却笑着说道："好啊，你们也来了？"

文倩粲然一笑，说道："我们是特意来给偏将军送行的。"

陆逊平静地微笑着，已经步步走近。

文倩见陆将军不正面回答她，亦无反应，又说道："陆将军，你肩负重任，事关重大，祝愿马到成功！"

陆逊连忙说道："谢谢步夫人和侍中前来送行。"

他刚说完此语，即刻又转脸同孙权说话。

文倩大失所望。

但想想也原谅他了，她知道此时不便多说，她正视着陆将军不再躲闪。她留心观察，发觉陆逊竟有些不自然，一位堂堂正正的偏将军，怎么会如此腼腆呢？她理解他，不忍心再为难他了。

陆逊大声说道："谢谢主公，谢谢诸位，陆逊决不负重托，一定完成使命！请回吧。"

他上了舰船，立在船头。

文倩欲言又止，她远远地望着偏将军。

陆逊似乎有些慌乱。

蓦然，他对讨虏将军孙权央求道："主公，我有个请求，请答应我。"

讨虏将军说道："请讲！"

"请将文倩之妹赐我为妻。"

文倩如闻惊雷，惊愕得浑身颤抖了好一阵。她不相信自己的耳朵，这不可能。

但是，讨虏将军孙权的回答，她却听得十分真切。

孙权也颇感突然，他说道："啊？你想娶文好？伯言，我的侄女儿，已经和你定亲了啊！"

讨虏将军孙权三弟孙翊之女，早在去年就已和偏将军定亲。当时陆逊远在芜湖，由父母商定的，事后才告诉他。他却似乎早忘了此事。

眼下，话既出口，已无法收回，他只好向讨虏将军赔罪道："啊，主公，请饶恕我一时胡言！"

孙权却出人意料地说道："好，你既钟情于文好，可娶文好为妾。"

讨虏将军孙权既非木偶：文倩对偏将军的好感，逃不过他那对炯炯有光的眼睛。偏将军这个突然的请求，不必言明，讨虏将军心中自是明白。何况伯言前途无量，在大将军的位置上，怎能限制他娶三妻四妾呢？故此，孙权就爽快答应了。

文倩如同掉进冰缸里，几乎站立不稳，幸好妹妹靠近她，挽住了她。眼前发生了什么？不行，要镇定！她强迫自己微笑着，代妹妹回答说："谢主公。"

那微笑是贴在脸上的，是痛苦，也是哀怨。

文妤听着他们的谈话，仿佛讨虏将军说的不是她文妤，而是她的一位不相关的朋友。对于偏将军的那个突如其来的"请求"，她先是惊异，但随之很快就平静下来了，似乎不曾发生过这件事。她去搀扶姐姐，始终没有意识到姐姐心灵深处发生了怎样的变化。

她只不过是习惯性地靠近姐姐。

偏将军的船已经离岸，他立在船头挥手，向众官员告别。

文倩蹲下身去，掬江水洗面。

"文倩，"讨虏将军在提醒地，"小心栽下水去，回去吧。"

偏将军的船已经行至江中心了，欢送的官员已经离去，江边只剩下讨虏将军、谷利和几位夫人及文倩姐妹。

文倩站起身来，满脸水痕，说道："灰渣刮到眼睛里了，睁不开。请主公先回。"

孙权说道："好吧，我先走了。"

江边只剩下文倩姐妹。

天阴沉得很厉害，仿佛随时都有可能塌下来。

"走吧，姐姐。"文妤说道，她的声音有几分凄凉。

文倩点了点头。

江水在无声地流淌，有两只江鸥在回流处翻飞、寻觅；它们的啼声短促、哀怨；它们的身影久久不愿离去。

3

江浪迫岸，浪花如雪。

营前的池边有几株杨柳，被旋风吹得弯下了腰，垂着头，不停地摆动着。

文倩沉重的脚步踏着江滩，沿江边西去。越来越近的西山，笼罩着浓密的白雾，不见群峰。文妤伴姐姐走着，步子很慢；文倩仿佛没有半点力气，她的两腿无力支撑住身子。

两姐妹都没有说话，只是无声地走着、走着。

文妤和姐姐一样，有颗机灵的心。她的年龄虽然只有十六，但她的机敏却不是同龄少女所能比拟的。文倩的一举一动都在她的眼睛里，记得在西山茅棚中，守孝"头七"刚过，定威将军在草棚前敲门，她那种着急、伤心，还能是没有原因？而姐姐在茅棚内泪水洗面，那绝不仅仅是因母亲而悲伤。姐姐心中牵挂着陆将军，可又不能说出口。姐姐和陆将军相见时，爱慕之情和千言万语都藏在眉宇间了；眼睛是心灵的窗户，文妤透过这扇窗，窥见了两颗心的秘密。太滑稽了啊，偏将军陆逊却突然提出要娶她文妤！

她文妤倒不在乎，也损伤不了什么，而对于姐姐，无论如何也不可能接受！

姐姐，多好的姐姐啊，相依为命的母亲刚刚逝去，生离死别的痛楚尚未平复。如今，姐姐的心中又要滴血了。

文妤刚刚懂事起，就知道姐姐的心已被深重的灾乱磨伤。苦中熬，难中过，姐姐便养成了一种孤独的性格。姐姐很爱母亲，也很爱文妤，逃难途中煮熟了野菜，先让母亲吃，再让文妤吃，剩下的才自己吃。姐姐够苦了，可偏将军陆逊又如此狠心地伤害了姐姐的心。

姐姐没有流泪，只是无声地往前走着。

那浪，无情地袭击着岸边，哀歌一般悲声地吟唱。

文妤受不了越来越阴沉的天，天穹像要塌下来，似伸手可以触摸。她突然发疯似的抱住姐姐，哀求说道："姐姐，你骂我吧！我知道你心底伤痛，可我比你更难受。我的好姐姐。"

文妤扑在姐姐怀里痛哭。

文倩也很想哭，但她不能哭。

她无声地抚摸着妹妹的头发。许久许久，她才轻声说道："别傻，妹妹。"稍停，她又安慰说道："陆将军是位了不起的人，万里挑一，你会很幸福的，这也是对我的安慰。"

文妤放开姐姐，什么也不说。

"妹妹，你不了解陆将军，"文倩说道："这是他的聪明之举啊。"

文妤瞪着眼睛，惊愕、疑惑。

最后，她撇下姐姐，独自走向江边。

文倩毫无反应地望着妹妹远去。

波浪拍打着堤岸，"哗哗"之声不绝于耳。

只有西山东麓的寒溪无忧无虑，潺潺北流而去，慷慨地汇入大江，汇入一片波涛之中。

逃难来到西山时节，寒溪的秀丽，曾经使文倩那颗深受创伤的心深受抚慰。然而，在今天，林木依然，溪水依然，风光依然，但她的眼中，这一切都变得黯然失色了。

她坐在溪边的岩石上。

天空突然闪出一道强烈的光，紧接着一声闷雷，跟着又是一道闪光传来。雷声一声紧接一声，文倩仍然无所恐惧，独坐溪边。

倾盆大雨哗哗而下，如天沉，似地陷，寒溪发出可怕的响声。茫茫白雾裹着瓢泼大雨，把寒溪和周围的一切都吞没了。

"姐姐——！"文妤凄厉地喊着。

文倩坐在雨中，茫然无知。

"姐姐！你在哪里呀？姐姐！"

文妤沿着寒溪奔跑，寻找、呼叫。她知道，往日姐姐心中不快时，常来寒溪旁独坐。

找到了。

可怜的姐姐独自坐在寒溪的风雨之中，早已经变成了雨人。

文妤不顾一切地扑上去，唯恐大雨把姐姐冲走，她一把搂住姐姐，痛哭起来。

姐姐也哭了。

两姐妹拥抱着，恸哭着，泪水伴着雨水流入寒溪，又随着溪水流入大江。

4

两姐妹回到营地时，雨已小了很多。

二位乔夫人见两姐妹落汤鸡一般，甚为叹息。

"天啊，上哪儿去了？"二位乔夫人像老大姐一样，唤使女备好热水，又取出自家衣衫，让姐妹俩浴后换上。

文倩说道："谢谢二位乔夫人。"

文倩叫妹妹快快热身更衣，文妤让姐姐先洗。

文倩只好自己脱了透湿的衣裙，露出粉红色的内衣，内衣紧贴在身上，凸出高高耸起的乳峰。她低头瞧瞧自己的少女体态，一股自羞感涌上面庞，白皙的脸上飞起了红晕，遮去了悲伤痕迹。

换上衣服，小乔夫人让使女端来滚烫的姜汤，说姜汤可以去寒保暖。文倩刚刚喝了一口，讨虏将军孙权派人来请她去帐中议事。

她不敢怠慢，立即便去了。

帐中已有不少人，这是一次讨论。

议论的还是要不要联盟这个老议题。

议论伊始，就引起了争论。

文倩并未打算说话，她努力地克制着自己，以便让那颗伤痛的心安定下来。费了很大劲，她方听出道道来：议论形成了三大派意见，一是以张昭为首，反对联盟，一心创大业，统一全中国；二是以孙劭为首，主张联盟，但必须反刘联曹，灭了刘备之后再回头灭曹。这个意见遭到了诸葛瑾的强烈反对。诸葛瑾、秦博等人是第三种意见，同样主张联盟，却是联刘反曹。曹操是狡猾的奸贼，谋朝篡位，必须联合刘皇叔才能消灭曹操。

三种意见争执不下。

讨虏将军孙权早就耐不住了，他用目光注视着文倩，示意她说出自己的意见，并催促道："文倩侍中的意见呢？也说一说吧。"

到了这个份上，就不能不说话了。

文倩站起来，轻声慢气地问大家："在下年轻阅浅，想请教诸位，这些年来，东吴主要是联刘呢，还是联曹？"

几乎是异口同声地说是联刘。

秦博说道："因为得力于联刘，曹操既不能吞刘，又不能灭吴！"

"那么，再请问诸位，"文倩说道，"我们的联盟是从什么时候开始的？"

诸葛瑾说道："众所周知，是从赤壁之战开始，由于和刘皇叔联盟，才击败了曹操！"

文倩笑着问道："若赤壁之战不和刘备联盟，会是什么样的结局呢？"

诸葛瑾不思而答："这还用问？曹胜我败！因为曹操有三十万兵马！"

文倩问道："刘备当时有多少兵马？"

诸葛瑾说道："一万！"

文倩微微一笑："曹操在当阳把刘备打得一兵不留，哪来一万兵力呢？不就是关羽从汉江率两千水兵逃跑了吗？好！姑且算他一万，加上当时周瑜将军率二万水军，一共才三万；而三万就能打败三十万大军吗？一人真的能抵十人吗？何况当时，刘备水军泊在樊川，根本没有参战。这叫什么联盟？"

说到这里，文倩稍稍停顿了一会，又接着说道："当时，讨逆将军孙策，起兵时兵力不过千人，并没有跟谁联盟，却以迅雷不及掩耳之势夺取了江东六郡。如今，讨虏将军已经壮大到数十万人，反而要依赖与刘备联盟，仰人鼻息？只怕联盟变成养虎为患！"

孙权看到没人说话了，便有几分得意，正想开口说话，但见文倩又继续说了起来，他便连忙收住了话头。

"刘备借去了荆州，有哪些作为？主公攻取益州，他说攻益州是不仁不义，宁可隐居深山。主公手脚不是被刘备所缚吗？这种联盟有利吗？刘备还趁混乱之机，在东吴后面占去南郡四县！念及联盟，主公将江南四县给了刘备。这种联盟有利吗？再联，江山几时统一？诸位想过没有？"

讨虏将军的热血已经沸腾，他已经按捺不住，说道："当年刘备弃新野、逃樊城、败当阳、溃夏口、躲樊口，毫无喘息机会，是我孙权赤壁之战挽救了他，以至如今刘备才能割据一方！要此联盟何益？"

孙权的话还没有说完，卫士忽然来报："主公，关羽抢了我湘关粮库！"

孙权听后几乎跳起来，大声骂道："关羽这贼人，胆大包天，我与他势不两立！"

帐中的气氛一下子紧张起来。

反对联刘的意见渐渐占了上风。

他们一直议论到深夜。

孙权帐中的灯光通亮，映照着帐外侍卫走动的身影。

5

近两天，孙权心绪不宁，常以酒解心中之苦闷。

步夫人很担忧，也有点畏怯。她左思右想，也不能替丈夫分忧，便想到了文倩。于是，便去文倩住室，请她来劝说。

文倩不便推却，只好应允。

文倩来时，孙权正在饮酒解闷。

孙权别传

065

文倩瞧着他笑了笑；孙权仍一口一口饮酒，并不言语。

文倩故作嗔怪，转身欲走。

孙权这才开了口："文倩，坐一坐。"

文倩故意说道："不坐了，以免败了主公酒兴。"

孙权说道："那好，不饮了。"

文倩知道孙权为何纳闷，便单刀直入地说道："小不忍则乱大谋！关羽抢了我湘关粮库，不过鼠儿偷食，何必计较？刘、关本是背信弃义之徒，玩火者必自焚！既然他们不仁，主公何必求义？以牙还牙，是对不仁不义者的警告，不但可使江东父老得以安慰，还可壮我军威，灭他威风！何乐而不为呢？"

孙权听了，用拳头往桌上猛捶一拳，说道："对啊，立取荆州！"

文倩说道："主公，曹操函约主公夹击关羽。依侍中之见，可复曹操。"

原来，北方有两县起义，杀了县官，南投关羽。关羽赏给他们一些粮草，令其杀将回去。此时，关羽正围樊城。

曹操准备迁都，司马懿和蒋济劝说道："于禁被俘（于禁率兵去解樊城之围，驻扎樊城外不远处。但天公不作美，陡下暴雨，营寨被淹，余军覆没；于禁被关羽部下生擒。）是水灾缘故，并非关羽之迅。孙、刘表面联盟，内中互为戒备，可授函孙权，夹击关羽，自解樊城之围。作为回报，江南之地封给孙权。"

曹操于是采纳此议。

但孙权许久未复。

文倩提醒了他；他当即召来张昭，复函曹操，派人连夜秘送许县。

张昭问及吕蒙改装舰船之事。

孙权觉得应立即派人去下游的小池，催促吕蒙加速改造商船。原来，吕蒙并未去建业养病，而是秘密去了小池（今湖北黄梅县），偷偷改造舰船为商船，用以伪装，以便进攻荆州时装载士兵。

时间已很紧迫，必须加快进行。

夺荆之日，即孙刘决裂之时。

张昭觉得有件大事需要解决，那就是嫁给刘备的孙尚香夫人，不能留在刘备身边。曾记当年，赤壁之战后，鲁肃为巩固孙刘联盟，劝说孙权，把年仅二八的妹妹嫁给了四十九岁的刘备。

孙权为此悔之不已，但悔之晚矣。

如今，张昭又提此事，孙权又悔又惭又恼，他说道："接回来，将我贤妹接回来！"

张昭说道："只是此时去接，岂不泄露天机，引起刘备警觉？"

孙权正为此感到为难之际，文倩说道："这也不难，托词步夫人染疾，请孙夫人回来看望嫂夫人。此事亦顺理成章。"

孙权击掌叫好。

文倩又说道："是否可请孙夫人携带刘禅同行？"

张昭说道："对啊，有了刘禅，不怕刘备不以荆州来交换阿斗。"

孙权虽很高兴，又觉不妥。

说话间，尚书秦博不宣而入。见如此场景，似乎进退两难，他的神情有些窘迫。

孙权问他道："秦博，何事神色慌张？"

秦博支支吾吾地说道："主公议事，未告而入，故而进退皆难。"

孙权说道："请去帐外稍候。"

秦博连忙退下。

文倩担心刘备为难孙夫人。

孙权说道："尚香少学武功，且身边有百余使女，全都武功在身，有谁敢加害于她？就是刘备见了她，也惧她三分，更何况别人？"

文倩说道："若令孙夫人携回阿斗，必遭刘备反对，并危及孙夫人。"

孙权说道："侍中大可不必担心，谅他刘备不敢加害于她。"

张昭、文倩二人离去。

待张、文二人走了之后，秦博来见孙权。他说："主公，赤壁之战前，张昭力劝主公投曹，今又劝主公灭刘，用心叵测，望主公明察。"

刘权听了，没有回答。

孙权忽然严厉问道："秦尚书，何为引狼入室？！"

秦博见孙权发怒，忙说道："主公，秦博知罪，恕我告退。"

孙权望着秦博的背影，若有所思。

6

自偏将军陆逊走了之后，文倩常常站在当时送他上船的码头上，向茫茫的长江上游眺望。

陆逊走了，似乎把文倩的心也带走了。

文倩凝视江面许久许久，漫无目的地沿着江边走着。陆逊向孙权乞娶文好的一幕，又显现在她的眼前。孙权把文倩的一举一动都看在眼里。他清楚地知道，她心中装着伯言；而伯言断然要求娶文好，实则是断然拒绝了文倩的钟情。

孙权深深理解文倩当时所受的沉重打击，隐隐为她难过。只恨一时无法安慰她。

时间是喜怒哀乐的催化剂，文倩心中由恨而怨，由怨而哀。

文倩走进江边的一片林地，林中有一片荫凉，以前是附近农夫夏暑时节常来纳凉之地，如今人烟稀少。忽然间，林中的峭石上传来说话声，透过树隙望去，原来是秦博和两个渔夫在说话。

文倩有些好奇，便停下步来，只听秦博说道："你们不可疏忽，千万不能丢失信件！"

渔夫回答道："请尚书大人放心，定将信函送达，以报答大人大恩！"

秦博说道："一定要亲自交赵云将军，要快，不能延误。孙夫人上了归程就晚了。"

两个渔夫上了小船，离岸西驶。

文倩好生奇怪。

显然，那两个渔夫，是秦博派去给刘备守南郡的将领赵云送信的。为什么给赵云送信呢？又为什么要佯装成渔夫？

文倩深知事态的严重，她连忙快步返回。

讨虏将军孙权正在营前舞剑，见文倩匆匆走来，连忙撂下佩剑。

文倩说道："主公，侍中打扰你舞剑了。"

"不妨，你有何事？"

文倩说道："主公，昨日秦尚书与你说过什么。对吗？"

提及秦博，孙权心中犹有余忿，他当即便把怒斥秦博的话告知了文倩。

文倩突然说道："主公，大事不好！"

她遂将林中所见所闻，一一向孙权禀报了一遍。

孙权听了，顿时怒目圆睁，额上爆起了青筋，怒吼道："绝不容许秦博如此胡来！"

此时此刻，文倩倒冷静下来了，她劝谏道："现在不是发怒的时候。主公，要想办法阻止事态发展！"

孙权立即召来张昭。

张昭说道："此事迫在眉睫，马上派人去追赶送信小船，然后再处置秦博。"

秦博派出的两只小船，早已箭一般地向西逃去。但由于小船渗水，行驶并不快；秦博得知后，又着人悄悄送来两匹战马，由陆路行走。

派出追赶小船的水军，追了两天也不见小船踪影，只好返回。

讨虏将军孙权怒发冲冠，要囚禁秦博。

刚令卫士去抓，张昭赶来了，急问道："主公决定抓秦博？"

讨虏将军说道："决不能留这通敌的叛贼！"

张昭听了直摇头，说道："请主公息怒，且慢计议。"

孙权不语。

"无据何以定罪啊？"张昭说道："秦博如矢口否认，主公反失信于众，此其一；其二，大事张扬，反被敌得悉；其三，主公之兄、讨逆将军孙策临终前曾言：举江东之众，决战于两阵间，公不如兄；而举贤任能，使各尽忠，兄不如主公啊！"

孙权愤怒说道："秦博贼子实在可恼！"

张昭说道："现在，还不能证实秦博通敌。事业之难，重在用人，用人之道，且须容人。"

孙权说道："秦博坏我大事，杀之何惜？"

张昭请孙权息怒，详析秦博的作为。秦博确在保刘，而鲁肃更是铁心保刘，却为公所用；昭反刘，也为公所用；由于原来一直和刘联盟，拥刘者不可全去之；秦博反曹，将对主公有利。

孙权听了，收回了拘秦博之令。

7

孙夫人孙尚香接了孙权密信，以嫂夫人步氏染病，要回娘家探亲为由，带着阿斗上路了。

她的百余名武艺高强的使女，自然也都随从。

当她走出南郡时，赵云忽然率兵追赶上来。

孙夫人警告赵云，若想强夺阿斗回去，必以戈戟相见。

岂知赵云对刘备忠心不二，跪在孙夫人面前，苦苦哀求：若孙夫人要带去阿斗，请孙夫人将赵云的头割下来。

孙夫人念起赵云的一片忠心，只好留下了阿斗。

原来，赵云已接秦博的密信，自然心中有数，只是不能言穿。

他拜谢了孙夫人的大恩之后，便护着阿斗返回了。

孙夫人回来后，即与三位嫂夫人、二位乔夫人一一相见。

讨虏将军特意安排妹妹和文倩姐妹相见，并赞誉文倩多才广智，堪称奇女。

就在孙夫人回去后的第三天，孙权接到偏将军陆逊派人自陆口送来的信。

文倩听说陆逊来信，那颗已稍稍平静的心又激荡起来了，她忍不住想把陆逊的信接到手里好好看看，仔细瞧瞧，但她不能不克制；在讨虏将军面前，更是不能放肆。

讨虏将军并未留意文倩内心深处的感情流露，只顾自己高兴，便将陆逊的信念出声来。

陆逊说，自他去陆口后，已函告关羽，说自己年幼无知，一介书生，不懂军事；而关将军是老英雄，请他多指教。

关羽接信之后，一笑置之，认为陆逊是个无名晚辈，无足轻重。所以，放心大胆地把绝大部分留守荆州的士兵调走了，以加强樊城的兵力。

"大事可成啊！"孙权说道："好一个伯言，略施计谋，便使关羽迷惑不觉。"

张昭被引见，他看信后，也很高兴，说道："主公知人，陆逊不负主公重托。"

孙权说道："天赐我伯言！"

张昭又说道："主公，再派人去小池，催促吕蒙加速改建船只，时不待我！"

文倩再也按捺不住了，身不由己地悄悄走出营帐，来至江边——偏将军上船处，仿佛偏将军的声容宛在。他是从这里乘船西去的，是去完成那个伟大壮举的。天空那么美好，蓝蓝的，白云朵朵。她的心也是蓝蓝的，飘着白云朵朵。她想唱一支歌，一支心里的歌。

于是，她便轻轻地唱出声来，那歌声似从很遥远很遥远的地方飘来，从坦荡宽阔的江面飘来。

关关雎鸠，在河之洲，窈窕淑女，君子好逑……

动听极了，如银铃在空中悠然；那根少女心中纤细的琴弦，被歌声轻轻拨动着。

突然，一阵"咯咯"的笑声，令沉浸在如梦如幻中的文倩大吃一惊。

"妙极了，妙极了！"

文倩的脸"唰"地一下红到了耳根。她说道："你这惊人魂的，吓死我了！"

原来，是文妤悄悄来到了她的背后。

文妤说道："姐姐并非吓死，而是羞死！"

文倩反驳道："我唱我的，有什么好羞的？"

文妤调皮地把头一歪，说道："不羞脸自红，脸红心自跳，心跳因有情，因情寄歌声。"

文倩虽然聪颖无比，却比不上妹妹文妤那张利嘴，她屡屡吃妹妹的亏，但又奈何她不得。

文倩举手要打文妤，文妤连忙躲开。

其实，文倩是舍不得打妹妹的。有次孙权见文倩很爱妹妹，便笑着说道："你恐怕舍不得打妹妹一下吧？"

文倩答道："姐妹本是同根草，同生一体两片叶。"

是的，从懂事之日起，两姐妹相依相伴，讨来一口饭，谁也不肯多吃一口；走到缺少水源的地方，千方百计好不容易寻来一碗水，你湿湿口，我湿湿口，最后推让给母亲；而母亲却被感动哭了，泪水滴入碗中，又强逼两姐妹一人喝两口。如此人间真情，哪里会舍得打她？

文妤故意撩姐姐，为了让姐姐快乐，"咯咯"笑着说道："好姐姐，别生气，我只不过一语道破秘密而已。你何必当真，与我计较呢？"

文倩说道："我讲不赢你，我有什么秘密？"

"你那歌声，早就吐了心声。"文妤半真半假地讥笑着姐姐，"那歌声，早就逆江西上了呢！"

"傻妹妹，以后可不兴这么说，"文倩真的认真了，"陆将军已经决定娶你，且讨虏将军已经同意。这不是戏言。我有这么一位好妹夫，心中又高兴又自豪，怎么会心生嫉妒呢？你贬了姐姐的为人，辜负了姐姐对妹妹的真情！"

文即一听姐姐生气了，急得直想哭。她说道："好姐姐，我是说着玩儿的。我给姐姐赔礼，姐姐不要当真，好不好？"

文妤果真双膝跪地，说道："姐姐以后自会明白，好姐姐，好姐姐原谅我。"

文妤潸然泪下，竟抽泣起来。

文倩本不十分生妹妹的气，只不过是警示她以后不可再说此事；见妹妹哭得如此伤心，自己也慌了手脚。她爱怜地抚着妹妹，不觉勾起伤心往事，不堪回首。旧痕未消新痕又生，悲苦人儿更易流淌伤心之泪。文倩潸潸流泪不止，两姐妹哭成了一团。

　　文妤抽泣着说道："我……我不……不会嫁给陆……将军的！"

　　文倩流泪斥责她说道："说什么傻话！傻妹妹，别伤着了陆将军的心，啊？答应我！"

　　文妤仍然抽泣不止。

第四章

吴王试剑劈巨石，关羽失城铸大恨

1

吕蒙在小池改造的商船已经完工，夺取荆州的准备工作已全部就绪。

在建业移民未来武昌之前，孙权已从吴郡山阴、会稽请来了一些铸铜的匠人。这些匠人手艺高明，他们所铸造的青铜器、青铜刀、青铜斧等各种兵器，均技艺精湛；他们还铸造了不少铜镜、铜鼎、铜铲、铀盆等日用生活品。

有几位匠人铸的铜镜，造型不俗，工艺精细，天下闻名，不但在黄河以北的广大地区有商家前来定购，还有东吴的船队运往台湾、海南一带。有些日本、高丽、波斯、马来的商贾，视鄂县铸造的铜镜为珍品，归国时纷纷购买，带回去之后，或赠送好友，或高价出售。

试铸伊始，一位来自莫干山的老工匠宝忠，特意给讨虏将军铸制了一把佩剑。

孙权看过之后，连声叫好、叫绝！遂命人为这把佩剑制作了剑鞘，一直佩带在身上。他想到西山之巅亲自试一试宝剑是否锋利？只是夺取荆州的准备工作太紧了，一时抽不出时间来。

这一天，孙权去建筑工地巡视，见施工进度颇快，城墙已高出地面六尺多，几个城门已经有了雏形。修建城中宫殿的工匠也在日夜备料，只是王宫图尚未最后确定，故而尚未动工。

他曾命人绘制了几种王宫的图形，但心中皆不满意。

前不久，他又下令在军中广征王宫图形，凡送图选中者皆有奖赏，民可奖万金，官可晋升三级。

眼下虽已征得了数种图册，但孙权总觉得气魄有余而精巧不足，心中便有些不快。

他带着谷利，信马由缰地沿着江堤走着，心里一直在琢磨，若实在征不到新图，就只好派人去建业征图了。

他走到雨台山下，忽然看到宝忠师傅自江边走来。

宝忠师傅头戴一顶毡帽，腰间系着一方麻布围腰，手里抱着一个青布包袱。后边是他的三个艺徒，各挑着一担板炭。

宝忠师傅已经有七十二岁了。他白发垂肩，满头银霜，身材清瘦，有些驼背，那是因长年累月低头锻打造成的。他走路稳健，双目有神。据说他挥锤打宝剑毛坯时，十多斤的铁锤能连续捶打一个多时辰！那刚刚从红炉中钳起的毛坯，被炭火烧得通红，一锤打下去，火花四溅。别人都纷纷躲藏，他却凑过去察看火候和颜色的变化。若是他认为不佳，则回炉重锻。为此，他的衣服都被四溅的火花烧得千疮百孔。

孙权走到他的跟前，跳下马来，双手抱拳说道："宝忠师傅可好？孙权有礼了。"

只顾匆匆走路的宝忠师傅，连忙跪下叩拜。

孙权连忙将他们扶起来。

"请问，宝忠师傅自何而来？"

宝忠连忙答道："回将军，我是同徒儿去码头上取板炭和辅料去了。"

说着，他解开青布包袱，原来里边包着一些褐色的泥土。

宝忠师傅告诉孙权，他锻造宝剑时，需用板栗树烧成的木炭，火力猛；烧红的坯件，还需要在清泉中淬火，再插进红泥中养护；这样反复百余次，宝剑方可锋能削铁，柔可绕指。

鄂县附近虽有板炭，但质地松散，火力不猛，需用他家乡的板炭。这里的红土碱性过重，且含硫黄，易损剑锋；他特意派艺徒去莫干山上挖来了红土，以便锻造出天下最好的宝剑。

孙权听了，心中感动不已，连连向老人道谢。

宝忠师傅指着孙权腰间的佩剑说道："我为主公锻制的这把剑，是用汀祖荷花池和泽林小铜山的矿石冶炼而成的，矿质上乘，故剑刃锋利。不知主公试过否？若嫌不利，我可为主公再制一柄。"

孙权告诉他说，由于公务缠身，还一直无暇试剑；待试过剑之后，再来向他请教。

宝忠师傅听了，连连点头。

孙权目送他们师徒离开之后，仍觉意犹未尽。

他决定寻个空闲日子去拜访老人，向他学习锻造宝剑的技艺。

2

多日来，文妤发现姐姐一直在建城的工地上奔波；晚上，还要秉烛绘图制王宫图形，很是辛苦；今日得空，便与姐姐一同去江边散散心。

讨虏将军孙权老远就瞧见了她们的倩影，宛若一双仙子，轻步天河之滨。

他便策马走了去。

文妤偶一回首，发现了他，开心叫道："唷，将军哥哥！"

文倩也回过头来，嫣然一笑。

文妤说道："将军哥哥，不好……"

孙权已经走近文倩身边，问道："我怎么不好？"

文妤说道："在后面瞧见我们，也不理会我们，摆将军架子。"

"你们出来游玩，也不邀我，不把我这将军放在眼里。"

"唷，到头来，派我的不是，总不责怪姐姐，不公平！"

文倩忙说道："妹妹，你这剪刀嘴也太厉害了，怎么连累我呢？"

讨虏将军只是咧嘴笑着。

文妤发现孙权那宽宽的额头下方的明亮大眼中，闪动着柔和的光芒，蕴藏着一种神秘的温情。她知道，这温情是专注姐姐的。

谷利在稍远的草地上牵着两匹马，其中一匹挣脱了缰绳，要到一条山溪中去饮水，谷利去捡拖在地上的缰绳。

文妤见状，连忙朝他跑去。

文倩望见跑远了的妹妹，心里说道："鬼心眼！"

文倩掉过头来，向孙权看了一眼，莞尔一笑，如明媚春光，明灿和煦。

孙权只是笑了笑："文妤和你一样聪明、机灵！"

文妤的主动离开，给他们留下了一个特殊的境界。

孙权、文倩并肩而行，默默无声。

文倩依稀感觉有些不安，身旁这个伟岸的将军，似有一种震慑，在权力中又夹杂着关切，在威严中透露出温情。

她努力摒除心中瞬间即生的冷霜。

她曾经有过说不清的缘由，诉不清的苦涩，似有一股严酷的寒风，一次次无情地袭来，袭击她那颗柔弱而多情的少女之心。

她要驱除！

是的，这位旷世之雄，十八岁便继承兄长大业，二十岁赤壁之战大胜曹军。如今，三分天下有其一，并将统一神州，收拾内乱分裂的局面。

曹操于赤壁之上已经大伤元气，且年事已高。

刘备偏安一隅，无大作为。

当今之势，舍讨虏将军其谁？

她崇拜他，敬慕他，但她决无非分之想。

因为她是个漂泊民间的女子，而他是天下注目的英雄，犹如细溪与大江之较。再说，自己早已暗恋定威将军陆逊，只是没有机会挑明罢了。谁知他却在大庭广众之下请求讨虏将军将文倩赐予他！是陆逊薄情？还是他另有所待？

不过，她早已察觉到这位东吴主公的心思了。

自她与他在西山茅棚交手之后，他的眼神和身影，便深深地烙印在自己心底了。自此以后，她分明感到他信任她、呵护她、关注她，她的心中充满了感激之情；只是因为身份和地位相距万里，她才不敢往深处想！

毋庸讳言，作为江东主人，讨虏将军无疑有娶任何女子的权力。然而，他对于文倩的爱慕之情，早就溢于言表，却从未有过半点强求之意。这颇使文倩为之钦佩。那颗受伤的少女之心，由此得到了更多欣慰！她的心扉在悄悄地为他打开，用那颗纯真的少女心去拥抱他、感激他。

人生最大的安慰，莫过于苦楚中赋予的真情，而不是美丽甜蜜的叙说！

站在她面前的是一位将军，是东吴大地的主宰者！

这位当今的风云人物，也与常人一样，有情有义也有爱。

这种情义和爱，并不是今朝的专有之物，自古皆然。

君子非草木，亦非禽兽般之性爱。

她在江边唱的"君子好逑"中的君子，并不是专门泛指常人，那君子是有着丰富内涵的。

只是君与臣、官与民之间，有一堵厚厚的无情之墙，常人难以逾越罢了。

人是万物之灵，凡是人，都有七情六欲，包括自古以来的帝王将相，只不过他们被种种无形的戒律缚住了感情，而不能真正地求其所求、爱其所爱！这实在是一大悲哀。

比起那些有情而不能自解其缚的帝王将相，讨虏将军孙权无愧英雄。此时此刻，他坦然走近了文倩。

她望着他，羞怯地一笑。

"你笑什么？"讨虏将军轻轻地问道。其实他知道，这是多余的问话。

"你决心要率军前去取荆州？"

孙权点点头，吞吞吐吐地说道："就是……"

文倩脸红了，问道："几时才能回来？"

"我想越快越好！"

"主公真会回答问话呢。"

孙权望着那双明亮的眸子，说道："我会做好安排的。"

文倩又问道："主公何日启程？侍中当恭迎凯旋。"

……

"禀告主公！"一侍卫突然闯来，"曹操把主公写给他的信，令樊城援军用箭射给了关羽，泄主公机密！"

那封写给曹操的复信，是同意曹操要他进攻关羽背后的请求；而今，曹操居然将此信给了关羽。

这是背信弃义！是出卖！

孙权顿时气得怒火万丈。

文倩劝他不必生气，只要有计可施，谁都会见机施计的。曹操那样做，无非是为了给关羽压力，迫使关羽解樊城之围。

文倩最后说道："事既如此，只有速去攻打关羽，断其后，随即夺回荆州。"

孙权怒气不消："我既顺朝廷，曹操竟如此奸诈！"

"也许不是曹操所为，他手下还有那么多文武大员和谋士呢，"文倩说道："再说，大凡军事，都崇尚权术，各施计谋，以获得自己一方的利益。只要我们行动快速，关羽想从樊城撤军也来不及了！"

孙权听了，沉默无语。

文倩又说道："关羽是有勇无谋之辈，且狂妄自大，并无周密计谋可施。也许见了主公的信，他会半信半疑、犹豫未决，并不会立即撤去樊城之军而急返荆州的。"

孙权听了，忽令侍卫速去传令，令虎威将军吕蒙立即从小池率船队溯江而上，来武昌会合。

提起关羽，孙权的火气越发大了。

原来，关羽有一个女儿，据说人品、相貌均不错，尚未许人。

孙权有个儿子，亦已成人。

孙权觉得，孙关两家，虽不能说是门当户对，但关羽是刘备的一员主将，并屡次立功，也算是显赫人家了。再说，与关羽联姻，不但有利于吴蜀联盟，而且亦会减轻战场上的压力，无形中亦增添了自己的兵力！这对以后对付曹操，甚而夺取天下，皆有战略优势！

谁知，当他派去的专使求婚回来以后，将关羽不但不愿将女儿嫁给孙家，而且还当着众人的面，辱骂孙权使臣的经过叙述了一遍。

辱骂使臣即辱骂孙权！

孙权对此一直耿耿于怀。

今日，听说曹操将他的信转给了关羽，泄露了攻打关羽后方的意图，关羽肯定会加派兵力守备的！这样也好，自己不妨将计就计，乘机攻打荆州，与关羽决一死战，一可报当年辱骂之仇，二可收回荆州。

这是火上泼油！

3

孙权决定次日登山试剑！

整整一夜，西山的望捷峰上人影往来，火把通明，映红了半边的天际。这是侍卫们在连夜准备试剑仪式。

清晨，讨虏将军孙权率领文武官员登上了西山。步夫人率众位夫人和文倩姐妹等相随。

西山，又名樊山。

在帝尧时代，因樊仲文曾在山上住过，所以，这里也叫"樊山"。故而，樊山的水，便以"樊"来命名了，樊山脚下通往梁子湖的河流，便叫"樊水"。因樊山在鄂县西南，百姓多以方向来呼叫山名，故樊山又叫"西山"。

这西山位于长江南岸，山虽不高，但由于近临长江，拔地而起，且周围多为沼泽、平原，故而显得峭拔雄伟，气势不凡！孙权因多次上山狩猎，对西山之险之奇十分欣赏；他还在望捷峰上选择了一片树少的山顶，常常在那里或舞剑，或射箭，或打拳；若是累了，他便倚在旁边的一块巨石上稍稍歇息。

这一次，他便将试剑仪式安排在望捷峰的一块巨石旁。

朝阳已经跃出了江面，阳光照耀着山径旁的松竹和花草，不时有蝴蝶在路旁翻飞，惹得文妤和几位夫人的侍女们欲去捕捉。文倩见了，轻轻地咳了一声，文妤连忙退回到人群中。

在望捷峰的巨石旁边，置有一只方桌，上面摆放着香烛。香烛旁边，便是孙权的那把新铸的佩剑；佩剑尚未取名，待试过之后，才能命名。

离试剑的时刻尚有一个时辰。

各地驻军的将领和地方官员，从四面八方向西山走来。

孙权见时间尚早，便沿着一条用石板铺就的石径，去看望铸剑的宝忠师傅。

宝忠师傅正在一泓山泉中淬剑；透红的剑坯向泉水中一浸，即刻发出一阵"吱吱"声，一团白雾从水面上冉冉升起来。

"宝忠师傅，你老人家可好？"

宝忠老人一回头，见是东吴的主公，遂连忙放下手中活计，欲跪下叩拜，孙权连忙拉住了他。

二人遂坐在炉边的青石板上促膝而谈。

"请问老人家，这世上的宝剑，"孙权一边用手抚摸自己的佩剑，一边问道："哪一柄最佳？"

宝忠师傅听了，仰头大笑起来。

笑完便说道："天下宝剑，万万千千，谁也不知道哪一柄最好。"

接着，他指着已经淬过火的剑坯说道："凡是好剑，都应随着主人建功立业！否则，便是一把废剑。比方说，吴王夫差的父亲酷爱宝剑，他先前满天下收集好剑，一共收集了三百多柄，但他并不使用，只是珍藏于密室之中。他死前，命人在姑苏的虎丘上凿石造墓；死后，其子夫差将他的三百柄宝剑，全都殉葬墓中，并将造墓的工匠全数杀死在试剑石旁！此乃好剑未遇明主，可惜、可悲。"

说到这里，宝忠师傅将话题一转，对孙权说道："好剑遇到真正的英雄，便有了用武之地。即使并非天下好剑，亦可成为名剑而令天下刮目相观。就以主公来说吧，也许我为主公锻造的宝剑，算不上天下最好的宝剑，但此剑随着主公去统一天下，并成为主公事业中的一部分，那么，此剑便是真正的天下名剑中的极品了！这是铸剑人的心愿，也是天下百姓的心愿。愿主公勿怪罪在下的妄言。"

孙权听了老人的一席肺腑之言后，觉得周身的血液都在往上涌。

他连忙站起身来，朝老人深深地一拜，说道："我一定携此剑去统一中国，不负老人家的一片心意。谢谢你了。"

宝忠师傅也站了起来，说道："无须谢我，只盼将军勿忘今日之言。"

正在这时，谷利跑来报告说，试剑时辰已到，众将领和地方官员已经到齐了。

孙权请宝忠师傅去参加试剑仪式，他婉言谢绝了，说道："年迈眼花，就不去凑热闹了。祝将军试剑成功！"

孙权辞别宝忠师傅，随谷利登上望捷峰。

试剑仪式开始了。

张昭点燃了香烛；尔后，孙权走上前去，从香案上取下佩剑，抽出剑鞘。

只见那柄剑长约三尺，寒光逼人。

他将剑拿在手中掂了掂，又面朝东方长揖三拜，然后才立起，说道："今日若擒关羽，灭刘备，石为之裂！"

只见他举剑过肩，又猛力劈下，只听"哐当"一声，石上火花四溅。

那块巨石已裂，剑已没于石缝！

众官员齐声赞道："好，主公得此好剑，定能擒关羽、灭刘备，天助我也！"

……

文倩紧紧捏着妹妹的一只手，越捏越紧。

文倩在为讨虏将军暗暗使劲。巨石两断之后，她和百官们一样，欣喜若狂。

如今，她的心又紧缩了，双拳又暗自捏紧了。

只见孙权后退了三步，持剑步步逼近另一块竖立的巨石。

文倩睁着眼睛，目光直盯着那柄剑，心中在暗暗祈祷。

只听孙权说道："我若能劈开此石，便能统一天下。此石也可以为证！"

他的话音刚落，只见剑光一闪，听见"轰"的一声，有如天崩地裂，那块巨石已断为两截，一半仍在，一半轰然倒地。

"统一天下！"

"统一天下！"

"统一……"

喊声此起彼伏，山鸣谷应。

文倩喜不自禁。

文妤竟忘乎所以地跳了起来。

几位夫人也都随着众人的喊声欢呼起来。

众官员纷纷向孙权祝贺。

文倩随着几位夫人走上前去，她说道："贺将军获此好剑！"

孙权手握宝剑，微笑着。

几位重臣依次抚摸着那柄宝剑，问此剑应取何名才好？

有的说，此剑乃依铸剑祖师欧冶之法所铸，应叫"欧冶剑"；有的说，此剑如莫干剑一般锋利，可叫"莫干剑"。

孙权听了，轻轻摇了摇头。

他深情地朝山下的城郭望去，只见新城正在修筑，长江依城而过；再向远方放眼，则是山峦起伏如涛，天地苍茫相接。他像是对自己，又像是对身边的众人，轻声说道："我东吴立国之本，乃以武而昌；此剑，就取名'武昌'吧！"

他的话音刚落，众人连忙赞同："武昌、武昌，以武而昌！"

欢呼之声在山谷间久久回荡。

4

试剑仪式结束之后，孙权在山上设宴，与百官同贺同庆。

酒宴之后，孙权率领文武百官直奔江边。

他手中握着那柄刚刚试过的宝剑，他要亲自率军夺回荆州。

文倩离开望捷峰时，朝谷利望了一眼，并报以舒心的笑脸。

谷利会意，连忙点头。

百余艘商船停泊在江边，船板上商贾之人穿梭来往。他们都是士兵装扮的。偏将军陆逊率兵七千，分别坐在舱中待命，随时将溯江而上。

文倩姐妹、步夫人等都来欢送孙权、张昭等登船。

行前，女眷室已经建好。

孙权的三位夫人、孙尚香、二乔夫人已搬进新居，文倩和文妤的新居紧靠着两位乔夫人。孙夫人的百余使女，分别住在前后三排平房里。孙权又给她们留下了二十名使女，二十名侍卫，一百名士兵，以保卫安全。

在孙权的船前，文倩说道："祝主公马到成功！"

孙权点头："等着我的喜讯！"

文倩又说道："主公回师之日，我将拙绣《长江万里图》奉上。"

孙权再次望了望众人，说道："定不负众望。"

文倩黑黝黝的眸子里，似有许多话要说，从这扇心灵的窗户中，可以窥见少女的心泉。他是多么辛苦啊，夜以继日地操劳，日理万机，脸庞消瘦了许多。打江山、打天地，谁能说是轻而易举的事情啊。

舰队出发了，讨虏将军大步踏上出征的船头。

舰队浩浩荡荡地逆流而上，鼓满风的帆叶，像大鹏张开的翅膀，渐渐飞远了……

文倩姐妹跟着六位夫人往回走，她们一句话也没有说。

一回到营地，似换了个新天地，原先那些营帐没有了，只留下百名士兵住的营帐。天地间仿佛空荡了许多，有些冷清。文倩心中突然袭来无名的空虚，她想起了往事。当年在西山茅棚时，原本不与世人交往，唯有母女度日，与世无争。母亲是她精神力量的源泉。记得父亲去世以后，母亲常常泪水不断。见了母亲的泪，文倩自然也落泪，但为了不让母亲看见，以免母亲更伤心，文倩的眼泪只能偷偷地流，避开母亲流。母亲哪里会不知道呢？她怕孩子幼小的心灵受到创伤，总是克制自己，把感伤隐藏在心中，悄悄地吞下了泪水。

母亲对年幼的文倩说道："好孩子，不能老是伤心过日子！"

在那些逃难的日子里，只有饥饿和惶恐陪伴着她们！无论多么艰难痛苦，只要有母亲在身边，文倩就能消除悲伤和痛苦。而如今，母亲不在身边了，苦难中的母亲再也见不着了，多么空虚，多么可怕的痛苦！

文妤轻轻地呼唤道："姐姐！"

"妹妹，我很想母亲。"

文妤不说话了，她紧紧地抱着姐姐。

母亲不在了，文倩是姐姐，她更应该爱护妹妹。

她见文妤闪动着晶亮的泪光，便爱怜地说道："瞧你，妹妹，都快长成大闺女了，还动不动就擦眼泪，被人瞧见，多难为情啊。"

文妤止住泪说道："我不哭，不哭，呜——好姐姐！"

文倩忍不住了，两姐妹拥抱而泣。

哭了一夜，文倩、文好相约去看望母坟。

她们当即起步，不足一个时辰，便望见了那座高高的坟堆，两姐妹更觉伤心。她们跪在母亲坟前，心里便有了慰藉，便会好受。跟随她们一同去的两个使女站在旁边，一边潸然泪下，一边轻声劝慰。

文倩捧来三捧土，加在母亲的坟堆之上，然后牵着文好的手，缓缓离去。

回到她们的新居时，天已傍黑。

步夫人和孙夫人、二乔夫人都来劝导她们。

几位夫人离去之后，文倩点燃了蜡烛。

她在烛光下一笔一笔地绘制着一座帝王宫图——这是她继绘制都城之后的又一项极为艰巨的工程。不过，绘制宫殿图，并非受东吴主公之命，而是她自己悄然试着画的。江南已有数十位经验丰富的匠师，呈上了一批王宫图卷，目前皆未定论。

讨虏将军孙权，对未来王宫的要求十分挑剔。

她想道，待这幅王宫图绘制成功之后，不署名字，夹杂于众多的图卷之中，听君臣们如何评论。

蜡烛已经换了数次。

当她看到案头的烛光已经渐渐淡了时，猛抬头，原来东方已泛鱼腹之色了。

5

阴雨连绵，旬日未晴。

自孙权出征之后，文倩一直在潜心绘制王宫图。虽然十分劳累，但她精神很好；加上几位夫人和妹妹文好经常前来走动，还有百余名使女及侍卫守候在附近，她也不觉得孤单。

二乔夫人静然少语，十分和善。

孙夫人寡言，眉宇间似乎暗藏忧伤，很少参与说笑，有空便领着使女练武。

步夫人与人无争，比邻而居，相处甚睦，平易近人，全然没有将军夫人的娇气。

其余二位夫人，更是话语不多。

可是，过了不久，却闹出了乱子。

一日午后，文倩、文好缓步江边，观看江面的夕阳风帆。忽听身后有哀哭之声。

孙权别传

083

她们连忙走过去，一看，原来是孙夫人的一个使女。只见她满面泪痕，对着文倩说道："求侍中救奴女安珍一命，当终身不忘大恩大德！"

文倩忙问出了何事？

安珍吞吞吐吐，不能坦言；文倩已经猜出了几分。

安珍低下头说道："奴女与当卫士的同乡相好，被孙夫人发现，要杀奴女……"

见她伤心，文倩动了恻隐之心。

她让文妤陪着这个使女，自己先回去，让文妤随后领回使女。

文倩回到住地时，见住房前跪了一大片使女，个个惶惶，面有惧色。孙夫人立在台阶之上，双手叉腰，怒目圆睁。那气势，谁见了都要惧三分。

文倩心中暗自颤抖了一下。见此场景，怎好开口？

糟了！还没等她开口求情，文妤已领着那个使女走过来。

一想到救人要紧，文倩便挺身说情："请夫人息怒，小使女有过，其罪当诛。看在文倩分上，容缓一步再惩处。"

孙夫人不容，怒目中闪着泪花，不知是怒而生悲呢？还是悲而生怒？

文倩自知说情无效，一时下不了台阶。

此时，安珍已跟随文妤走近眼前。

孙夫人怒目横瞪，默然无语。

安珍惊恐地双膝"扑通"一声跪地。

文妤站在安珍旁边，默默站立。

安珍突然发出刺心的号哭！

然而，这丝毫不能打动孙夫人的怜悯之情。她扬手抛过一把剑，那剑不偏不倚，恰好落在安珍身前。

那是赐刎的命令。

安珍颤颤抖抖，伸过手去拾剑。

但那横在使女面前的剑，已被另一只手迅速拾去！

她是文妤。

文妤双手将剑举过头顶，缓缓跪下，说道："孙夫人，文妤请求饶她一死！"

孙夫人没有说话，却慢慢地闭上了双眼，泪珠从她紧闭的双眼中慢慢流出来。

"若夫人不饶恕此女，文妤情愿替她一死！"

……

在一片哭求声中，文好缓缓抽出剑来，仰起颈脖，剑锋寒光逼人。

"妹妹！"文倩喊着，想前去夺下妹妹手中的宝剑，谁知眼前一阵火星四溅，她的身子软软地歪了下去。

文好已经闭上了双眼。

"慢！"文好手中的剑已被夺下，执在孙夫人手中。

孙夫人将文好搀扶起来。

这时，惊动了步夫人和二位乔夫人，她们也赶过来劝说，请孙夫人饶安珍一命。

孙夫人严厉地说道："免你不死！还不快感谢各位夫人！"

安珍连忙朝三位夫人叩头；跪在地上的使女们，也向她们叩头谢恩。

文倩被使女们搀扶进室内时，她已面如土色，双目紧闭不睁。

文好急匆匆赶了进来，见姐姐紧闭双眼，自己的两行泪水已悄悄淌出。

文倩被今日求情之事深深触痛。

她的自尊心受到损害。如今，她虽得讨虏将军的喜爱，衣食也十分丰足，然而，她终觉自卑。

二位乔夫人虽寡居，她们理所当然应该礼遇；步夫人是当然的主人；唯有文倩姐妹，只是外人寄居，身不由己，心不安宁，无家可归，无亲可言。

如今替使女说情，竟被孙夫人冷落，这无非是因为自身低微罢了。若步夫人求情，哪里会遭到孙夫人的如此冷落呢？文好以自己的生命去换一个使女的生命，还有比这更受人作践的吗？寄居的痛苦，谁人可解其中悲酸？

步夫人、二位乔夫人见她们姐妹泪水不止，竟在一旁陪着抹起泪来。

那步夫人虽贵为将军夫人，但将军夫人也有苦衷。讨虏将军虽今日对自己宠爱有加，不知明日又将如何？

她想起了王夫人和徐夫人，这两位夫人因为失宠，备受冷落。王室的一些活动，孙权极少让她们参加！

前车之鉴就摆在眼前。

步夫人嘴上从来不说，但心中却有挂在树上的感觉，闹不好，随时就会从树上掉下来，跌得粉身碎骨！由受宠到失宠将痛苦不堪，因之，她遇事提心吊胆。

这便是步夫人的隐痛，文倩的泪水引发了她的伤心。

两位乔夫人更不用说，谁知她们深藏在心的苦衷？

在这新建的房子里，她们似主人，却不是主人，如那过了时的衣裙，辉煌已失之于往昔。

她们的丈夫都曾为旷世之雄，纵横江东；自丈夫去世以后，她们虽然仍受到东吴君臣们的拥戴和尊重，但她们总有一种今不如昔之感；再加上媚居军中，又有浮萍之感。她们若不想这些，便可糊里糊涂过些快乐的日子，一旦想起，心中不免辛酸悲哀。

文倩今日的潸潸泪水，更引来了她们辛酸的眼泪。

步夫人、大乔小乔夫人和文倩姐妹哭作一团，竟然不知谁去安慰谁了。

孙夫人进得房去，独自躺在床上，好像是睡了，其实，她在偷偷地哭泣。她有一肚子的伤心事，也想大哭一场，但她不能！她的身份和地位决定了她不能在大庭广众之中哭泣，她的性格也决定了她不能动不动就抹眼泪。人在高兴之后，往往乐极生悲；人在盛怒之后，也会怒极生悲。

孙夫人有她二哥的脾气和作风，闹不好就会发脾气。在刘备营中，不但将士们怕她，刘备见了她也有些害怕；刘备畏惧于她是在情理之中，一是因为她是讨虏将军孙权的妹子，惹不起；二是因为她武艺高强，也惹不起。

她回了东吴之后，刘备觉得浑身轻松了许多，也用不着整天提心吊胆了，晚上睡觉也踏实了很多。

其实，威严是孙夫人的一面，而另一面，孙夫人更多的是通情达理。她爱武，有男人雄风。她有一百名使女，个个武艺高强，孙夫人对她们亲如姐妹；今天，却忽然发现使女安珍与一名卫士行为不轨，一怒之下要杀她。

殊不知，她哪里舍得？

由此会引起自己说不清的怒后哀怨。

直淌了半夜泪水，她才不知不觉地蒙眬睡去。

……

翌日，文倩病了，卧床不起。

这下急坏了文好，营中医生已随讨虏将军出征了，此地人烟稀少，何处问医？

文倩安慰妹妹，要她不要担忧，只是因着凉引发头痛，一两天便会自愈的。

话虽这么说，但她额头烫手，又不思饮食；文好既着急又难过，她急得团团转，但又不能离开姐姐的床前，只好陪着姐姐挨饿。

"妹妹，你不吃饭，叫我更难过。"

文妤连忙端起饭碗，强咽下泪水说道："姐姐，我吃，我吃饭。"

孙权的三位夫人和二位乔夫人都来文倩的卧室中探望，倍加抚慰。

孙夫人也来了，她的精神有些恍惚，少言寡语。昨天盛怒之后，一夜睡得并不安稳，今日又听说文倩病了，心中更加不安。她想起了昨日文倩替安珍求情的情景，由于自己正在气头上，对文倩的求情，她没有任何表示，冷落了文倩；现在回想起来，心中便有些懊恼。

所以此刻，她连忙来看文倩。

……

文妤本想强迫自己吃饭，见姐姐又在哭，她就怎么也吞不下饭了；她偷偷地把饭碗藏在帐后。

文倩虽在流泪，但妹妹的举动她均看得一清二楚。她担忧妹妹过于伤心，为了安慰她，便说道："妹妹，我在西山有病时吃的药方子，你能寻着？"

文妤睁大眼睛，老半天不知姐姐说的是什么。

直到姐姐再次提醒，她才恍然大悟，她埋怨自己竟忘了此事。

那次自己不也着凉病倒了吗？不是吃了医生开的药才病愈的吗？如今该用到这方子；只是在搬离西山时，药单不知放到哪里去了，寻了半天也没寻着。

文妤一下记起来，是放在枕边的小药箱里了。

母亲去了，这小药箱依然留着。

睹物思人，文妤好伤心。她怕姐姐见了这小药箱难过，连忙掩饰起来，蹲下身子，打开箱子，取出了药方。

……

步夫人接过药方子看了看，叫来侍卫，命他骑马去西塞买药。

孙夫人连忙说道："让安珍和柳姑去吧，她们的骑术很精。"

说完，便传下话去，让她们飞速出营，去西塞买药；并嘱咐要速去速回。

步夫人只好依她。

文倩内心明白，自己并非着凉，是因为过度伤感，加之数天熬夜绘制王宫图，脑颅闷痛。她并不真的指望那药方子保存下来。如今，却弄假成真。

不太一会儿，药真的抓回来了；步夫人叮嘱使女煎药。

文倩只好央求说道："步夫人，我吃药太多了，见了药就作呕，暂时就不煎吧？"

步夫人说道："不吃药，病怎么能好？"

文倩说道："会好起来的，多谢夫人关心！"

步夫人只好依了她。

6

连着躺了三天，文倩病情稍稍好转，进了少许饭食。

文好高兴，陪同姐姐去江边散心。

文倩牵出自己的马，跃身马上；又伸手把文好拉了上去。姐妹二人骑在同一匹马上，信马由缰地顺着长江向东南而去。

见了辽阔的江面，文倩心情开朗了不少。雨后初晴，阳光微露。江水一次次地撞击到滩岸上来，却都被滩岸挡了回去；如此反反复复，似永无休止。

"姐姐，让马快点跑，我们今天走远点好不好？"

文倩点了点头，双腿一夹，坐骑奔跑起来。

姐妹二人走到澜湖通江口处时，隔着一片湖水，文好招手，对面渡船摇了过来。

她们将马系在渡口旁的一棵柳树上，便上了渡船。

走不多远，见江水渐向东南；再前去，看见江水转折了一个大弯往前流去。

姐妹没有再往前走，她们下了渡船，沿着江堤走了一会，实在累极了，便在一个山丘上坐下，遥望远处的风火山。由那里再延伸南去，便是屏风矶。

文倩想起孙将军说过，要在长江沿岸建造烽火台，以报紧急敌情；一旦遇有敌情，消息顷刻间即可传遍大江上下。武昌屏风矶和风火山将分别建烽火台。她想，沿着长江南岸都建烽火台，烽火台连绵万里，够气魄了！顺着长江之滨望过去，大江逶迤蜿蜒，涛浪飞溅江岸，气势磅礴！

大江一泻千里，竟也会突然转弯！

文倩遥望长江转弯处，自言自语。

长江上下数千里，迂回曲折，时而南，时而北，甚至偶折回往西流，那当然只是极其短暂的回流，最终都会自西而东注入大海。天下江河，皆都东归。

那么，天下的大势呢？

天下大势，是由天下的战争来决定的；而战争又关系着天下人的命运。人们受到战争的摆布，战争像个杀人的魔王，天下有多少个家庭被它所毁？又有多少生命被它虐杀？人的命运是多么难以把握啊！这正如东去的大海，顺利时江流直下千百里，艰难时曲曲折折屈身而流。

文倩和文妤，命运亦如那蜿蜒回肠的江流。

命运又是什么呢？那使女安珍险些被杀丧命；后来被救。这也是命运？安珍也是人，也是有七情六欲的大活人，可她的家园被战争魔王摧毁了，她虽有武艺，却沦身为奴；就因为与她所欢喜的男人两情相悦，这本是人的天性，却触犯了她的主人！

唉！想得太多太远了。

文倩回眸身后，妹妹文妤悄悄溜到了湖边，蹲身卷袖，在用手捞小鱼，显出几分淘气，文倩为之高兴。

文倩便问道："捞了多少鱼呀？"

文妤答非所问："鱼儿，鱼儿，悠哉来悠哉去，无忧无虑，无牵无挂，羡煞人也。"

在文倩听来，又觉伤心：我们不似鱼儿那般自由。她不禁在心中打了个冷战，眼圈又微红了。

"回去吧，姐姐。"

文倩点点头，却没有起身要走的意思。

文妤只好重又挨姐姐坐下，两相依偎。

过了好大一会，抬头面对大江，那江面上漂流着一些断木板之类的杂物，其间，还夹杂着一些十分可怕的漂浮物，那是人尸！

文倩心中一惊。

她知道，这又是一些被战争夺去了生命的躯体。上游发生了什么？这些浮尸是哪一方的兵士？她的心里沉重起来。

为了避开这些浮尸的刺激，她挽着文妤的手，离开了江岸。

"妹妹，"文倩忽然问道，"你前天怎么突然想到要替安珍去死？"

文妤过了好半天才说道："安珍本是父母所生，天地所载，武可参战，文可谋生，供人役使尤可，却任人宰杀，老天不公！"

文倩微微一笑："你恨这世道不公，是吗？"

"我本来就不喜欢这世界，只是不忍心离开你！"

文倩听后为之愕然："妹妹为何口出此言？"

"这世道还有什么意思？下一辈再投个男人胎！"

……

忽然，一阵"得得"的马蹄声从身后传来。

文倩抬头一看，原来是孙夫人策马来了，身后还跟着几位使女。

姐妹二人忙起身迎驾。

孙夫人走近来说道："侍中，亏得我四处寻觅，问了渡船才知道你们过渡来此。"

孙夫人见她们面容憔悴，且脸上尚留有泪痕，心中十分难过。

文倩是位聪明绝顶的女子，连忙说道："孙夫人，我们只是思念母亲。"

提起母亲，孙夫人便热泪涔涔。她们原来同病相怜，孙夫人也是常常痛思去世多年的母亲。

文倩见孙夫人泪如雨下，只得含泪劝道："孙夫人别伤心，你流泪我们姐妹心里更不好受。"

孙夫人含泪点头，说道："文倩、文好，是我不好，对不起你们姐妹。"

文倩木然，不知道孙夫人说的是什么，片刻工夫才反应过来，那是指为安珍说情之事。当时孙夫人只顾发怒，不知道伤了文倩的心。直到今天，步夫人才觉察孙夫人伤了文倩，很是难过。步夫人还将文倩姐妹的不幸身世告诉了孙夫人，孙夫人听了万分同情，自歉不已。

文好说道："看来，孙夫人也是软心肠，多愁寡语。"

孙夫人很赞同文好说的，或许这是对她恰如其分的评语。

文倩握着孙夫人的双手，久久才松开。

文好说道："姐姐，孙夫人，时间不早了，我们还是回去吧？"

一行数人，缓慢地向着远处走去。

西下的太阳将她们的影子拉得很长、很长。

7

文倩和孙夫人，从此亲近了很多，一根无形的纽带，将她们悄悄地连在了一起。

文倩和妹妹见孙夫人练武功，有时就去一起练，有时一同去大江之滨走一走。在一起时，话语虽不多，心与心却更挨近了。之所以少语，一个是因为伤感太大，心太沉重；一个是因为愁苦过甚，哀怨过多。不过，文倩毕竟灾难深重，心伤过大。她孤独自卑，对孙夫人还是保持着一定距离。她认为孙夫人毕竟是讨虏将军的亲妹子，比起她来，自己是个局外人、寄居者。

文倩哪能料到，孙夫人也有深层苦衷。

一个很值得留意的小情节，文倩忽略了，这大概是偶然的缘故。那天，文倩提到思念母亲而流泪，那实际上是掩饰之词。孙夫人听了，却倍感伤心。那是因为，赤壁之战后的第二年（公元209年）冬十二月，刘备娶了孙尚香。婚后，孙夫人跟他若即若离，这不仅仅是因为年龄悬殊，刘备因为连年缠在战争中，比实际年龄更显苍老；更重要的，是性格上的殊异。孙夫人喜欢耿直、真诚、勇敢、豪爽，而刘备恰恰少了这些，说起话来唠唠叨叨，伪而不诚，更无英雄豪爽之气！

最叫孙夫人厌恶的是，刘备的仁义挂在嘴上，狡诈却体现在行动上。

她屡劝刘备去攻取益州，他却没有勇气，还推三说四，说什么刘璋（益州牧）是汉室宗族，不能攻打。后来，益州张松、法正背叛刘璋，做刘备内应，让刘备轻而易举地得到了益州！仁义又到哪里去了呢？

故而，孙夫人更不喜欢刘备，见了刘备便无端生恼。

孙夫人武艺高强，刘备进房不敢吐气，上床不敢脱衣。

后来，孙夫人干脆派使女持刀站立房门两边侍卫，刘备畏上生畏，望而却步，连房门都不敢进了，哪还有心思跟孙夫人同床？

刘备除了畏孙夫人，也对孙夫人不满，觉得她没有女人的温顺，以孙家大族而盛气凌"夫"。故而，刘备借口外地事务缠身，避而不回孙夫人身边。

孙夫人自是由厌生恨，由恨得怨。

她怨哥哥孙权为了对付曹操，与西蜀联姻、与刘备结成了所谓秦晋之好，遂做主将她嫁给了刘备。

这嫁娶背后，是政治和战争的交易！

母亲吴夫人若是在世，岂肯将女儿嫁给刘备？

吴夫人生有四子一女，女儿是掌上明珠，命根子一般，哪里会相中一个卖草鞋的汉室皇族？可惜，吴夫人在她嫁前四年就去世了。

一想起婚姻的痛苦，孙夫人便十分思念母亲。

这，便是孙夫人每每有人提及思念母亲便会泪流满面的原因所在。

以前，孙夫人总是隐隐觉得有把刀子架在她的脖子上。如今，她已知晓，那婚嫁就是架在她脖子上的刀子！

她嫁刘备十年，那刀子也架在她脖子上十年！韶华青春，毁在那刀子上了。如今，她二十有六，青春虽去，却凄然寡居，因而愈益想着自己的不幸。身为东吴主人妹妹这一殊荣，她不能引以为豪，反而自卑自愁。

堂堂孙吴大族之女，竟成了孤身寡居之妇。

白天，她和使女们练习，尚可混日子，夜间漫长，如火上煎熬。正值妙龄，谁知青春不幸？身不由己，个中奥秘，不言自明。

孙夫人对于那些跟随她的使女，不是不爱怜、不同情，而是不得不严。百余使女，本已达到婚嫁年龄，却跟着自己奔波，她岂不知无丈夫的苦楚？那青春的躁动，那未婚女子对婚嫁的神秘向往，是没有力量可以驱除的。她体恤躁动的凄苦，怜悯向往的压抑。安珍和异性偶尔相好，自己一时生怒，竟要处死她！这也是孙夫人违背自己心愿之为。她自己被无情利刃剥杀，而她又将无情利刃架于安珍脖子上，去剥杀安珍！

为此，她感到有一种内疚缠绕着她。

近日，和文倩姐妹的相互了解，使她的精神好了许多，去江边走动，成了她和这对姐妹的生活之不可少。那兴趣骤然浓了起来。这或许是殊途同聚，同病相怜。孙夫人似外刚不可近，却内柔而富于人情。她已深知文倩姐妹的哀怜和不幸身世，她知道二哥喜欢文倩，但愿她能主宰自己，千万不要被那刀子剥杀。

这天，文倩绘制王宫图太累了，便取出《长江万里图》来，一针一针地开始刺绣。她绣的很认真，以至于孙夫人走进来她都没有觉察到。

"绣的什么？让我看看。"

"绣的不好，请夫人指教。"

孙夫人一边看一边说道："嗯，绣的不错，你的手可巧了。绣好了送给谁？送给我二哥吧？"

文倩听了，脸儿涨得绯红。

8

陆逊抵达陆口（今湖北省嘉鱼县陵溪口）后，曾给关羽写了一封信，派专人送往关羽营中。在信上，陆逊颂扬了他的功业，说自己人微职卑，无大作为；并在字里行间暗示关羽，自己敬仰他，愿为他效忠，自己今后的前程就托付给他了。

关羽看了信，心中十分受用，对这个向自己表示友好的东吴将军，便渐渐放松了戒心。

不久，关羽又抽调了一部分军队，北去樊城增援，企图大军围城，夺取樊城。

陆逊及时将这一情况报告给了孙权，并提出了擒服关羽的具体策略。

再说曹操，他收到孙权送去的信之后，命徐晃将信分别用箭射入樊城和关羽的大营。城中将士得到消息之后，上下欢腾，士气倍增。

关羽见了信之后，反而犹豫起来，由犹豫渐渐生出了怀疑。他怀疑徐晃射来的孙权密信，是否是真的？

如果是伪造的，则会功败垂成，毁了一生一世的英名。

即使是真的，自己也有能力对付，因为自己是西蜀的堂堂主帅，岂能畏惧一纸密信？

关羽虽然是一员猛将，但他英勇有余，而谋略不足。

另外，他心胸狭窄，缺乏修养，不识大局。

在他眼里，只有西蜀这个小圈圈，只有刘皇叔这一个主子。

他最初排斥诸葛亮，继而又排斥黄忠。

在黄忠的问题上，如果刘备不支持关羽，关羽便可能生二心；如果支持关羽，则可能逼迫黄忠背叛。

如果当年不是弗诗能言善辩，谁都难以预料事态的变化。由于关羽的判断错误和指挥失当，在接下来的大战中，便连吃败仗，最后终于铸成了终身大恨。

关羽虽然为刘备立下了不朽战功，但他却破坏了西蜀赖以生存的"隆中对策"。

"隆中对策"是诸葛亮十年前为刘备设计的。

"隆中对策"要求与东吴保持和睦关系，由汉中方面同时出兵，天下形势当可改观。

但由于关羽个人一时的冲动，破坏了这一对策，遂使全盘战略皆成虚设。

他亲自酿成了这杯苦酒，最终还将亲自饮下这杯苦酒。

他的总指挥部设在樊城外的一座小山丘上，周围有四个山丘作为他的四个分指挥部。徐晃扬言要进攻他的总指挥部，其实，却是集结兵力攻击四个分指挥部；四个分指挥部不能支持，关羽只好派五千名步兵、骑兵前往救援。

谁知徐晃掉过头来，直接攻击关羽！

关羽措手不及！只能率围城部队撤退，但他的战舰仍然游弋于汉水之上，以切断襄阳和樊城的交通。

就在关羽和徐晃决战前夕，吕蒙的部队由浔阳（今湖北黄梅县）已逆流而上。

他的士兵一律藏于舱中，甲板上的官兵则扮成商人。

在行船中，凡遇关羽部队设置的瞭望岗或关卡，一律擒拿捆绑。舰队日夜进发，势不可当。

一把锋利无比的钢刀，已经悄悄向关羽的后背插去。

就在吕蒙的大军进攻江陵之际，吕蒙得了一个大便宜，他没费多少周折，便将江陵占据了。

其实，这个便宜是关羽双手拱让的。

原来，关羽心眼太小，又爱意气用事，对同级将领，他傲慢无礼；对部属，他缺少体谅，而对名利，却患得患失。

建安二十四年（公元 219 年）七月，刘备自封"汉中王"之后，返回成都，任命许靖为太傅，法正为尚书令，关羽为前将军，张飞为右将军，马超为左将军，黄忠为后将军；其他将领也都以等级擢升。

刘备派弗诗前往荆州，授给关羽前将军印信。

当关羽听说自己同黄忠的官位相等时，竟大发脾气，拒不接受印信；弗诗举了前人的例子给他听，并耐心相劝，关羽仍不为所动。

弗诗只好对他说，他认为关羽不应斤斤计较官爵的高下和俸禄的多少。还说，他只不过是个奉汉中王送来印信的信使，若关羽不接受，他便回去复命。

关羽听了，才不纠缠，只好接了印信。

这一次，由于关羽作风生硬的原因，成全了吕蒙。

关羽率军围困樊城之后，留守江陵的南郡郡主麋芳和留守公安的将军傅士仁，平时就十分怨恨关羽的蛮横和霸道，当关羽北伐时，命他们负责军需供应。战时供应军需十分困难，有时因舟车不足或路途难行，往往不能按时送达；关羽便十分生气，扬言回江陵后，要以军法对麋、傅二人进行处治！

此话传到麋、傅二人耳中后，他们心中十分恐惧，因为他们深知关羽平时的为人；说的处治，其实就是杀头！

恰在此时，吕蒙让原骑都尉虞翻写信给傅士仁，帮他分析利害，劝他投降东吴。

傅士仁为了找一条生路，果然投降了！

随后，傅士仁又向守备江陵的麋芳劝降。

麋芳命令士兵打开城门，向吕蒙投降。

吕蒙率领东吴的将士开进江陵，随即颁发了十分严厉的军令。军令中规定，不准侵犯民家，不准取民家一针一线；故而，将士各司其职。

不过，城中百姓对吕蒙的军队还是有一些恐惧心理。

有一名叫王田力的下级军官，因怕雨水落到铠甲上而损害铠甲，便擅自从一民家拿了一只斗笠，遮在了铠甲之上。

此事被吕蒙知道后，吕蒙认为他犯了军令，应当从严处治。

这时，有人为王田力说情，认为他虽然拿了民家的斗笠，但他遮盖的却是公物。应区别看待此事；还有人对吕蒙说，王田力是讨虏将军的同乡，且家中有老母、稚子，恳求能免他一死。

但吕蒙认为他既然违犯了军令，就应处斩！

于是，就将王田力处斩了。

此事不但对军中有震动，而且对江陵城的百姓亦是一种示范。

自此以后，社会秩序井然有序，民众各自安居乐业。

为了安抚城中百姓，吕蒙派人抚慰地方长老。询问他们有什么困难？有病的派人送去医药，贫寒饥饿的派人送去粮食衣物。

关羽库存的金银财宝和大量物资，他派人封存看守，等待孙权来时亲自接收。

关羽及其部将们的家属，在东吴军队进江陵不久，吕蒙便派兵将他们全部看管起来了；又派人将被关羽囚禁的于禁释放出来。

于禁十分感动。

关羽在撤退途中，得到南郡陷落的军情以后，立即顺军南下；并派出使节去见吕蒙。其目的，一是想摸清吕蒙军队的兵力；二是想重新与东吴修好，以解后顾之忧。

自从失去了江陵，关羽便如惊弓之鸟，惶惶不可终日。

吕蒙不愧是位勇谋兼备的人才！他已洞察了关羽的企图，他将计就计，对使节不但不辱不慢，而且特别优待；并让使节走遍全城看望居民。城中居民多有子弟在关羽军中，这些居民便纷纷向这位使节颂扬吕蒙军队纪律严明，并请使节给军中亲人带去信札。

使节回去之后，关羽的将士们纷纷向他打听江陵城中情况，他都如实相告。

于是，军中人心浮动，斗志锐减。

建安二十四年（公元219年）十月，孙权率领东吴军队，由水陆同时到达江陵。

当孙权乘坐的"长安"号战舰到达江陵时，吕蒙等人早已在码头上迎接了。只见江上帆樯如林，岸上旌旗蔽日，鞭炮声、锣鼓声不绝于耳。

孙权慰问了参战的水陆军队之后，又召见了被关羽俘虏的曹军将领于禁等人。刘备所委任的荆州将领和官员，全部表示愿意归降。只有治中从事潘濬，声称有疾，不肯晋见；其实就是不肯归降。

孙权并不生气，三番五次地派人前去探视病情，安抚慰问。

对于立有战功的将士，孙权则论功行赏。他先任命吕蒙为南郡郡长，封孱陵侯，赏钱十万，黄金五百斤；任命陆逊代理宜都郡长。

陆逊尚未到达宜都，刘备任命的宜都郡长樊友已闻风逃遁。

各县县令及少数民族的酋长都纷纷归降陆逊。

陆逊及时请示孙权，为他们颁发了金印、银印、铜印。

不久，孙权又擢升陆逊为右将军、镇西将军，晋封娄侯，进驻夷陵（今湖北省宜昌市），防守西陵峡。

孙权为了化敌为友，他见派去劝说潘濬的人皆无果而返，便派人去他家，连床加人一块抬到了孙权的行馆。

潘濬将脸伏在床上，不肯抬头，只是流泪涕泣，悲哀不已。

孙权呼唤他的别名，尽量劝慰他，并命身边随从用手帕为他拭泪。

潘濬终于受了感动，他下床拜谢孙权的不杀之恩。

孙权当即任命他为治中，有关荆州方面的军政事宜，皆向他征询意见。

……

不久，又发生了一个不大不小的叛乱事件。

武陵郡的从事樊伷，煽动各地少数民族，妄图归附汉中王刘备！并想献出武陵郡以作见面之礼。

孙权得知这一消息后，派一万兵力前往讨伐。

但为了慎重起见，他又召见潘濬商量。

潘濬说，"擒获樊伷，有五千人就足够了"。

孙权不解，以为潘濬轻敌。

潘濬说，樊伷是南阳的名门大族（东汉光武帝刘秀的母亲姓樊），虽能说会道，但腹中空空，成不了大气候。

孙权遂让他率兵五千前往。

不久，他便平息了叛乱，并斩杀了樊伷。

……

孙权厚待关羽部属的消息，很快便在长江上下传播开了，一时成为佳话；又有不少关羽的部下，纷纷前来归顺。

得道多助，失道寡助。

曾经不可一世的关羽，此时犹如丧家之犬，他不敢应战，马不停蹄地向西撤退。到了麦城（今湖北当阳县东）之后，他身边只剩下十几名骑兵了。

孙权派人前往游说，劝他归降，关羽口头上答应。但到了晚上，他命人在城头上插遍旌旗，树立起稻草人，以迷惑视线。然后，悄悄溜出城去，向西逃奔。

孙权一直在密切注视关羽的行踪。

关羽在麦城假装投降孙权，连夜出城逃遁，自以为得意。他心想，只要逃出孙权的势力范围，孙权就拿他无可奈何，待他到了成都，见了汉中王，再重新聚集兵力，然后率兵前来，和孙权决一胜负，以报痛失江陵之仇！

然而，这只是关羽的一厢情愿！就在他出城之时，他已经踏上了一条不归的死路。

这条死路，是孙权早就为他安排好了的。

当关羽带着十几名骑兵没命地朝西逃亡时，东吴的朱然和潘璋两个将军，已经按照孙权的布置，在前方等待着他！他们切断了他西去的通道，正以逸待劳等待着关羽的到来。

关羽知道难以闯过潘璋和朱然早已摆好的阵势，便掉转马头朝东北方向奔去！

此时，他已慌不择路，策马驶进了覆舟山下的一片树林。

他浑身被汗水湿透，坐骑如从水中捞出来的一般。马太累，人也口干唇焦，见林子中有一汪泉水，水中有气泡不断往上升往水面，他便翻身下马，欲去捧泉水。

这时，听见有人大喊一声："关羽，留下首级来！"

关羽听了，顿时大惊。抬头看时，原来是潘璋的部将马忠骑在马上，正圆睁双目望着他。再看四周，见有千余名精兵将他和十几名骑兵团团围住了！

他不想束手就擒。

但坐骑不在身边，他只好捡起地上的大刀，欲与马忠决一死战！

但他刚刚举起大刀，只听见一阵呐喊之声；接着，便见一片明晃晃的刀光剑影朝他袭来……

他终于被死死地捆住了双手，成为俘虏。

马忠的士兵生擒关羽和他的儿子关平之后，未经请示，便斩下了首级，送往孙权行馆报功请赏。

生俘关羽，是孙权作战方案的目标；但斩杀关羽，却绝非他的本意。

当孙权得知关羽被杀之后，极度愤怒。他本想得到关羽，谁知一代英雄竟死于自己的部下之手！

这是孙权始料不及的。

据说，关羽死后，曹操要孙权将关羽的首级速送都城。

他的用心，一是要亲自查看是否真的是关羽的首级，因为他不相信一个小小的马忠，竟能生擒威扬天下的西蜀主帅关羽！另外，他也想解恨，为的是报襄阳、樊城之仇！襄阳、樊城一役，关羽打败了曹军主将曹仁，俘获了于禁，还斩了庞德，不但使曹军蒙受巨大损失，亦使他自己蒙受奇耻大辱。

对此，曹操一直对关羽怀恨在心。

关羽，这位西蜀的名将和主帅，既是位失败的英雄，也是位悲剧的英雄。

与周瑜、孙权、曹操比起来，关羽毕竟要逊色很多。但他对后世的影响颇大，因为他已被世人神化了！其主要原因，在于颂扬他对刘备的效忠！

这种效忠，被世人称为意义重大！

这很迎合中国人的观念，不但中国人崇拜他，外国人也崇拜他；在朝鲜半岛和东南沿海，遍地都是关帝庙；关羽死后，还在享受万家香火。

殊不知，关羽一死，汉中王便一步一步地沿着下坡路走下去了。

第五章

春风拂人春归来，花朝游园花落去

1

夺下江陵，斩了关羽，捷报一个接一个地传到武昌。

这消息，使几位夫人和文倩姐妹十分激动，她们都很关心前方的战事。

在这几天，讨虏将军又连着派人送来音讯：偏将军陆逊攻取了枝江；偏将军陆逊攻取了宜都；偏将军陆逊又攻取了秭归……

文倩忘了往日的忧伤，她的心在沸腾、在狂喜。

之后不久，讨虏将军又来信说：他已经任命陆逊为右护将军、镇西将军、晋封娄侯。

陆将军的足智多谋和骁勇善战，以及赫赫战功，宛然是对文倩的喜许，她那平淡中又略带几分悲伤的脸上，渐渐挂上了微笑，秀丽的眉宇间显露出了几分快慰和明媚。

和姐姐不完全相同的是，文妤对于前方传来的消息，似无动于衷。她虽有时也跟着姐姐高兴一阵子，但过后如常，并无感情的冲动，还常常以沉默处之。

姐姐向她送来春风般的微笑，她亦似见非见。

"妹妹，怎么啦？"

文妤直摇头："我也不知道，真的。"

孙夫人如文倩一样，一反往日的自悲，变得高兴起来。那给她带来灾难和厄运的战争，瞬息间变成了幸运之神，给她带来了莫大的希望。

也许是由于共同的心愿，文倩和孙尚香都处于兴奋之中。

陆逊每率士兵取得一个胜利，文倩便视为向统一天下跨了一步。

孙尚香则觉得，若不是战争，她岂会落得如此悲惨命运？她希望用武力去消灭战争，而后天下太平！

她们同有摆脱厄运的希望。

步夫人的喜悦，则与孙夫人和文倩都不同。她望见，那每一个胜利都是一道阶梯，丈夫正踏着那阶梯一步一步去摘取皇冠，而后走进辉煌的宫殿。

她已经完全陶醉在胜利的喜悦之中。

孙权的三位夫人、二乔姐妹、孙夫人以及文倩姐妹八人之中，唯有二位乔夫人置身局外，她们既没有太多的兴奋，也没有压抑的情感。别人高兴了，她们也跟着微笑；在她们生命的旅途中，孙策夺取江东六郡、确立东吴政权，大乔夫人曾经跟她们今天一样兴奋过，甚至兴奋得不能入睡；震惊天下的赤壁之战大获全胜，大都督周瑜的妻子小乔夫人，曾高兴得热泪夺眶而出。

然而，她们气吞山河的丈夫，终于未能赢得这场战争的最后胜利，饮恨而去了。这旷世持久的战争，受益者少而又少，而万千守寡的妻子，望眼欲穿的老妪以及成群结队的孤儿，却是战争的最好注释！给她们留下了什么呢？是痛苦、哀伤和悲愁！

……

时隔不久，荆州被夺回来了。

这消息，使她们高兴得在一起畅谈到子时已过；借出的荆州，是三国鼎立的界牌关，统一的绊马索；如今，"界牌关"倒了，"绊马索"断了，怎叫她们不高兴呢？

这胜利，当然也震撼着朝廷，樊城之围也就随之而解。

由于曹操上表，讨虏将军孙权被朝廷封为汉骠骑将军、假节领荆州牧，封南诸侯。

汉朝，是刘邦建立的，天是刘氏的，地也是刘氏的。虽说当今群雄争霸，各有野心，弄得君已不君，臣已不臣，都虎视眈眈地望着那龙椅，但皇上刘协仍然摆在那把龙椅之上，他那牌位不倒，别人还不能大摇大摆地一屁股坐上去。

想坐上这把龙椅的人倒是不少，当今野心最大的，就是曹、刘、孙这三大家庭了。

既然牌位未倒，就得假惺惺地叩拜。

孙权受封以后，派校尉梁寓为特使，到首都许县（今河南省许昌市）向献帝刘协进贡；在贡品之外，又将被俘的庐郡郡长朱晃等人，一并送到了许县。

对于这个封赏，在几位夫人和文倩中，都引起了震动。封与不封，对于东吴来说，无关紧要。孙将军所辖统的地域、人口、军队，岂止一个骠骑将军或一个南昌侯就能打发得了的？

夺回荆州，活捉并斩杀关羽的捷报，使留守武昌的侍卫、使女和士兵们欢喜若狂。

文倩和步夫人商议，要置办酒宴，让大家痛痛快快地庆祝这辉煌的胜利。

在鼎立前后的历史上，唯有东吴才能取得如此辉煌的胜利：三年连夺六大郡！赤壁两万胜三十万！如今又一兵一卒不伤，连夺公安、枝江、宜都、荆州、南郡，活捉大将关羽！曹操虽然胸怀大略，指挥有方，却没有取得像东吴那样的辉煌胜利。刘备就更甭提了，他虽然是位有雄才大略的英雄，却是一位败将军！

"好，我也要和大家举杯痛饮！"孙夫人十分赞同。

大家见从来少语多愁的孙夫人如此高兴，都纷纷在宴席上向她敬酒。殊不知，这位孙夫人像她哥哥一样，饮酒海量。连敬她三十余杯，她都杯杯饮干，毫无醉意。

文倩见她像男子汉般豪饮，必有醉的时候；一醉，就会闹得大家不安。于是，她劝大家说道："诸位，孙夫人酒量虽大，但我们有数百人，若一人一杯，孙夫人哪里受得了？请大家适可而止。"

孙夫人十分感激文倩为她解围，她举杯走近来，说道："文倩，我的好妹妹，为了表示诚意，我饮三杯，你只饮一杯，行吗？"

孙夫人说完后，就连饮三杯。

文倩深深感动，也喝下了三杯。

她可比不得孙夫人，这一高兴，竟然喝多了；须臾，她便觉得天旋地转起来。

文好早就暗中提醒过姐姐，但哪里能阻止姐姐的兴头？如今喝醉了，她只好扶着姐姐回到自己的房中，躺在床上。怎料这一躺下就更难受，她只觉得天倾地覆，身如空中旋转，肠胃都给搅出来了。

她呕吐了，使女连忙来收拾。

孙夫人知道她喝醉了，也过来张罗，亲手给她敷上热巾，又用温水给她洗去脸庞污物。

文倩抓住孙夫人的手，竟然哭出声来，那声音很是悲戚。

孙夫人一旁也含着泪水。

二位乔夫人，平素从来不向人诉说苦衷，今日也喝了几口酒，文倩的泪，引发了她们埋藏在心中的愁怨悲楚，借着酒劲，一时都倾倒出来！

她们不哭犹可，这一哭，连诉带说，敞开喉咙，诉之有词，哭诉了一个多时辰；大约是哭累了，她们才渐渐停住了哭声。

步夫人命使女搀扶着二位乔夫人回自己房中去了。

回头来，又安慰了文倩和孙夫人，这才回到自己的房中。

八人中，唯有文好没有喝酒，也没有流泪。

当姐姐在床上平静地睡下之后，她悄悄溜了出去。原来，有小贩在路边叫卖铜镜。她特别喜爱那些镜面锃亮、背后刻着许多花纹的铜镜。她多么想拥有一面这样的铜镜啊！但她没有钱，又不好向姐姐讨，所以，遇到有卖铜镜的，她都要一面一面地仔细看，然后，才恋恋不舍地离开。

什么时候，她才能拥有一面属于自己的武昌铸造的铜镜呢？

2

连着几个胜仗之后，传来了虎威将军吕蒙病逝的消息。

原来，吕蒙攻取江陵之后，在一片欢腾声中，他已感到身子不适，似有支撑不住之感。但当时，军务在身，百废待举，他只好咬着牙日夜忙碌。就在对他的封侯仪式正大举行之时，他终于病倒了；但他还挣扎着起床处理军中事务。

孙权连忙将他安排在自己的行馆旁边，又为他请来数名医术最高的医师治疗。医师根据他的病情，除给他针灸、服药外，不许他进出病房，以便让他静养。

孙权要求天天去探视他的病情，医师不许；他只好在病室墙上凿了一个洞，通过洞悄悄地观察病榻上的吕蒙。当他看到吕蒙稍有好转时，脸上便露出了开心的笑容；当他看到吕蒙能吃一点食物时，竟高兴得与左右随从又说又笑；当看到吕蒙病情恶化时，他就叹息不止；但这一切，都没能留住这位虎威将军的生命。

吕蒙病故时，只有四十二岁，英年早逝。

吕蒙之死，对孙权的刺激颇大，他悲痛万分。

安葬事宜完毕之后，他又特别指定三百户人家，负责洒扫吕蒙的坟墓。

由于过分悲痛，孙权病了数日。

六位夫人听说孙权病了，便商定去信慰问。

于是，便让文倩代笔。

文倩连夜秉烛起草，次晨便读给夫人们听了。

她们都夸文倩的文采。

信是派专人送往公安的。

骠骑将军孙权见了信后，很是高兴，倍感欣慰。他从字迹上已经看出是文倩写的，遂复信文倩。他要她去建城工地上看看；还问她的那幅《长江万里图》绣好了没有？

接到孙将军的信，文倩反复阅读了两遍。

……

时间一晃，已经是冬天。

武昌的气候虽不比下江吴郡寒冷多少，然而，今年似乎特别寒冷。几位夫人觉得难抵寒冷，只好将建房时剩下的许多残木刨花，在各人室内生火取暖。

不久，卫士们从江北买来了板炭，文倩让使女们在步夫人的房中生上两大盆炭火，大家都去她的房中烤火。

这很有趣，使女生着火，分头去请几位夫人和文倩姐妹，去步夫人的房中烤火；大家围火而坐，或说或笑，或看着文倩刺绣。

文倩是位心细的女子。

天太冷了，她担心士兵冻伤，便嘱咐每餐多加些食油炒菜，让他们吃饱，饱则暖，饥则寒。每天早晨，还必须参加户外练武、登山等活动，以锻炼抗寒能力，不至于冻伤手脚。

孙夫人对她说道："你呀，倘若你是男子汉，定然是一位受人尊敬的将军！"

"是吗？可惜命里注定，女子是不能当将军的！"

孙夫人接着又说道："那就当将军的妻子！"

"夫人，你真会取笑人。"

文倩听了，羞红了脸，连忙低下了头，飞针走线刺绣起来。

……

过了两天，下了一场大雪，大地白皑皑一片，雪花如鹅毛，纷纷扬扬飘飞。文倩姐妹和夫人们躲在房里烤火。这雪天烤火，别有情趣；室外寒风刺骨，而房内温暖如春。

雪后放晴，士兵们一大早便起来了，用扫帚铲子清除院子中的积雪。

文倩也去扫雪，文好则像孩子一般，数月来，今天她最高兴，她将士兵们扫拢来、堆积起来的白雪，垒成了一个大白熊。士兵们都说这白熊很像真的。于是，众多士兵都参入堆雪，有白熊，有白虎，有白狗，还有白龙。

院子里的说笑声把几位夫人都引逗出来了。

文倩指着说道："瞧，那山坡上可是什么？"

大家都转身向西山望去，只见九曲岭一带的山坡上，有一片火焰；再仔细看时，又像是有人在雪地里泼了一片胭脂！原来，那是一片梅树！在漫山遍野的白雪的映衬之下，那梅花显得无比红艳。

3

腊月初八这一天，二位乔夫人亲自动手，配齐红枣、黄豆、红豆、绿豆、黑芝麻、糖、糯米、粟米等八样，指导使女们煮了两大锅稀饭，名曰腊八粥。

在这战争年代，多数士兵有家难归；还有的无家可归。每遇腊月初八，每遇年节，思乡情绪很浓。能喝上一碗家乡风味的腊八粥，自然是一种安慰。

文倩还请示过几位夫人，打算按当地民间的风俗，安排狮舞、鼓舞、龙舞等活动，让这些士兵和使女们能高高兴兴地过个年！

她的倡议，得到了几位夫人的赞同和推举。

筹备这些活动的事宜，理所当然地落到文倩身上了。

腊八一过，新年就像风车般转了过来。

武昌地区有"忙年"习俗。在和平年代，百姓劳作了一年，过年了，就要好好庆祝一年的丰收；年前就忙于置办过年的食物，剁鱼丸、肉丸、油炸藕丸、萝卜丸等；还要忙着打糍粑、烫豆丝。

这都叫"忙年"。

在她们六位夫人和文倩姐妹当中，没有一位是当地人。

文倩幼年时在北方生活，逃难后虽隐居在西山上，但她对当地的生活习惯知之甚少。为此，她去探访了村中的百姓，还请来了一位老农做指导，蒸了糯米，做了糍粑。

这糍粑是江南的特产，吴郡没有这糍粑，只有长形年糕，吃下之后，那滋味是大不一样的。

她们还派人去南湖买了许多鲤鱼，除留下部分鲜鱼外，多数腌晒成腊鱼。

腊月二十八吃年饭，新年便算正式开始了。

除夕夜里，文倩姐妹和六位夫人一起围着炭火，喝团年酒，吃鸡汤面。使女和卫士、侍卫们，也都在一起喝团年酒。门头灯笼里，都亮着油灯。这虽是战争中的新年，但也过得红红火火。团年酒之后，文倩和妹妹同去步夫人房中拜年。

她们看到几位夫人都在这里，正在玩一种游戏"博"，便逐一向她们叩头拜年。

4

大年初一，狮舞、鼓舞、龙舞都舞起来了，特别热闹。特别是民间舞蹈，侍卫和士兵、使女们几乎全体上阵，城中百姓也纷纷前来观看，鞭炮声、锣鼓声、欢笑声响成一片，把节日的气氛推向高潮。

大年初三，文倩和文好去二十里地之外的远房姑母家拜年。

姑母家住在程潮村南面的一座小山脚下，全村不过五户人家，村前村后都长着苦楝树。此时此刻，村子里没有一点儿节日的气氛，树上难见一片叶子，树枝都枯竭了，几乎可点燃。

村子里的五户都很穷，房子低矮，泥土筑成；有三户的房顶上盖的是茅草。姑母家算是殷实的，盖的是布瓦。

进了姑母家的大门，仍是未见一点过年的味道！黄牛夜晚睡在堂屋（正屋）中间，早上才刚刚被牵出去，地上满是牛粪；牛吃剩下的草料，拌和着牛尿、牛粪，散发一股股十分难闻的臊味。

正面墙上，挂着不知哪年的中堂画幅，且多半已经撕扯而去。

条案上有香炉，但未点燃；旁边放着一个量米用的破旧升子；还有一个装满了白菜的破筲箕。

这白菜，大约就是姑母家的"年菜"了。

姑母家是大户之家，有十口人。

年老体衰的姑父，咳咳吭吭，整个寒冬畏冷，不能下床。

两个表兄都已经成家，各有两个儿子。大表兄从军去了，已有三年多，死活不知，杳无音讯；二表兄不足三十，是家中的顶梁柱。

打下的粮食，按说也差不多够全家人吃的。可是军队征粮太厉害，要缴去大半，余下的粮食，精打细算也只够吃六个月，剩下的便是半年糠菜半年粮了。

所幸人少，山前山后的野菜很多，常常是除了姑父，全家人上阵摘野菜，洗净淘干，然后再吃。

真是老天无绝人之路呢，这满山的野菜，救了姑母全家的性命！

见文倩姐妹来拜年，年迈的姑母喜出望外。许久不见她们，见了心中热，眼中酸，差点哭出声来。

"孩子，乖乖，你们来了，姑妈比什么都高兴，只是没有好菜好饭给你们吃！"姑母说着，掀起衣角拭泪。

一席话，说得文倩忍不住泪水涔涔。

过年要讨吉利，不能在姑母家哭泣，她就强忍自己吞下泪水；同时转过身去，拭干了眼角的泪水。

姑母的喉咙已经硬了，说不出话来。她不住地抚摸文倩的头，说道："孩子，你母亲离开你们，享福去了；你们姐妹，造孽啊……"

文倩终究忍不住，"呜、呜"哭出声来，不能应姑母的话。

"哎哟！表妹来了，过年该高兴，不兴哭，快坐、快坐！"牵牛去后山回来的大表嫂，见到眼前情景，便连珠炮似地说道："坐啊、坐啊，我们全家都盼望你们经常来呢。"

姑母拭去泪说道："是哦，是哦，我见了你们姐妹高兴呀。好，快煮糍粑！"

文妤的背袋里，装了腌鱼腌肉，另有蔗糖、人参、墨鱼、蜂蜜之类的物品，有些是她们自己积攒的，多数是几位夫人送的。

姑母又惊又喜："我的天啊，你们哪来这么多好东西啊？"

姑母惊喜得有些惶怵，她的双手不停颤抖。

大表嫂虽然高兴，但她脑子十分清醒，指着婆婆说道："妈，你光顾说话，快把腌肉切了，做给两位表妹吃！"

姑母恍然明白过来，忙拿起肉要切。

文倩哪里肯依。

姑母拉扯不过，只好让步，回身把自家腌制的唯一一条鱼，切了放进锅里，要做给她们姐妹吃。

文倩把腌鱼从锅里捞了起来，答应让姑母煮碗豆豉给她俩吃；但姐妹俩只是象征性地吃了半碗。

姑母说道："这么远的路，一路走来，肚子还能不饿啊？"

文妤说道："我们骑了马来的，不饿。"

"马呢？"姑母说道，她不相信，"你哄姑妈啊？"

文倩笑着说道："是真的，在山那边叫草呢！"

表嫂连忙说道："是啊，我看到山那边有四匹马，还有两个带刀的士兵守在一旁呢。"

姑母不认识她们似的，愣愣地望着姐妹俩。

文倩朝姑母笑了笑，又去见姑父。

姑父在后房。

他披衣坐在床上，下身暖在被子里。听见文倩和妹妹过来了，他十分高兴。

姑父，原本就不是平常农家，他识天文，博读书，还当过汉阳县县丞。朝廷混乱之后，他弃官回家，原本不住在这小山村，住在鄂县的华容。由于房屋、财产都毁于战乱，全家人才移到这小山脚下来的。

姑父当年事业辉煌，家境厚实，如今竟落得这般惨景。

文倩见姑父如此这般病痛模样，不禁潸然流泪。

老姑父想着她们姐妹原是文家的千金，如今落得孤苦伶仃，心中凄凉，长叹了一声，老泪无声淌下。

文倩怕伤着姑父虚弱的身子，便止住哭，劝姑父别难过，说道："很快就会好起来的。江山统一了，有了和平，百姓才能过上安宁日子。好日子快要到来了！"

"何时才能统一啊？"姑父忿怨道，"这鼎立之势更坏，谁也消灭不了谁，唯有等他们自己弱了、完了，再看天下能否有贤人出世？王者兴，天下才会统一。"

"他们"是指谁？

文倩心中自然明白，其中也包括讨虏将军孙权！

无缘无故，文倩脸上发起烧来。

"不呢，"文好反驳姑父说道，"讨虏将军孙权，是能够去统一天下的！"

说到这里，文好意犹未尽，便把去年收复荆州，以及接连获得的大胜利对姑父讲了，用以证实她的论断。

"但愿如此！"姑父说道："争地盘，实为割据，只是苦了百姓啊。"

文倩说道："所以，战争不能继续下去！"

姑父说道："文好说孙权可以统一天下，我看孙权没有曹操的胸怀！老是跟刘备拴在一起，天下能统一吗？这次虽然解开了，但争夺会越演越烈！而曹操又老了，尽管他说自己老骥伏枥、志在千里，但心有余而力不足啊。"

姑父想得很悲观呢，文倩心中暗想道。

不过，他说的话未必就一点道理都没有；但文倩没有再说话，只是唯唯诺诺地应付着。

……

"大表姑、二表姑，新年好！"表兄的四个孩子跑进来，一齐跪在文倩、文好面前，向两位表姑拜年。

文倩大声说道："谢谢你们！你们该先给爷爷拜年呢。"

四个孩子齐声说道："大年初一就给爷爷拜过年了。"

文倩怕吵着姑父，就把四个孩子带了出来，外面光线好，明亮。

孩子们破衣褴褛，身体暴露无遗，瞧着这寒酸的孩子，文倩心中难受极了，她连忙拿出事先准备好的银两，每个孩子都给了一些。这叫"拜年礼"。

姑母从厨房赶了出来，见文倩给了孩子们这么多银子，顿时惊得目瞪口呆；连忙问银子是从哪里来的？

文好告诉姑母，孙将军要在鄂县建座武昌城，姐姐给他绘了建城图，孙将军就奖了银子。

文好还说，姐姐如今是东吴的侍中，按月领取薪俸呢。

姑母听了自然高兴不已，夸文倩有出息。

姑母心中惦记着她们的马，又说道："孙将军还奖了你们马啊？"

"不，"文倩笑着说道："那是军中的战马，是供留守武昌的人用的。"

正说着，二表兄也赶来了，他和二位表妹寒暄了几句，便高高兴兴地在堂屋里架好木柴，生火取暖；还煮上了自己上山采来的山茶，让二位表妹喝。

一直到太阳将落，文倩和文好才起身和姑母一家人告别。

姑母再三挽留，终不能留住。

全家人送两姐妹上路，很远才分手。

姑母早已泪流满面，说是见了她们，就像是见到了她们的父母。

文倩走出了一里多地，回过头去，还看到姑母一家站在路旁向她们招手。

5

元宵节后，王、徐二位夫人经孙权应允后，乘船回建业去了，因为她们的娘家都是建业的大户，她们过不惯武昌的日子，便以父母年迈为名，回家探视去了。

二月十五日，民间传说是花的生日，故名"花朝"。

其实，这时，武昌或者荆州地界，绝大部分的花还未开放，最少还得推迟一个月，才能百花盛开。

花朝尚处早春季节，还没从残冬中暖过气来。

今年花朝，是个难得的好天气。

清晨起来，东方一片彤红，一轮红日喷薄而出，快速跃于南湖上空。南湖之上，薄雾轻飘，湖岸的垂柳已经抽绿，远远望去，那一株株的杨柳树，宛若仙人立于水边，身披轻纱，迎着春风舞动着婀娜的身姿。

于是，满湖渔歌悠然而起！

文倩早就起来了。

她打开门，见孙夫人在门前练剑，便上前问候。

孙夫人停下剑，说道："今天天气真好！"

文倩说道："是哦，难得这么好的天气呢！今天是花朝，去郊游好不好？以此来庆贺百花盛开！"

孙夫人很高兴，说道："好哦，我也是这么想的呢。"

南头房子里，正在穿衣的步夫人听见对面说话，忙开了门，高兴地说道："好，我也去！"

两位乔夫人旋即出门应声："我们都去！"

步夫人笑了，问文倩道："往何方向？"

"往西！"文倩对步夫人说道："西边有樊川，两岸田野如画，正是郊游的好去处！"

早饭后，百余使女听说要去郊游，更是高兴。她们天天练武厌倦了，出去走走，实在是求之不得的好事情！她们个个激奋，忙着收拾打扮。平日里不觉得，这些使女们打扮起来，个个如花似玉啊！青春光彩照人，十分惹人怜爱，勾人魂魄哟！

出了门，她们跟着主人们往西走，说说笑笑，少了平时的严肃，多了几分活泼。只有在此时，才能展现出她们的青春活力。

文倩跟妹妹文好，骑上马先走，说是去樊口母亲的坟前看看，并约定在西山南麓会合。

步夫人、二乔夫人今天都特意打扮了一番，各展风采。

步夫人更显突出，头戴桂冠，垂珠闪光；上身穿绿色绸花边大襟褂，下身着青色绣风长裙，英姿飒爽，在人群中格外抢眼。

"哟，难怪要我们去郊游，原来是我们陪着主公夫人亮相呢。打扮得这么好看，当心曹操来抢亲！"小乔夫人和步夫人的坐骑并排而行，她小声地打趣步夫人。

步夫人笑笑说道："你们姐妹俩更好看，真是不减当年风韵，依旧光彩照人！"

孙夫人策马走在前头，她们一路说说笑笑，不觉已近西山南麓。文倩姐妹早早就在一片野花丛中等候了。

孙夫人的使女们见地上有那么多红的、白的、紫的花朵，便纷纷下马采摘起来。不一会，每个人的手上都拿着一把花，鬓发上插满了花，有的还把自己喜爱的野花插在马鞍上。

文倩望着这些年龄与自己相仿的使女，对孙夫人说道："孙夫人，你的这些花朵都很出众呢！"

孙夫人回头瞧了瞧，嗬，别看她们平时武女装束，今日还了民间淑女的模样，个个身姿芳艳，就是浩浩荡荡的"美姬队"了。于是，孙夫人对文倩说道："她们个个都比我漂亮！"

文倩说道："未必，孙夫人到底是孙夫人，世上有几人可与夫人相比？"

孙夫人听了，虽然连连摇头，但心里却是甜甜的。

她们沿着长江之滨往西而行。

左边是湖，湖滨有许多小山起伏；右边是江，因为江水是从千里之外的山峰中奔腾而来，故而泥沙俱下，水退之后，沼泽一望无际。野花争艳斗芳，草儿早已返青；那湖边的杨柳，摇曳多姿。早来的燕子，掠着芳草飞来飞去，呢喃之声悦耳动听。

孙夫人望着那些自由翻飞的燕子，心中暗暗嗟叹为何人不如燕，可以随心所欲地去寻找自己的天地？

去年秋天播进这土地里的种子，早已生长出青青的麦苗，铺天盖地，葱绿一片，生机盎然。

她们下马步行，边走边看景色。

依照民间习俗，掐下茁壮麦苗，掖在口中，据说可以沾染上青青仙气，使人体健神清。

平时持重少欢的二位乔夫人，今日格外高兴。

她们丧夫多年，难得有今日的欢愉，芳心依然，回复了天性。

大乔身穿浅蓝色大襟衣褂，外套青色背心；小乔身穿浅色的天蓝上衣，外套黑色绣花边背心；两姐妹仍不减当年倾国倾城之美。平素里那深藏不露的苦涩，以及由这苦涩带来的难耐空虚，今日一扫脑后，都尽情地享受着这早春的气息和如梦似幻的江南景色。

六人中，唯文倩文好穿着依旧，打扮平常。

但她们的美丽却无人可比，那朴素之美，更显自然、洒脱、落落大方。

孙夫人稍加修饰，使她那二十六岁的芳龄似乎减去了十岁，只不过较一般少女微胖，显出成熟罢了；然更显芳姿俏丽、青春袭人。

她们走走停停，说说笑笑，尽情领略江南的柔媚风光，猎奇这醉人的早春的气息，将残冬的寒苦和惆怅都抛到脑后。

来到江边土丘旁，她们登了上去。

放眼眺望长江，江中波涛不息，白帆点点。

文倩忽然记起一位为筑城烧制青砖的老人，曾向她讲过的一个故事，遂提议道："在这里歇息一下吧？我来讲件这里昔日发生的故事，好不好？"

一听说有故事，大家都高兴了，纷纷坐了下来。

步夫人、二乔夫人都掏出绸绢垫坐。

她们把文倩围得紧紧的。

"这里叫庐州，"文倩朝前边的田畈指了指。接着，她便娓娓说起了一个古老的传说，把夫人们及"美姬队"带到了七百多年以前——

楚平王听信谗言，杀了名臣伍子胥的父亲伍奢和哥哥伍尚。

为了报杀父杀兄之仇，伍子胥决意叛楚投吴。逃亡之前，他对好友申包胥说道："我一定要毁灭楚国！"

申包胥说道："我一定要保护楚国！"

他们分手了。

伍子胥奔逃出关，来到了庐州，也就是这一带。

当时，后边有追赶的士兵，前面是茫茫的大江。他正愁无法脱身之时，忽见江边有一只渔船，就上前要求渔夫渡他过江。

渔夫一见是伍子胥，就下定决心要救他！

但当时旁边还有很多人，渔夫便唱道："日月昭昭乎侵似驰，与子期乎芦之猗！"

伍子胥一听，是要他躲到芦苇丛中去。

他真的就躲到芦苇丛中去了。

傍晚，人渐渐少了。

渔夫又唱道："日已夕兮予心忧，悲月已辞何不渡，为事紧急兮当奈何？"

伍子胥于是从芦苇丛中走出来，上了渔船。

渔夫立即将他渡过江去。

伍子胥上岸后，解下自己佩的宝剑，双手赠给渔夫，表示酬谢。

渔夫说道："楚王下令，捕到伍子胥的人，赏粟五万担，爵位可拜上卿，其价岂是这柄宝剑呢？"

渔夫不接伍子胥的赠送。

伍子胥一再道谢，匆匆走了。

走不远他回头瞧时，那渔夫已经弄翻了小船，落水而死。

伍子胥投吴以后，引兵攻打楚国，攻进楚郢都（今湖北江陵西北）。当时，楚平王已死。于是，伍子胥掘墓鞭尸。

这时，逃进山里的申包胥派人对伍子胥说道："你报仇未免太过分了吧，你从前是楚平王的臣下，现在竟侮辱死人，丧天理到了极点！"

伍子胥说道："你回去对申包胥说，我急着复仇，就像途程遥远，可太阳已经下山，我等不及了！"

申包胥于是跑到秦国，向秦王讨救兵。

秦王不答应。

申包胥便在秦国宫殿前日以继夜地哭，七日七夜。

秦哀公说道："楚王虽然无道，但有这样的臣子为之效忠，楚国会保不住吗？"

于是，秦王派兵救楚，和楚军一起打败了吴军……

6

故事讲完了，她们还在静静地听着。

小乔夫人说道："逆天行事是不得人心的，曹操在赤壁逆天行事，所以，他败了。"

大乔夫人说道："楚平王太狠毒了，杀伍父又杀伍子，伍子胥也该报仇！"

步夫人感慨地说道："有忠诚的臣子，国家就能保住！"

文倩忽然问道："曹公、主公，谁能保住国家呢？"

没有谁立即回答，文倩接着说道："唯有主公有此胆略。"

文倩见大家都沉默起来，为了不使大家败兴，她又接着说道："各位夫人，离这不远处，有一个地方叫瓜圻，是我们主公种瓜的地方。那里生产的南瓜，每个只有七粒籽，可好吃呢。"

见大家来了兴致，她说道："我们去看看，如何？"

几位夫人都表示赞同。

于是，她们一行又策马，向瓜圻方向驰去。

大约走了一个多时辰，便远远地看见了一片平坦的田地，有人在地里耕种，一片忙碌景象。

文倩让大家在路旁等候，自己走到田地边，和一位耕种的老丈说了一会话，只见那老丈满脸笑容地来到了众夫人身边。

文倩说道："这是种瓜的倪老丈。"

倪老丈向众人拱了拱手："难得各位夫人降临此地，使我陋棚生辉了！"

孙夫人问道："我哥哥真的来这里种过瓜？"

"当然，当然！"倪老丈说道，他随手拿起了锄头，"这把锄头就是吴主用过的。"

老丈说，赤壁大战之前，吴主孙权带领他的随从来到瓜圻，看见几十里一处青绿，农民正在忙着扎瓜架子种南瓜，便与他们攀谈起来。

孙权问，这里有麦有稻，为什么要种这么多的南瓜呢？

农民说，这里的土地特别适应南瓜的生长，南瓜好种好收又好贮藏，在兵荒马乱的年代，瓜菜能顶半年粮呢！

孙权觉得这话有道理，不觉动了兴趣，当即下马，和随行士兵一起，向农民学习种瓜。

后来，他还叫人扎了几座大草棚，派了不少兵士前来开荒，种瓜种菜。

他自己也常常在公务之暇，悄悄离开军营，策马来到瓜圻，头戴一顶麦秸草帽，

孙权别传

像农民一样给南瓜浇水上肥。

　　……

　　瓜熟蒂落时节，张飞奉刘备之命，从九江前来拜会孙权，共商联合破曹之计。

　　听说孙权到瓜圻和老百姓一起种瓜去了，张飞怎么肯相信呢？他心里揣着一个闷葫芦，茶不吃，酒不饮，策马便直奔瓜圻。

　　这时，瓜地边有一群人，正在席地聚饮，见是武将张飞到来，便纷纷站了起来。

　　倪老丈恭敬地上前招呼道："三将军，是什么风把您吹来了？请来尝尝我们的七籽南瓜汤，如何？这瓜是我们和吴王一起种的。"

　　张飞听后，顿时火冒三丈，他大吼一声道："你们吴王，不和我大哥去商量破曹大计，却躲到这里来了！我非要找他算账不可！"

　　他跳下马，一掌推倒倪老丈，挥动丈八蛇矛，将南瓜捅得皮开肉绽，满地乱滚，连连吼道："你们东吴人尽说些骗人的鬼话，这瓜不像瓜，果不像果，歪颈犟脖的，送我喂马都不要！"

　　张飞正在瓜地横行时，忽然间，长矛被人捉住了："三将军手下留情、手下留情！"

　　张飞抬头一看，原来正是孙权。

　　只见孙权满身是泥，脚蹬草鞋，身上还带着瓜藤和瓜叶。

　　孙权说道："联合破曹之计，我和你大哥、诸葛先生会面后自有安排。今天恕我失迎了！来吧，我们一同到瓜棚共饮几杯，尝尝我亲手种出的七籽南瓜汤吧！"

　　说着，他便掖着张飞要去饮酒。

　　张飞万万没有想到，一个名扬天下的东吴将军，真的和老百姓一起种瓜！他连忙拱拳对孙权说道："孙将军，方才翼德出言不逊，多有冒犯，告罪告罪！"

　　……

　　倪老丈说到这里，指着远处的一座瓜棚说道："吴王过去就是在这里种瓜、读书、休息，我们还准备在这里聚资修一座祠庙，雕塑一尊吴王种瓜的塑像，以表示我们对吴王的敬仰之意呢。"

　　众夫人听了，不胜感叹。

　　文倩接着说道："自古以来，凡属贤明君主将相，皆能体恤民情，深知稼穑之艰难。能耕能战者，方可以治天下。"

众夫人点头称是。

大家又去看了孙权住过的瓜棚。

夕阳西垂时，她们才策马归去。

7

春天给大家带来祥和。

她们常常在一起画画、写字、弹琴、下棋；有时也说说家常话。

唯孙夫人依然沉默寡言，埋头习武练剑。

她心中是空的，这空虚使她惶然，度日如年，进而烦躁苦痛，只好以剑为伴，以练武消磨时光；白天练习劳累之后，晚间则可以入睡，因之，她在不断增大练习强度。

然而，一个不能容忍的烦恼，使她焦躁不安。

这个秘密是被文倩偶然发现的。

花朝之后的一个月夜，月亮分外圆，月光如流银一般，洒向这夜空的尽是妩媚。

文倩站立窗前，凝望着明月，明月给她以丰富的遐想。

讨虏将军今夜是不是在公安城的月下饮酒呢？那里的月亮也是这么明亮、这么柔和吗？

对！他一定是在公安城中对着明月饮酒，一定是在思念着武昌。也许还在思念自己呢。他每月都要派人送信给几位夫人，其中也少不了给她写上一纸，那信上写的，全是他想对她说的话。

再给他回信时，一定要劝他少饮酒，不能过量。等统一了江山，再痛痛快快地敬他一杯，即使醉倒，也心甘情愿……

夜已深了，她打算上床。

就在她随手关窗的刹那，忽望见远处大树下，有位女子由远渐近。

虽然隐隐约约看不清，但文倩能确认走来的就是一位女子！

文倩好生奇怪：夜深人静，哪有女子往这里走动？

她已看得真切，那是孙夫人的一个使女，只知姓吴，不知其名。这是怎么回事？

只见那使女从文倩窗前悄悄地走过，脚步很轻，几乎无声。然后，她又悄然走到一棵合抱的大樟树的背后。过了一会，只听见大樟树后边传来两声杜鹃鸟的嘶叫；接着，一个黑影从卫士营帐中急急走出，匆匆闪进那棵大樟树的后边。

那棵大樟树的后边，是一个平缓的山坡。

文倩心中"怦怦"直跳，过了许久，她才去关窗户。

夜更深了，但文倩难以入睡。

回想起刚才看到的一切，她想着大樟树后发生的可能会是什么。她有些害怕，也有些害羞，想着想着，脸上竟发起烧来。

第二天，文倩情不自禁地偷偷观察吴女，竟觉得吴女越来越有些异样。那令人眼热的身姿，庶乎对男性有某种特别的吸引力。那稍高的身材，自上而下，无一不显示着青春的活力。她胸部膨胀，在使女中，她或许是鼓胀得最高的一个；她脸庞特别红润，特别亮丽。显然，吴女生理上在悄然无声地发生着变化呢。

文倩为她不安，为她惶然担忧。

孙夫人苦于自身烦恼，对身边发生的事丝毫不觉，对吴女悄悄地但又明显发生着的生理变化，竟木然不察。

然而，他们频繁地深夜幽会，最终还是被孙夫人发现了。

那是在月儿两缺两圆之后的一个月夜，孙夫人因为夜不能睡，便穿衣下床练剑。持剑走出大门时，一下惊愕了：月下，一女子往大樟树后方走去。仅凭身材，孙夫人一眼就能断定那是自己的使女；但到底是谁？她一时却拿不准。

稍迟，又见一个卫兵模样的士兵，也去了大樟树背后。

孙夫人顿时生了怒火！便站定门前，想看个究竟。

过了很久，待吴女返回后，惊诧地发觉了主人，便站住了，钉子一般，一动不动。许久许久，她才一步步移动着，走进了自己的卧室。

那随后跟上来的卫兵，也发觉了孙夫人。他连忙转身离去，消失在树影下。

去年要安珍自杀的那一幕，又闪现在孙夫人的脑海中。直到今天，那哀哭声仍使她心怵。眼下，又发生了更为严重的一幕，怎么对付？怎么处置？

孙夫人一步步地踏着如银似水的月光，机械地往前走着。

……

而这一切，也被文倩看了个一清二楚。她知道吴女已经惹下了杀身之祸！

她想救吴女，但一时又想不出个万全之策。

孙夫人手持宝剑，踏着月光缓慢地行走着，她的心中极不平静，就像江水拍打江岸一般。

今晚看到的这一幕使她震怒！也使她内疚。

忽然，孙夫人听到背后有脚步之声，她连忙转身横剑。

"孙夫人！"

是文倩轻柔如玉笛的声音；孙夫人虽然已经听出了是谁，但因为心中烦恼，她只是略略点了点头。

"孙夫人有情趣在这月下走走？"

孙夫人一声长叹作答。

这江边月下之叹，余音不尽，随江水远去。

文倩被这长长的叹息声搅得惶然失措；她和孙夫人同步江边，谁也无心再说什么，她们各有所思，唯有江水不理会这人间的恩恩怨怨，依旧无忧无虑地流淌东去。

夜已深沉，寒意悄然来袭。

文倩已觉身寒，看看浩月已下西江，便说道："孙人人，已经三更天了，回去好吗？"

孙夫人却步，又长叹了一声，站住了。

那长长的一叹，又让文倩心中惊骇。

"你说，该怎么办？"孙夫人似问文倩，又似在问自己。

这是一个充满了神秘的月夜。

8

昨晚月下之事，除当事人吴女和那卫士之外，只有孙夫人和文倩知道。

孙夫人昨晚经历恼怒之后，心中忽又生出恻隐，在回去的路上，她把这事告诉了文倩。

文倩佯装惊讶，而后才去劝说孙夫人：这些使女跟着孙夫人东奔西走，都是幸运之人。可是，从人之常情来说，她们又都是可怜之人，使女都是二十好几的女子了，该嫁不能嫁，是战争摧残了这些盛开的鲜花，剥夺了她们人生中的权力。

而人的天性却不能遏制，你绝不可能为此把她杀掉！

最好的办法是先不声张，为她保住名声和脸面；然后，打发她离开营中，回江东老家去谋生活。

孙夫人接受了这个建议，毅然决定赦免吴女。

她自己也是女人，那青春的激情，岂会无知？那神秘的向往，更是年轻女子的天性。

她不能为此而无辜杀人！

第二天清晨，照常练武。

孙夫人不动声色，平静地站在场子中央，使女们早就到齐了，唯独不见吴女。

孙夫人又仔细看了一遍，仍不见吴女那微胖的身影。

使女们有偷偷耳语的，有神色紧张的。

孙夫人的脸色遂变得严峻起来，但她并未说什么。

练武，在严肃紧张的气氛中进行。只见使女们在初升的朝阳照耀之下，个个身轻如燕，长剑生风。场面十分壮观，十分威武！

晨练之后，孙夫人不声不响地去吴女住室察看，却不见人影。

她转身走出，急行至大樟树底下。她虽不说什么，使女们已经猜着什么了，她们悄悄地跟在孙夫人的背后，来到大樟树下。

孙夫人久久地凝视着大樟树，使女们无声地站在她的周围。

文倩和妹妹文好也悄悄来了，她们不声不响地站在一旁。

小乔夫人也独自走来。她悄悄地问身旁一个使女，出了什么事？那使女简单回答说，昨夜吴女没有回卧室。

小乔夫人心中已明白了一半，剩余之语无人说出。

空气十分紧张。

孙夫人命令使女："去西山！"

孙夫人正要领着使女们上西山搜寻，步夫人来了。她告诉说，昨晚上有一个卫士逃跑了。

孙夫人忽然发怒道："追回来严惩！"

在西山上，众人都没搜寻着吴女和那卫士。

这一事件，在夫人们之间掀起哗然大波。有人悄声嘀咕：孙夫人自恃是主公妹妹，不把别人放在眼里；这桩丑事露出了她的管教不严！

这叫报应。

又有人接着说道："这是管教不严？出了丑事，让天下人笑话！"

文倩听了，觉得很不顺耳。

她心里想道，男大当婚，女大当嫁，是何人的规矩？若吴女是老百姓，不是早就嫁了人家吗？哪会有今日之辱？

三天之后，一位渔夫在洋澜湖通江处，捞起了一具年轻女子的尸体。

经人辨认是吴女。

孙夫人又气又同情，她在吴女的尸体旁边站立了足足有一个时辰，流着泪说道："糊涂啊，真是糊涂！"

卫士们掩埋了吴女的尸体。

吴女短暂的一生，就这么结束了，掩埋了。

过了几天，那座新土堆上，忽然有两簇灿然盛开的杜鹃花，一枝紫红，一枝纯白，迎着初夏的阳光，在晨风中微微颤抖。

很显然，这是有人悄然插上去的。

在那两束杜鹃花前，有香纸的灰烬。

第六章

孙氏夫人建院寺，文倩姐妹得铜镜

1

吴女投江，给文倩带来巨大的哀伤。

自从掩埋吴女之后，她常常去那堆新土前看看。"对她太不公平了！"她站在坟前，心中自语。她觉得，吴女不是投湖而死的，她是被战乱扼杀的。人生如此之短，带给她的尽是役使和哀怨。

文倩站在微风中，哀怜那新土里的冤魂生不逢时。

人生谁愿意无生地期盼？花儿一般的青春，却没有花儿一般芬芳的生活。

于是，文倩又想到了自己和妹妹，哪里能比吴女好呢？那本该幸福快乐的童年，让战争的魔鬼夺去了，在深重的灾乱和悲哀中挣扎过来。那苦难，没有亲身经历的人，哪堪提及？

花儿一般的青春之季，却寄居在这里，无家可归。那深层的隐痛令她心酸，情不自禁泪如雨下。新土上的鲜花仿佛哭泣过了似的，一直在抖动着。吴女在那堆土里，也一定在不停地哭泣吧？

文倩的泪眼里，新土和鲜花都迷离了，恍若一片凄惨的白雪。

变天了。

大风夹杂着哀号滚滚而来，摧残着新土堆上的鲜花。

雷声，一声追一声，一声紧一声，凶狠地击打着这个世界。老天是因为吴女之死而发怒吧？要惩治这世界上太多的罪恶吧？

文倩不愿离开这里，她想看看这风雨对这世界的惩罚！

大雨仿佛是老天为吴女落泪。

大雨"哗哗"倾盆而下，狂风和炸雷让这世界变得万分可怕。

文妤和许多使女都来了，文倩却已麻木痴呆，她脸上的雨水掩盖了她的泪痕斑斑。

一名侍女牵过一匹马来，文倩上马之后，和大家一起消失在风雨之中。

回到房里，文妤帮助姐姐脱下湿衬衣，抹干了身子，换上了干衣。窗外的风仍在发怒，雨更猛烈。那棵大樟树被雷劈了，在雨中燃烧了一阵子，最后又被大雨淋熄。

文妤紧紧搂住姐姐，不敢哭，她的心中只有惶惧。

文倩将妹妹紧紧搂在怀里。

两个使女畏缩在一起，不敢声张，吓得惨白。

一阵阵飓风使房子如人一般发抖，发出令人可怕的"吱吱"声，仿佛随时都有可能倒塌。

文妤吓哭了，使女也"呜呜"哭起来。

文倩安慰她们，叫她们甭害怕。

阵风中，许多瓦片哗然鸣叫着飞去了，空中已经没有了遮盖，瓢泼大雨泼下来，她们再也没处藏身了，只好将被子顶在头上，四个人蹲在一起。

风在肆无忌惮地怒号，响雷仍在轰鸣。这世界或许会倾覆吧？文倩来不及多想，她的脸和妹妹的脸贴得紧紧的，生怕妹妹被这狂风暴雨卷了去！

另外几间房子也好不了多少。

步夫人死死抱住使女，嚎天哭地。

孙夫人被使女们团团围住，她始终过于冷酷和严肃，始终没有开口说话。

二位乔夫人来到一间屋子里了，她们嘴里念叨着"老天保佑"，不知是害怕还是寒冷，二人和几名侍女都浑身打战。

在惶恐中，大风渐渐远去，雷电也不知何时销声匿迹，只有那大雨还不肯退却，一直在下。

孙夫人来到文倩房中探望，见天上的瓦片都被掀走，忙请两姐妹去她房里同住。

文倩十分感激，孙夫人外冷内热，心肠好。是她可悲的经历酿成了她这样的个性，轻易不与人交好，一旦交好，就终生不变。

她和文倩说话虽少，不知是什么，让她们的关系更亲热了。或许，是灾难把她们连在一起的吧？

文倩感到惊诧的是，一提到吴女，孙夫人竟然泪水涟涟，十分伤感。

文好早已入睡，文倩和孙夫人坐在床头，一直说到半夜。

窗外的雨，还没有停。

大雨一直下了三天三夜，继而又时大时小，连续下了半个多月。后来，落落停停，像个极度悲伤的女子，一想起心中的悲伤就会落下一阵子眼泪；哭累了，便停一会，不久又会哭，反反复复折磨了半个多月。泪似乎流干了，天上不再落雨了，但却给人间带来了灾难和痛苦。

久雨之后的武昌，简直成了水乡泽国。

当时，沿江尚未筑起大堤，江水漫出江面，毫无忌惮地流向内湖。湖水泛滥，淹没了湖滨的庄稼和村舍。

在长江浑浊的浪涛之中，不时能看到木床、屋架和杂物，有的木板和草垛上，还站着呼救的灾民；人的尸体和牲畜的尸体漂浮而过，惨不忍睹。

武昌城在洪水中挣扎着、呻吟着、等待着。

2

建安二十四年（公元 219 年）冬。

孙权收复南郡（荆州）之后，虽然已经初步实现了在武昌就已经拟定的战略目标，但他心中不敢有丝毫轻敌情绪。

刘备因失了城池，损了主帅，极其愤怒，定会发兵东下，以图报复；许县的曹操一方面坐山观虎斗，坐收渔翁之利；一方面在加紧军备练兵，以达到吞并天下的目的。

为了提防刘备的袭击，孙权加强了长江中游的兵力。因为刘备出川，陆地山高峰险，行军太难，唯有乘船东下；而镇西将军陆逊驻守的夷陵（今宜昌市），已经做好了阻截刘备舟船东下的准备，并且在峡口（西陵峡）重新部署了兵力，完全可以凭借长江天险给予刘备的兵船以致命的打击！因为峡口两岸陡峭，中间的江道狭窄，只要有舟船通过，便只有挨打的份儿，而决无还手的可能。

若刘备的残余部队逃出峡口，那么，便会在夷陵与以逸待劳的陆逊主力遭遇，其命运则是灭顶之灾！

在部署了战略防御之后，孙权为了麻痹曹操，便在公安给曹操写了一份奏章，并派专使送往许县。

他在奏章中自称为臣，并说自己"称臣"是上天的旨意。

曹操早已经洞察到孙权的用意！

他在朝会上公开了孙权奏章的内容，并笑着说道："孙权这个娃娃，是想教我坐到火炉子上哪！"弦外之音，是说孙权想将他置于不仁不义的境地，让天下人嘲讽！

其实，在曹操的心目中，汉王朝的皇位已经没有什么实际意义了，只怕他到死都不敢废除汉王朝的皇帝而自己即位。

那时，侍中陈群等人向他建议：汉王朝早已经名存实亡。殿下的功劳品德，都达到了顶峰，天下人注目仰视。所以，连远方的孙权都向你称臣，这就是天人感应，众口一词，殿下应当坐上皇上的宝座，还有什么好犹豫的呢？

曹操听了，说道："如果上苍有此旨意，我宁愿当姬昌（文王）。"

只是曹操当时不知道，在他说这些话的时候，离他病逝只有短短四十二天时间。

也许，这才是真正的天意？

……

孙权在安置好了一切之后，又派船向武昌送去大量的战利品和银两。战利品分送建城的官兵和工匠，银两作为在城中修建王宫的费用；他还派专使去建业、会稽、姑苏、扬州一带征集修筑王城的城图；又派人去江浙一带又一次招请铸造刀剑兵器及铜镜的名师巧匠，以备武装军队，并在东南沿海进行贸易。

孙权还专门嘱咐使臣，要千方百计地找到铸剑高手鲍唐，请他来武昌教导铸剑。

因为在这之前，宝忠师傅被人刺杀了——

原来，孙权西征后，宝忠师徒在西山铸剑工地日夜忙碌，不得一点空闲。

有一天，工场的板炭将要用完，三个艺徒到江边搬运板炭去了，他独自在工场里守炉。这时，一个樵夫从树林里走出来。宝忠师傅抬头看时，蓦然看见站在十步开外的那个樵夫正在拉弓。宝忠师傅还没有反应过来是怎么一回事，箭镞已经呼啸着射入了他的前胸；他双手捂住前胸，痛苦地倒下了。

当艺徒们返回到工地时，宝忠师傅已经气绝身亡。殷红的鲜血，滴在尚未完工的剑坯上。

旁边的木箱中，有孙权赐他的金锭，还有步夫人送来的衣物和银两；这些物品都没遗失……

孙权得知这一消息后，十分震惊。

他一面派人到武昌厚葬宝忠师傅，一面悬赏捉拿凶手。

但凶手至今未能捕获。

谁是刺客？

为什么要杀害一个年迈的铸剑匠人？

3

连着晴了几日，又是阴天。夜晨，下起雨来，整夜不住。第二天上午，雨才渐渐停了，天还是阴沉着。

文倩怕下雨，更怕老天阴着脸。见了阴霾天，她心里就会烦闷不安。近来，更叫她忧愁的，是母亲逝世两周年祭日的奠祭品概未筹备，天又作恶下雨。

这新城尚未完工，购物不便。

樊口街市过去由于驻军颇多，商贾云集；现在军队已经开拔，集市便冷清了许多，街上只有少数的农产品出卖、交换，没有猪羊可买。

母亲在北方生活多年，北方祭祀是要用整头猪羊的。

为此，文倩心中焦急不安。

好在母亲祭日前五日，天已放晴。文倩心中豁然开朗，她便派了一个侍卫、三个士兵骑马去西寨采购祭物。

她正要出门，有士兵来报，主公从公安又派来船只，正在江边码头上卸货，其中有活猪活羊若干，说是慰劳品。

前方将士已经慰劳过了，这是慰问留守武昌的内眷和官兵的。

步夫人让这名士兵挑选了猪羊各一只，送到文倩住处，说是文母的祭品。

文倩听了，心中自是感激不尽。

祭日这一天，老天有眼，天空一片晴朗。

天刚蒙蒙亮，窗外吐了鱼肚白，继而绯红，刹那间瞬息万变，水红、殷红、赤红、紫红……太阳冉冉升起来了。

文倩祭母心切，早已梳洗完毕。

等太阳刚刚升起，她便叫了卫士抬着祭品，拎了昨天傍黑就煎好的鲜鱼，悄悄领着文好上路了。身后还跟了五名使女，这是步夫人和孙夫人昨天特意安排的。

文倩今日特别换了素服，内着青色小衣，外穿白绸上衣，上衣外绣了道黑花边。

这穿着便有三分悲凄，七分苍凉。

离母亲坟前还有一里地之遥，文倩已经满眼是泪了。途中想起母亲恩情，于饥困中度日，处惶惧中求生，兵荒马乱中异乡漂泊，哀鸿遍野中九死一生。母亲心中唯有她们姐妹，一口残饭也要两份均分……

母亲已经离去，永世不得相见了。

等到看见那土堆孤坟，文倩已经泣不成声。

世间唯母亲恩情最深，唯生离死别最惨。

天地啊，此思此念天长地久，终生铭刻心间。

人死再不生，母去唤不回。文倩常在梦中听母亲嘘寒问暖，轻轻呼唤姐妹俩的乳名。她越思越伤心，愈哭愈凄惨。

谁能不为她们姐妹动情？使女们个个都把眼睛哭红了；平素时，使女们都觉得她们姐妹深得主公和众位夫人的好感，在东吴众多女子的心目中，她们算得上是最幸运的人了，哪知她们姐妹也是这般苦、这般伤心！

文倩已经没有力量再哭了，只有泪水还在无声涔涔。

文倩后来竟然昏厥过去！

文好连忙和使女们抱起她来，匆匆离开了坟地。

当她们回到住处时，文倩忽又醒来，她大声喊道："母亲啊，文倩想你啊……"

这声音，撕裂着众人的心。

迎上来的步夫人、孙夫人、二位乔夫人也被这悲伤的声音所感染，她们都流下了真挚的泪水。

文好和使女们搀扶文倩进到房中，轻轻放在床上躺着。

孙夫人给她盖上了被子。

文倩那颗饱受创伤的心，似乎永远无从医治。她躺在床上，觉得胸部隐隐作痛，然而，她仍不能止泪，泪水湿了枕头。

文倩祭母之所以悲痛欲绝，表面看来，是母亲去世后她和妹妹孤苦伶仃；她追思母亲的音容笑貌，想念母亲的恩爱呵护，自然极度悲痛；另外一层，是她内心的痛苦欲诉不能，她便借着祭奠母亲的时机溢涌出来。

她虽然为东吴主人所器重，并被授予侍中，且几位夫人也都爱怜于她，但她心底里却深藏着少女的苦闷：她爱慕定威将军陆逊，陆逊似乎也在关注她；她的心中经常有一种憧憬，这种憧憬常常使她激动不已。

但陆逊为什么会在出征的时候，突然宣布要娶文好？这是为什么？到底是为什么？

她觉得陆逊站在船头上对孙将军说的那番话，犹如一把利剑，突然斩断了她对未来的憧憬！断得是那样的干净和利索，似不留一点点余丝！

她也分明觉出了讨虏将军对她的感情。

她敬仰讨虏将军、爱戴他、感激他！

渐渐地，她的心中便生出了一种奇特的感情：她愿意把自己托付给讨虏将军，愿意为他去死，为他去生！

但世事变幻莫测啊，谁知道这位东吴英雄是怎么想的？又是怎么打算的？将来会是一种什么样的结局？

她不敢想下去了。

假若母亲在世，她会将这些感情的苦闷全部说出来给母亲听，母亲一定能为她做主。

然而，现在能对谁说呢？

文倩的内心矛盾极了，也痛苦极了。

4

文倩大病了一场，三天之后才能下床，只是额头仍旧昏昏沉沉，胸部仍隐隐作痛。

文好搬了椅子放在门前，让姐姐坐着晒太阳；她又叫人做了鸡汤来，可姐姐喝了两口就放下了，她喝不下去。

孙夫人正在练武，见文倩坐在门口，便走了过来。

使女们送上凳子，请孙夫人落座。

孙夫人坐了大半天，虽说话不多，文倩却觉得心中甚是温暖。

又过了一些日子，文倩身体渐渐恢复过来。

文好劝姐姐多出去走动走动，免得成天待在房子里。

两姐妹遂去了江边，许多日子没来这里，倍觉新鲜。长江正是汛期，又在涨水，水漫江宽。江上那些渔船在捕鱼，偶或有大商船顺流而下。

文好提议往回走："往西走吧，姐姐。"

文倩知道，再往前去便是那堆新土，妹妹不让她再去看吴女的葬身之地，因为她见了那堆新土就会难过。她顺从地转身回走，往西山方向走去。

文倩放眼西望，长江自西而东，一泻千里。

她对文妤说道："陆将军这么长时间也不给你写封信。"

文即似不曾听见，只是信步走着，显得很快活。过了许久，文妤才说道："来不来信，都与我没有关系。"

文倩便不再说话，望着江心，宽阔的江面，浪涛滚滚。

她想起一年以前，孙将军跟她们同游长江，原打算游览赤壁的，不料引起小乔夫人的思念，在船上痛哭，大家便扫兴而归。

由此，她又想到了孙将军。

自西山茅棚相见，孙将军真心真意关心自己，病中派医，母死公葬，江边封官，接下西山……这一事事，一幕幕，均从她心中闪过，如一簇簇棉花，温暖着她那颗冰凉的心，暖和和，热乎乎。

她觉得全身的热血都在畅流。

然而，在她与孙将军之间，有一条又深又宽的鸿沟，无法跨越。个中原因她说不清楚，她不想去追问自己。

妹妹一直在陪伴着自己，不能因为自己心中的哀伤而影响了她，妹妹也可怜。

想到这里，文倩望着天真无邪的妹妹，便笑着提议道："妹妹，我唱一支歌给你听！"

文妤先是一愣，随后高兴了。那是因为姐姐心中愉快才会唱歌；许久以来，这是姐姐第一次主动说要唱歌。姐姐从小就会唱歌，如果没有这些不幸的遭遇，姐姐一定会唱得更好；自逃难以后，就再也听不到姐姐唱歌了。

文妤轻快地说道："唱《君子好逑》吧。"

5

文妤已是十七岁的少女，不仅懂事，而且聪明伶俐。

这一天，她突然对姐姐提了个奇怪的问题："姐姐，我们积钱建一座院寺，好不好？"

院寺即庙。

当时，寺与庙是有区别的：院寺为神佛之堂，庙则是帝王祭祀祖宗的地方。当时的佛教传入中国的时间还不长，加上在汉朝时，董仲舒提倡"罢黜百家，独尊儒术"，佛教就不能抬头。

后来，"独尊儒术"的主张渐衰，佛教才开始向全国普及，但仍不能大盛。

文好不知为何要提这个建院寺的建议？

文倩有个习惯，妹妹提议时，她同意或不同意，她都以微笑作答。

文好说道："神和佛普度众生哦！"

文倩仍然微笑。

"步夫人、二乔夫人都答应出钱，大家合力建一座院寺。别犹豫了，姐姐。"

为了释疑，文好又主动告诉姐姐，孙夫人还准备一个人出资建一院寺呢。

文倩早已听孙夫人说过此事。

那是因为她周年吊母，哭得死去活来，触动了孙夫人。人皆有慈母，而她孙尚香与慈母感情更深。母亲在世之日，最疼爱这唯一的女儿。慈母死得早，她竟然遭了厄运，被迫嫁刘备，故才有今日之苦痛。

愈思母便愈觉母爱可贵，母亲伟大。

安珍为了报答孙夫人的不杀之恩，曾向孙夫人建议："夫人，太夫人已经逝世多年，人死不能复生，夫人常常思念母亲恩爱，何不去建一座院寺，以报母恩呢？"

如同拨开了云雾，孙夫人茅塞顿开！她立即接受了安珍的意见，带着三十名使女骑马往南巡视，翻山越岭寻了两天，终于在城东五十里远的花湖之滨，选中了一块好地，指令安珍领着十名使女掌管建筑院寺之事。

这花湖与长江相通，院寺选址在湖西。

选在这里建院寺，孙夫人是花费了一番心血的：当时的交通运输，主要是依赖水路。这花湖东滨长江，南临磁湖，交通十分方便。

院寺地基坐落在小山冈之下的山谷中，左右两边各有稍微崛起的小山麓偎依，以作护守。

长江水涨时，江水可漫至院寺基前数百步。

院寺坐西朝东，面对流向东吴的长江。可见孙夫人用心缜密无疏。

孙夫人连寺名都想好了，叫"报本寺"。（报本寺一直存在了一千余年，一千九百七十年以后，改建成为学校，名"花湖报本学校"。这是后话。）

既然妹妹要和步夫人、二位乔夫人一起建座院寺，文倩自然不能泼凉水。于是，她便答应捐资。

步夫人出人意料地对建院寺表示出了相当大的兴趣，她还请了风水先生和两位僧人去选择地址。

寺址离城约六里地。

当院寺建到一半时，步夫人要大家起个寺名，议来议去不能定下。步夫人便说道："侍中读书最多，由你来定名吧。"

文倩笑着，她想了一会儿说道："叫'昌乐院'吧！"

她解释"昌"为昌盛之意。她觉得人生太苦了，神佛应赐人间快乐，以安居乐业，故名"昌乐院"。

二位乔夫人首先赞成；步夫人也连声说好；文倩笑着拍手，这就算通过了她的定名。

几位夫人又推举文倩题写寺名。文倩也不推辞，便执笔挥洒，龙飞凤舞地写了"昌乐院"三字，送去叫匠人雕刻。

院寺建成那天，文倩姐妹陪同步夫人、二位乔夫人和孙夫人前去观看，还设宴招待了匠师。

事后，文倩左看看，右瞧瞧，觉得昌乐院尚不够神气，她就向步夫人建议，在院寺两旁，再各修建一个宝塔，以衬托院寺的雄伟。

这正合步夫人的心意。

她便立即决定由她一人出资修建，并请高明匠师施工。

这昌乐院和报本寺建成以后，就是东吴辖地最早的院寺了。

在全国范围内，除洛阳白马寺以外，这昌乐院和报本寺并不算晚。

自此，佛教活动在东吴渐渐兴起。

6

院寺的建成，对文倩姐妹、步夫人和二位乔夫人的生活，增添了新的内容，她们心中纳闷或忧伤之时，便去昌乐院走走，敬拜菩萨；有时邀约同去，有时独自去。

孙夫人去过昌乐院。

但更多时候，她是带上一队使女去花湖之滨的报本寺。

既是去了，她就会在报本寺住上三五日才返回。孙夫人觉得这日子充实了许多。

转眼已到秋天。

文倩应了孙夫人的邀约，带着妹妹文好同去花湖报本寺。

下马进寺，她和妹妹跪拜了孙夫人母亲吴夫人的灵位，然后在寺中住了七日。

她们带着使女登上了报本寺右前方的化山（后人音变为"华山"）。那山不算高，亦不算大，却独具一格，形如卧虎孤守湖滨，面南背北；山上土石兼有，草木丛生。在秋天，漫山的野菊盛开，恰如一个黄金的世界！蔚为壮观；就连那巨石四周边沿，也天无绝人之路地开满了野菊花，煞是爱人。

花山之名不虚啊。

文倩姐妹的心中，或重或轻、或多或少都有过心灵的创伤，但来到这花山以后，她们的心情恰如这秋菊怒放，好不高兴。

文好更是如孩子一般，喜滋滋地东跳西跳，采摘了两大簇黄菊，爱之如命，时不时伸出她那匀称好看的鼻子，闻闻野菊的馥郁香芳。

山后更是令人赏心悦目，山石有立有卧，或大或小。

山南巨石朱红之色，悬空直立，一泻而下。

山北则怪石嶙峋，有的状如宝坛并立，有的似玉兔奔月。

当地流传着许多相关的故事：那个"虎头"的后方，有块如大瓮的石头，据说里边装着许多金酒杯、银酒杯、金银碗筷等家常用品。当地人若请客置办酒席，便去山上借来，用完归还。后来，因为当地一个姓郑的财主借去办喜事，用完不归；天帝一怒，遂投下一方块石，将瓮口盖住了。

此后，便再也借不出金、银碗筷等餐具。

直到本书成书之日，那"瓮"上还顶着那块大方石呢。

……

文倩一行人去到了"瓮"石旁，却无勇气登上"瓮"顶。

孙夫人说道："据说，那天帝投下了盖口的石头，并不计较有人站在石头上，还可摇动呢。"

文好天真地问道："不计较便可摇动，要是计较呢？"

孙夫人笑了："计较当然就摇它不动。"

文好叹息道："哦，我们都很在乎呢，想必就无缘摇动那盖石了！"

大家都笑了。

这山麓濒江，山上曾有古人居住过；古人曾留下了一些石斧之类的用具。山的北麓就是乌江渡，据传那里曾经出过两名大盗，故此出名。

游完花山之后，文倩尤觉余兴未尽，又邀孙夫人去游西塞。

西塞在花湖之南，经磁湖之滨，要走一些山路，差不多有半日路程。

西塞紧临长江，陡峭岩壁直立于大江之中，山峰犹如一把尖刀插于江上；而陡峭直上的山峦，恰似一幅绝好的山水画。

山腰上有一个桃花洞，还留有古代仙人修炼时的足迹。除了仙人，大概再也无人敢去。

这西塞山，实为吴越的西大门，荆楚的东大门，进出吴越和荆楚的大关！吴和楚历来都在这里设防，吴越称之为"西塞"；对于楚而言，它像一块巨大的界碑，雄关虎踞。

文人墨客和史学家称为吴头楚尾。

她们站在江岸上，遥看江对面的散花洲。

这散花洲，是长江九折十回后，在江畔涌起的一座大沙洲，沙洲平坦宽阔。

当年，赤壁大战大胜之后，周瑜率领将士们从这里下船，孙权前去迎接凯旋的将士，带去许多犒赏的物品；犒赏物品中，有编制精巧的彩纸花，把这种彩纸花抛向空中，落在将士们的头上肩上；霎时间，欢声如雷，彩花如雨，庆功活动一下便被推向高潮。

人们便把这座沙洲叫作"散花洲"。

在武昌西山的江边上，也有一个散花洲；只不过，比这里的散花洲要小很多。

文倩和孙夫人观看了西塞，不敢攀登那刀削斧砍的山峰，便下了山，去了西塞镇。

这是坐落在西塞山西麓的一个镇市。当年，这里名扬大江上下，非常兴盛繁荣，人口有三万之多。这在当时是相当可观的镇市。那里商铺相连，周围百里都来这西塞购物，十分热闹。

文倩和孙夫人、文好及使女们，在街上各自买了些物品后才离开。

文倩买了红绸白锻和绣花线，心满意足地和孙夫人回返报本寺。

在报本寺又住了两天，她们才依依不舍地返回武昌。

建安二十五年（公元220年）正月，曹操刚刚抵达洛阳，就因病去世。

有一天，忽有信使飞马来到武昌，将孙权的一封亲笔信呈给了步夫人。

步夫人一看，喜形于色。

她将这封信送给了文倩。

文倩一看，孙权在信中告诉她们说，他打算将首都正式从公安迁到武昌；并问文倩那幅《长江万里图》绣好没有？绣好之后，可挂于王宫的宫殿之上。

文倩白天在城中工地上忙碌，晚上绘制王宫图，十分辛苦，但她心中却充满了欢乐。

转眼到了秋天，有一天，文倩正在房中悉心刺绣《长江万里图》，文好贪玩，捉来了几只蟋蟀放在木盆里。那好斗的蟋蟀，便互相打了起来，你进我退，你上我下，你撕我咬，好一场残酷无情的拼杀！

"姐姐，你快来瞧，它们真好玩呢！"

文倩抬起头来，瞧了一眼那盆中打斗的蟋蟀，说道："说它们都是同类，却这般亡命地自相残杀，不知是为了什么？"

是啊，同类这般厮杀，不为争食，不为夺妻，不为名利，为了什么呢？

人类自古全今，亦如蟋蟀。人类多为自己，一人得天下，无数人为之丧生，更有无数人因之凄苦受难。得天下者乐，失天下者悲！殊不知有更多的无辜者受到牵连。

春秋之争，战国之乱，成者为王，名传后世。他们把天下杀得四分五裂、民不聊生！

只有天下统一了，百姓才会安宁。

自汉朝建立以来，其间虽有残杀，百姓尚能休养生息，安宁了一阵子。但后来，朝廷腐败，百姓忍受不了残酷虐待，起兵反抗，就有一些人趁机起来争雄称霸、充当英雄、夺取天下！

是统一的时候了，该让百姓安宁下来了。

……

一阵银铃般的笑声，把文倩从深思中拉了回来。

文倩吃惊地看着妹妹。

文妤并不是笑嘻嘻，而是因姐姐没头没脑地叨念着"天下统一"才发笑的。

她说道："主公会统一天下的，姐姐别着急！"

文倩自知想得过于入神了，有些失态，妹妹的"剪刀嘴"就来了。

她瞪了一眼妹妹，说道："你快把这好斗的虫子拿开，好不好？"

文妤说道："你怕见这些好斗的，可它们还是想斗啊！"

文妤虽然嘴里这么说，但她怕姐姐遐思联想，又悲伤流泪。于是，她就端了木盆去门前，继续观蟋蟀斗狠。

文妤又看了一会，发出"格格"的笑声。

"妹妹，你又在笑什么哦？"

文妤未答先笑，说道："那蟋蟀打不赢就跑，跑不赢又斗，实在好笑！"

文倩端详着妹妹。

古时有教养的未婚女子，尤其是闺房中的女子，大都是笑不露齿，笑不出声，一笑脸就红。文妤虽然也有十七岁了，却还幼稚三分，笑起来太过大方，一点也不节制。只要她心中愉快，便会发自内心地、抑制不住地"格格"发笑，甚至有时"哈哈"大笑。

"妹妹，你这么大的人了，笑也该检点一些才是。"

文妤的脸"唰"地红了。

8

孙权在迁都武昌之前，已经派人由岭南和巴楚一带采买了大量楠木、香樟、红木、柏木等木料。装船之后，便源源不断地顺江而下，在洲尾和蟠龙矶附近的码头卸船。

景德镇和江夏一带烧制的砖瓦，大都运到了武昌，以备修建王宫。

同时，铜绿山、汀祖的荷花池、铜灶、小铜山一带的铜矿，已经开采出了大量的矿石；工匠们在矿山附近就地冶炼，日夜不停，熊熊炉火映红了半边天际。

但有一件事却让孙权放心不下——未来王宫图一直未能确定下来。

他对此事向来非常慎重，他虽广征王宫图，但对送来的图皆不满意。有的人为了名利，不惜抄袭历朝皇宫图；有的人贪大求全，把王宫绘得比阿房宫还要豪华气派！

为此，孙权决定派谨葛瑾先回武昌，负责王宫图的审定工作。

谨葛瑾一到武昌，就先去拜见了步夫人、孙夫人和两位乔夫人。

身为侍中的文倩，在诸葛瑾拜见了四位夫人之后，连忙上前拜见诸葛瑾。

晚上，步夫人便宴招待诸葛瑾。

席间，诸葛瑾询问了建城的一些情况，文倩一一作了回禀。

诸葛瑾又问她：此次广征修建王宫图，应如何进行才好？

文倩答道，修建王宫，乃国家大事，应由主公主持才行。如今，主公远在公安，可由步夫人主持。

此外，主公既然已在全国范围内广征建城图，就应公开选定。当在武昌城的每个城门设立驿站，由地方官员负责接收各地送来的图纸，图纸一律送交步夫人，由步夫人保管。

待公开选定时，可请诸葛瑾、孙夫人和两位乔夫人共同参与。

还应邀请行家里手前来，以广取意见。

诸葛瑾对她说道："侍中可否参加此次选定工作？"

文倩谦虚地说，目前都城城墙已经建成，城门及城楼正在日夜施工，恐难以分身；再说，自己对王宫修建的知识知之甚少，难以胜任，故而不参加。

诸葛瑾听了，觉得很有道理，便点头应允。

一个月后，各馆的地方官员已经先后收到了四十一份王宫图。

其中有四十份图形上写有绘制者的姓名、身份和州县地址；唯有一份图上写的是"无名氏"，亦未写地址。

步夫人问及详情时，经办的地方官员说，在半个月以前的一个清晨，他去西门等候图形时，见馆前有一布袋。他拆开布袋一看，原来是一卷绘在白绢上的王宫图形，图形上只有"无名氏"三字。

他急了，到处询问。

一个值更的老兵说，只记得五更天时，有位少年策马从馆前经过；至于是不是那少年放置的绢图，他也说不清。

图形收齐后，挑选工作在步夫人的房中进行。

他们五人分头详细看了一天；尔后，每人挑选出三份，共十五份图形；再从这十五份图形中挑出三份。

他们最后挑选出的三份图形中，有"无名氏"的图形。

步夫人和诸葛瑾等人极为高兴。

步夫人亲自给孙权写了一封信；又打发诸葛瑾带上选定的三份图形，去公安向孙权禀报，请求孙权亲自确定选用的图形。

不久，信来了，孙权选定的，正是"无名氏"的图形！

9

就在东吴于武昌大兴土木之际，东汉王朝的最后一个皇帝刘协，向先祖刘邦祭庙焚香禀告，并命御史大夫张音"持节"，把皇帝的御玺、诏书，送给了曹丕；曹丕曾上书三次，不肯接受，但刘协坚持禅让。

于是，曹丕于十二月二十九日，在繁阳兴筑高台，登台接受御玺，正式称帝。

他在郊外祭祀天地、名山、大川之后，大赦天下，并改年号为"黄初"元年。

自此，光武帝刘秀建立的东汉王朝，在经历了一百九十六年的风风雨雨之后，就这样无声无息地灭亡了。

不过，曹丕虽然得到了刘家的皇位，却不提及改朝换代，仍以东汉皇帝身份执政，史称"魏文帝"。

魏文帝在拜天即位之前，遵照魏王曹操的遗命：可葬我邺城之西，你们常登铜雀台，望我西陵墓田。

于是，魏文帝曹丕将其父曹操葬于邺城高陵。

曹丕比他父亲幸运，名正言顺地当了皇帝。但他的能力、修养和胆识，却远在其父之下。

曹操知人善用，敢于大胆提拔人才，不管这人出身如何微贱，皆按其才干交付重任。

对敌作战时，面对敌阵，沉着冷静，一旦捕捉到有利战机，则全力以赴，气势昂扬，威不可当。

对有功者，论功行赏，一掷千金，决不吝惜；对无功者，不奖一分一毫；有违纪的，则一定会严惩！有时候，被处分者流泪、哭泣，但决不赦免。

曹操崇尚节俭，不许挥霍。

而在曹丕即位后，立即显现了一些弊端。如按古制传统，子女要为父母守丧三年，上至天子，下至百姓，皆都如此。而曹丕在其父逝世、群臣哀痛之时，却设宴享乐。

再就是曹丕公开收纳汉王朝皇帝的四个女儿，做了自己的妃子，有失体统。

在这之前，他夺了袁熙的妻子甄氏入宫，还生下了儿子曹叡。

即位后又宠爱贵嫔郭氏，后派人强迫甄氏自尽。

他本人喜爱文学，常和一些文人唱和应酬，其七言诗《燕歌行》名噪一时，为当时的文坛领袖。称帝后，他嫉妒其弟曹植的文才，又怕曹植威胁自己的帝位，几次欲加害于曹植，均未得手。于是，就将曹植一贬再贬。

曹植，这位才华横溢，但却任性而行、饮酒不节的诗人，虽然写下了千古诵唱的《洛神赋》《送应氏》《白马篇》《美女篇》《斗鸡篇》《赠白马》等不朽诗篇，却最终在其兄的猜忌和迫害下，忧郁而死。他死后，追随并效忠于他的丁仪，全家男丁都被诛杀而灭族。

曹丕即位后，便由许县迁都洛阳，开始在洛阳修建洛阳宫殿。

……

又有消息传来，刘备准备在武担山南（今成都西北）即皇帝位；首都拟设蜀郡（今成都市），已初定诸葛亮为丞相，许靖为宰相。

孙权是在对天下形势进行了多次分析以后，才决定迁都武昌的。

为了与曹、刘争夺天下，他决定加速都城中的王宫建设。所以，才派诸葛瑾去武昌主持征集王宫图形事宜。

终于征得了"无名氏"绘制的王宫图形！孙权十分满意。

他想对"无名氏"进行表彰和奖赐，但苦于不知其籍在何处，更不知其人是谁，心中便有了一种赞许和好奇。

他下令武昌地方官员，加快都城王宫的施工进度，以便早日迁都，还要正式对新都城举行命名大典。

入冬的初雪之后，孙权派人从公安送来了他在山中猎获的白熊、野兔、麂子、山鸡等，吩咐内眷留下一些，其余可带上西山，慰问铸刀剑的匠人。

领了旨意，文情陪孙夫人带了使女、侍卫，带着礼品上了西山。

那初雪不厚，西山积雪很快便融化了。

从会稽（今浙江绍兴）请来的铸剑高手鲍唐，已经带着一班人在西山工地上铸剑锻矛。他所铸造的兵器，皆锋利无比。孙将军人在公安，心中常常挂念着西山的铸剑工场，常常派使者来慰问，还派驻五百精兵守在山下，以保卫工场。

正在忙碌的鲍唐，高兴地走出了工棚。

文倩说道："鲍师父，主公指派孙夫人和我来慰问你们，这是主公对你和工地师傅们的关心呢。"

孙夫人说道："天寒地冻，你们很辛苦！"

鲍唐连声说道："不辛苦，不辛苦，感谢你们，感谢主公！"

鲍唐领着她们观看了工场，生产场地都盖着工棚，四沿都用长长的茅草围了起来，炉光闪烁，火花飞溅，铜水流光，令她们眼花缭乱。那些工匠都穿着单衣干活，还架不住汗流浃背。

文倩的眼睛里，闪射着钦佩的光。她心想，这些匠人没日没夜地填炭、加矿，面对这灼人的炉火，汗水都流光了，他们身材枯瘦，苦着呢！他们生产出的这些铜剑、铁矛，岂知又要杀伤多少生命？

……

她们在工场里仔仔细细地看了铸锻兵器的生产过程。

侍女们很高兴，对这一切，她们都感到新鲜。

文好只观看，不说话，似乎对这一切并无多大兴趣。

离开西山时，鲍唐一直送她们到山下。

回到住地时，步夫人早已经守候在门口，问了个仔细。

文倩把所见情形，一一和她说了个透。

过了十天，西山工地鲍唐派人送来六面青铜镜，有"规矩四神镜""日光镜""飞凤镜""鎏金神兽镜""西王母神铭镜""画纹带镜"等，分别赠送了文倩姐妹、步夫人、孙夫人、小乔大乔夫人。

她们送了些山珍海味给鲍唐，以示酬谢。

文倩端详着鲍唐送给她的那面镜子，瞧了又瞧，仔仔细细地瞧了个够。这镜，外形大圆钮，宽素边，主纹区内有对称的四片桃叶与两两相对的凤鸟相间。那桃叶中，有四尊佛像。

镜面十分生动，有三尊佛相同，佛背有项光，光顶有肉髻。

佛们盘着腿，四平八稳地坐在莲花台座之上，仿佛在合掌念"阿弥陀佛"。

他们身旁，还各有两位"护法神龙"。

那第四尊佛则单盘腿坐于莲花之上，聚精会神地接受面前跪者的顶礼膜拜。

镜的实线边上，还铸有"赠幕府侍中文倩"字样。

其余五面铜镜，也都分别铸有各人的名字。

文倩如获珍宝，心中高兴。

她把这工艺精致的宝镜收藏起来。

文好拿着自己的那一面铜镜，对姐姐说道："姐姐，你一并珍藏，好吧？"

文倩不肯，她说道："别傻了，若是有失，两面镜都失了。分开珍藏才好呢。"

文好只好自己珍藏。

这铜镜，原是当时女子梳理打扮的自照之物，这在当时十分稀贵，寻常百姓不备，只有高贵女子才可享用。

文好岂不喜爱？

只是因说不明白的原因，她才对这稀珍之物看得十分淡薄。

第七章

东吴称臣藏野心，西蜀出兵雪旧恨

1

黄初二年（公元 221 年），中国历史正式走入了三国时代。

这在这年四月，有消息自江北传来，说是东汉末帝刘协已遭谋杀！

孙权听了，似无动于衷。在他看来，刘协在位期间，已是一个傀儡，如今让位了，更无足轻重。而汉中王刘备则不能等闲视之，刘备在成都举丧追悼，并改穿丧服。

刘备称帝后，封儿子刘禅为皇太子；又娶了张飞的女儿当太子妃；还封刘永为鲁王，刘理为梁王；随后，刘备便一心一意准备攻击孙权，以报孙权斩杀关羽之仇！

当时，赵云反对攻击孙权。

赵云的理由是，国家的敌人是曹氏，并非孙氏。如果能反曹，孙权则会归附；否则，为下策。

许多文武官员都赞同赵云的观点。

但刘备听不进去，他要一意孤行，并制定出攻吴的战略。

孙权对此十分坦然，决定避开刘备的锋芒，回师武昌。

澜湖之滨，杨柳又换上了绿衣，在春风中婆娑起舞。春燕在碧波荡漾的湖面上飞来飞去，呢喃歌唱。

春天已经悄悄来到了武昌。

讨虏将军孙权从公安回来了。

他带着连克宜都、枝江、荆州数城的胜利微笑，带着捉了刘备大将关羽的喜悦，浩浩荡荡地乘着"长安"号战舰，率领上千艘船只组成的船队，乘风破浪向武昌进发。

另一部分军队则由陆地行军，几乎是同一天到达。

黄初二年（公元 221 年）四月，船队到达武昌江边。

步夫人、孙夫人、大乔小乔夫人和文倩，领着使女、侍卫、卫士，先去西山南麓迎接先来的骑兵，然后再去江边等待。

直到下午，那舰队才出现在江面上。

只见孙权立在船头，连连挥手。

快拢岸时，船中的张昭、孙劭等一班文官也站了出来。岸上卫士们一片欢呼。这沉寂了很久的长江之滨，瞬间又变得热闹了。

上午到达的骑兵也来到了江边。

人喊马嘶，江岸边的沸腾之声不绝于耳。

文倩不知是悲伤还是高兴，眼里泪光闪闪。

孙权下得船来，和众位夫人相见之后，又笑着朝文倩走去，深情地说道："侍中！我终于见到你了。"

文倩羞赧地一笑："主公安好！"

孙将军点着头，算是回答。

紧接着，张昭军师、孙劭丞相等一一上了岸。

他们分别向步夫人、孙夫人和两位乔夫人请安，向文倩姐妹问好。

寒暄了一阵之后，他们才离开江边往城里走去。

在江滩上，孙权对文好说道："啊，长高了，也更漂亮了！活活一个小文倩！"说得文好很不好意思。

孙权又说道："镇西将军陆逊留守宜都、荆州，以防刘备突然袭击，就没有回来。"

文好听而不闻，不笑也不恼，没有正面回答。

孙权带来了所有的文官和部分武将，随之而来的还有三千御林军和一万骑兵部队。这武昌新城陡然增加了这许多人，除了突然变热闹了，便是凌乱。建房之前，文武百官和士兵还得住营帐。所以，在两年前扎营的地方，又竖起了一片帐篷。

三日之后，一切都安顿好了，武昌城才恢复了秩序。

孙权刚刚腾出空来，便召集了张昭、孙劭、侍中文倩等文武官员，商议正式定都事宜，具体事项令丞相主管。因此，担子主要落在了孙劭肩上。

孙权还指令，新城将在三个月之后验收，包括城墙、城楼、将军府（即宫殿）、府城（宫城）、百官府室，只可提前竣工，不许拖沓退后。

孙劭是一位兢兢业业的长者，不多言语，克勤克俭。他一领命，就筹办有关事项去了。

忙了几天，孙权抽了空，和文倩谈了一会。他粗略地说了夺回荆州、活捉关羽的经过，以及陆逊将军有谋略、有胆识、连夺诸城、伤亡很少的事迹。

后来，他又说到了曹操。

魏王曹操去年二月去世，曹丕已经继位。

曹公驾崩，汉朝结束了。

但曹丕绝没有力量来统一中国。

孙权还告诉文倩说，当初刘备见曹公被汉献帝封为魏王，心里急了，自己也称了王；如今，曹丕取代汉献帝当了皇帝，刘备也等不得了，不久便会自称皇帝的。

中国土地上将会同时出现两个皇帝。

文倩笑着说道："若再加上主公，中国同时有三个皇帝呢！"

孙权斩钉截铁地说道："谁将统一江山，谁才是名正言顺的皇帝！"孙权的话字字铿锵，掷地有声。

文倩听了，连连点头。

她说道："我记住了，主公说的乃是至理名言。"

孙权说道："我夺回荆州，毁了刘备的梦，削了他的地盘，他恼羞成怒，预计会来攻击的。"

"他一定会的。"文倩说道："刘备并非谋略之士，他会不计后果而盲目进攻。"

"我已做好了充分准备。"

文倩还想说，曹丕当了皇帝，刘备也要当皇帝。而今，曹操已死，曹丕和刘备都不是统一天下的雄才，唯将军年轻气盛，可以纵横天下。因此，她说道："主公，武昌新城竣工后，应是全国京师。"

孙权笑了，说道："你的建城图，不是已经为宫殿和宫城留下位置了吗？"

文倩笑了："那建城图，是我在逃难中见了许多城池以后，总结了那些城池的好处才绘制出来的。"

又坐了一会，孙权又问起他去公安后，武昌的情形。

文倩说，大家相处很好，遂又把一些生活之外的事告诉了他。诸如，南去六里建了个院寺，取名"昌乐院"；孙夫人独去花湖之滨建了报本寺，以报慈母恩。

孙将军本来不信神佛，但因为是文倩姐妹和步夫人、孙夫人、二位乔夫人出资兴建，他也就不反对了。

妹妹建起了报本寺，他很赞成；还说以后一定要去报本寺祭母。

这时，文倩对坐在旁边的文好说道："妹妹，把《长江万里图》拿出来，让主公指教。"

文好连忙从房里取出图来，走近孙权说道："将军哥哥笑纳！"其语其态极其调皮。

孙权笑着接过，仔细看后，异常激动地说道："好，好手艺，又是东吴一绝！东吴已有四绝！"

原来，东吴的三绝为"机绝""针绝"和"丝绝"，皆出自孙权的赵夫人之手；赵夫人善以彩丝编织云霞龙蛇之锦，大则盈尺，小则方寸，被时人称作"机绝"；孙权让她绘画山川、地势和军阵之图。她说，绘画易于褪色，不可久藏，我能刺绣作列国。于是，她在方帛之中绣以山川、地势和军阵之形，被时人称作"针绝"；孙权当时住昭阳宫，夏季炎热，常掀起绡帐乘凉。赵夫人便以头发编织成幔，内外视之，飘飘然如烟气轻动，清风宜人。孙权率军征伐时，带幔随行。此幔展开有一丈之余，收起可纳于枕中，当时被称作"丝绝"。

如今，这幅长八尺、宽六尺的《长江万里图》，自源头入海口数千里之内的名山、峡谷、城池等，皆绣在上面，江面上各种船只有二百余艘，其中，最小的仅有芝麻大小；两岸还绣有名胜古迹及各种人物数百人！

孙权称此图为一绝，是名副其实的，这也是对文倩几百个长夜飞针走线的肯定。

2

都城建设在紧张地进行。

与此同时，已经建成了部分临时住房，张昭、秦博等文武官员都已搬进了临时住房，等他们的府第建成之后，再行乔迁。

有一天，文倩带着妹妹，专门拜访了张昭军师。她对张昭很尊重很崇拜，两人很谈得来。她觉得张公为人正直诚实，忠心耿耿地辅佐主公，尽职尽责；待人和若春风，严如秋霜，从不含糊，是非分明，有长者风度。

张昭很喜欢文倩的聪明和才华，她知书达礼，有独到见解。所以，他对文倩概括了八个字：贤淑于内，温柔于外。

见了面，他们谈得很投机，无所不谈；谈得最多的是刘备。

文倩说道："刘备手下从不乏良将，最有才能的当推魏延，最英勇善战的是赵云，最忠诚的是黄忠、关羽，最粗暴的是张飞。"

"对！"张昭说道："张飞不仅鲁莽，且对手下粗暴，不得人心，终究是要闹乱子的。"

张昭早就对刘备心生反感。

赤壁之战前，他曾竭力反对与刘备联盟，说刘备是假仁假义，狡诈不诚。赤壁之战虽然取得了辉煌的胜利，但张昭对于自己当时的看法，至今不悔。有人认为服从曹操就是屈膝投降，张昭说他不敢苟同。曹操是打着汉天子的旗帜，声明是为汉天子统一天下的，怎么叫投降？

至于说曹操有野心，要夺取汉室天下，实际上，一直到他死为止，他也没有取而代之。

"就是，"文倩说道，"要夺，也不无道理，周朝不行了，秦统一天下；秦腐朽没落，汉取而代之；汉室不行了，谁有本领就该谁统一天下。"

他们感叹曹操为汉室立了功。刘邦苦战七年便统一了天下，刘秀苦战十五年得以统一，而曹操苦战了三十年，才使北方初定，还要面对东吴和刘备。最后他就那样死去了。这统一天下的大事，唯有主公，可取曹操而代之。

他们又论说关羽。

文倩认为，应该承认他是英雄，忠于刘备。

张昭也同意这个说法。然而，仅从关羽的所作所为来看，关羽实在没有资格在历史上占据一席之地。

关羽是个浅薄之人！陆将军的信，竟使关羽心花怒放，可见其肤浅。而在失败之后，关羽又派人去跟吕蒙联系交往，这是什么统帅？

关羽的被捉和被斩，是关羽的狭隘、任性和低智能造成的。

张昭和文倩谈得兴趣正浓，孙权派谷利来请他们。

刚刚到达，未等久坐，孙权便问道："你们可知道发生了什么事情？"

张昭和文倩对视，回答说不知道。

孙权说道："刘备在蜀汉已经正式登皇帝宝座了。"

这消息，早就在他们的意料之中。

张昭揣摩孙权的意思，说道："主公，我东吴举国上下，都恳请主公登基坐殿。"

孙权笑了，他忽然说道："子布，你可写一奏章给魏帝曹丕，请求他接纳我为臣子。"

"啊？"

见张昭发出惊异之声，孙权故弄玄虚地笑而不答。

张昭说道："主公，你可三思？"

孙权反诘："你认为不妥？"

文倩自迎接孙权归来不久，已从孙权"能伸能屈"的一番话中明白了他的用意。于是，她说道："越王勾践卧薪尝胆而后成功，汉高祖刘邦也曾经臣服项羽而后建造伟业呢。"

孙权笑了，他知道她对自己的谋略已经心领神会。

张昭一时还没有明白过来，但他说道："好吧，我去起草。"

"侍中也同去吧，参考意见。"

张昭和文倩领命而出。

出门走不多远，张昭便小声问她："主公的这个不可思议的决定，你似乎已经明白。赤壁之战前，不该抗拒汉丞相，因为汉丞相是汉臣。结果主公抗拒了；而今，魏已经不是汉了，主公却对魏俯首称臣。"

文倩报以微笑，说道："以小女来看，主公要效仿汉高祖呢！"

张昭不是不明白，而是想不过来，脑子转不过拗来。

"小女认为，荆州是重要的战略要地，进可攻宛城（今河南南阳市）、许县（今河南许昌市），退可守西蜀，今被我夺了回来，刘备会甘心？"

张昭恍然大悟，提高了嗓门说道："啊！我明白了，主公胸有成竹，防范刘备倾巢而出，孤注一掷来攻我。称臣是为了安定曹魏，以防腹背受击！"

文倩说道："这才是战略家的眼光。关羽去围樊城，既不安定内部，又粗暴地对待部将，还傲慢地对付我们。很明显地暴露了他东侵的野心，哪里有一点战略家的眼光呢？"

张昭回到自己的住室中，令人磨墨，准备好纸笔。

他越想越觉得侍中反应敏捷，分析准确，更加钦佩这位奇才了。他说道："侍中姑娘，你真了不起。张昭老了，反应大不如你。"

文倩谦逊地摇了摇头，说道："张公过谦，你仍不愧目光远大、胸有谋略的好辅佐。主公有今天，三分功劳你有其一。我想，当年曹操在世之日，一定十分了解张公，可惜他已不在世。"

张昭思索了一会，说道："刘备知道曹丕无力进攻汉中，失了荆州，使他威信扫地。为雪关羽被俘、荆州被夺之恨，他称帝之后，定会倾巢出动东攻我们的。"

"是的，刘备从无战略眼光，缺乏深谋老算，他会拼着老命攻击东吴的。"

张昭将奏章起草之后，让侍中文倩再进行润色，并抄写工整。因为曹丕对文字十分讲究，他本人把文章看作是"经国之大业，不朽之盛事"。所以，对这位崇尚辞赋的皇帝，在奏章的文字上不能有半点马虎。

奏章写好后，派专使送往了洛阳。

孙权正式归降曹魏帝国，孙权向曹丕称臣，在洛阳引起了不小的轰动。

文武百官都向曹丕请贺，但刘晔反对。

刘晔认为，孙权在夺得荆州、国力大盛之时归降皇上，究其原因，一是孙权杀了关羽，刘备会出兵复仇，使他腹背受敌；二是怕皇上乘机对他讨伐；三是称臣之后，可利用皇上的声威，振奋东吴人心，动摇刘备的决心。

刘晔建议，要趁机出兵攻打孙权，东吴不出十日便会灭亡！

东吴亡，刘备势力孤单，难以与皇上抗衡，自然也就难以存在了。

但可惜的是，曹丕并不理会刘晔的这一建议。

3

都城建城进展顺利。

文武官员的府第已先后落成。

张公府在先落成之列，已经搬进府中。

孙权虽未称帝，但那建设规模和格局，却是按照帝王宫殿设计的，以便统一天下后，不需再耗资兴建宫殿。

那名为"将军府"的宫殿和王城，因为工程宏大，尚未完全完工。

孙权仍简居室中。

文倩和文好，近日已经搬进新居。那是专门为文倩建的侍中府。门前放置"行马"，是一种阻止通过的行栅（如后世公路封闭时所使用的木栅），这是一种专门用来放置于官员或宫门前的设施，以显荣耀，属于特殊荣誉，是孙权亲自下令设置的。

侍中府规模比不上张公府，但院内左右有房十余间，正厅宽敞明亮，还专门配有几名侍卫和使女。

侍中府离建造中的宫殿有一条街相隔。

住进这侍中府，文倩和文好都有一种异样的感觉，那或许是一种新鲜感、殊荣感，还夹杂着些许实在感。自孙权从公安来到武昌之后，文倩的生活充实了许多，寄居感已经渐渐消失，那颗创伤的少女之心已经暂时忘却伤痛。

时间也很紧迫，她时常要去孙权的临时居室参议军政事宜。孙权平易近人；知识渊博，通古达今，虚心好学，善于听取别人的意见。

文倩是位有情有义的姑娘，搬进侍中府以后，离步夫人、孙夫人、小乔、大乔二位夫人远了，见面自然会稀少一些，但她常跟着文好一起去看望她们；尤其和孙夫人，关系越加密切。

孙夫人也常来和她们姐妹聊天、玩耍。文倩很同情孙夫人的不幸，总是想办法排解她烦躁的空虚和无端的自扰。

谈心不能解烦，她便邀了孙夫人，带着妹妹，选上部分使女，骑马奔驰，射击比赛。

这常常使孙夫人乐而忘忧。

文倩深知孙夫人目前的矛盾心境：自己是东吴孙权的妹子，在东吴受到了上下的尊重；但自己又是刘备的妻子啊！当刘备连连失败，东吴将士欢庆胜利之时，她既兴奋又愧疚。当她听说刘备正在调集兵力，欲东下伐吴时，她既为刘备着急，又为东吴担心。在这三国鼎立的格局中，她跟蜀有解不开、说不清的关系。

她的痛苦，是任何人都难以体会的。

唯一的安慰和解脱，是她和文倩去山中狩猎。

这一天，文倩有了空闲，带了妹妹前来邀约孙夫人，率使女、侍卫去城南的山中骑马射箭。她们一路说笑，绕过湖滨向远郊驰去。这城南多低矮的山冈，冈冈相连，别有情趣。初夏时节，许多不知名的野花开满山冈及地头田边，令人心旷神怡。这一带，平常情况下，并无凶兽猛禽之类，但那虎豹时不时也会来此光顾；

平时多为野鸡、鹿子、豺狗、野兔之类。

林中雀鸟很多，不乏斑鸠、野鸽之类的飞禽。

一进到这群山之中，她们发现了野兔。

文好纵马张弓，追了两百余米，一箭射去，可惜在她发箭之前的那一刹那，那兔儿突然转弯纵身逃跑。原来，在它的左前方，逃来了另一只兔，它们吓昏了头，竟并排逃亡。

忽然间，两兔双双栽倒。

原来是孙夫人举弓发箭，一箭中双兔。

"好！孙夫人神箭！"

文倩正放马往深山中追赶一只鹿子，身后紧跟了侍卫和使女。那使女着急地喊道："侍中发箭啊，发啊！"

文倩拖弓而不发，鹿子眼睁睁地逃跑遁去。

使女们连连叹息。

须臾，文倩又遇奔跑的野兔，她又引箭追赶，已经近至十余步，有个使女大声叫着："侍中快发箭啊，快发箭啊！"

那马是良马，是孙权特地给她选的，野兔哪里是良马的对手？几个飞蹄，庶乎踏着野兔，可是那马缰却被文倩紧紧勒住；野兔幸免纵身而逃，眨眼消失。

使女们皆惋惜不止，似乎有埋怨之意。

文倩听了也不恼，反倒笑着说道："这野生之物，跟人一样有生命，别人杀猎它们尤可，我却不忍心呢。"

这射猎场面很有趣，孙夫人手下那些武艺高强的使女，竞相争射，以一展各自的武术，也暗比武艺的高低。

文倩、文好、孙夫人三人最后竟然停了手中之箭，悉心观察使女们射猎。欢叫声不绝于南山群峰。

孙夫人心中哪还有什么苦痛？乐都来不及了呢。

猎了大半天，大家都兴致勃勃，直到暮色将垂，大家才依依不舍地离开了山冈。

文倩和文好在回府途中遇上了巡视筑城归来的孙权。他拉住文倩姐妹，说道："好啊，你们撇下我，到哪里去打猎了？"

文好尖声叫道："将军哥哥，不是有意撇下的，别冤了我们啊！"

"既不是有意撇开我，为何不叫我一声？"

文好笑笑说道："是真的呢，为了让孙夫人高兴，我们才陪她去南山打猎玩玩。"

"既是这样，下次别忘了我。"

4

孙夫人狩猎回来之后，心情变得十分开朗。

她命人以家乡的烹饪方法，烧了几样野味，又打发人把孙权、张昭、步夫人和两位乔夫人，以及文倩姐妹都请了来，在前厅中饮酒。菜肴是野味，十分丰盛。

孙权正要饮酒，南郡郡长诸葛瑾和秦博来见。

孙权于是让他们同饮。

秦博起身说道："孙夫人，听说你酒量不小，又是东道主，今天该同饮一杯！"

孙夫人笑笑说道："酒可以饮一两杯，只是不敢冒犯大人们的尊严。"

秦博说道："饮酒只是兴趣，没有尊严之分。今天孙夫人可要赏光！"他又转身对张昭说道："你说是吧，张公？"

张昭附和着说道："是啊是啊，今日大家高兴，请孙夫人同饮！"

孙夫人本有痛饮之意，于是说道："诸位既然客气，我便放肆了，只是我有一个请求——"

秦博等同声说道："夫人请讲！"

"我上阵便敬酒，若要拒绝，我即退席。"

秦博高声说道："赞成！"

孙夫人饮了一杯之后，又统敬了一杯，说道："诸位将军为江山大业统一，与我二哥奔驰沙场，请同饮这杯酒！"

大家同饮，孙权也饮了。

孙夫人举杯至秦博面前，说道："秦尚书，我敬你十杯！"

秦博说道："啊？孙夫人，这里是主公至尊，该先敬至尊。"

孙夫人说道："这里只有酒兴，论尊贱就少了酒兴！"

孙权笑着望着秦博。

秦博说道："即使不讲至尊，还有年长的张公啊！"

孙夫人说道："我已先敬了他一杯，论过尊长。秦尚书既要我入席，我当感谢，故而先敬你。"

诸葛瑾在一旁喝彩道："对，秦尚书不应推诿。"

孙权是豪饮者，每饮必醉，因之他说道："有言在先，敬酒必饮！"

秦博无奈，只好接受。一连饮下了十杯，已经大醉。

张昭命人把他搀扶下席。

谷利匆匆走进，低声对孙权说了一会。

只听孙权大声说道："快请他们进来。"

谷利一挥手，卫士领着五名将军走了进来，其中一名手中擒了一个布包。仔细一看，他们都是刘备军中打扮。一卫士跪地，对孙权报告说道："报告主公，西蜀的张飞，已被他的部下将领所杀；我等带着他的首级来投奔主公！"

孙权"唰"地站立起来，大惊道："张飞死了？"

张飞部下的五员战将连忙跪在地上，为首的叩首说道："孙将军至尊，张飞部将贺达、范强等人，同心杀了张飞，特来献张飞首级！"

见了那血森森的人头，文倩吓得躲进内间。

这时，忽然外面闹了起来。

原来，秦博听说张飞被杀，顿时大哭起来。见了贺达、范强他们，他怒火烧胸，跳起来抽出腰刀，怒骂道："你们这些叛贼，杀了上司，不忠不义，居然还有脸来见我主公。看刀！"

说着，秦博举刀杀来。

孙权大吼，声如炸雷："秦博大胆！"

侍卫们早已飞身上前，夺下了秦博手中的刀。

秦博借着酒劲，已经置生死于度外，举拳上前怒打贺达。

张昭立起，严肃说道："秦博太无礼！杀敌方之将当记功封赏，怎么反受你侮辱？"

孙权大怒："把秦博押下！"

秦博被两名侍卫反扣着手，他出门时还在大骂："叛贼，我死也不饶你们！"

孙权亲自上前，搀扶起贺达等人，说道："诸位请起，诸位受惊了！"

贺达等五人谢过孙权，便坐在一旁，接过使女奉上的茶水。

张昭深思了片刻，说道："将军们既杀了鲁莽的张飞，必有缘故，不妨说一说？"

贺达说道："回报将军，刘备自称皇帝以后，要出动倾国之兵东征，以报失荆州之仇。"

张昭问道："这消息可确实？"

范强回答道："千真万确，无半点虚假！"

贺达又说道："我等不敢谎报！张飞待我，举手怒打，张口臭骂，我等实在忍无可忍，士兵既恨他入骨，我等早就有杀他之心。前些日，刘备命张飞领一万军由阆中到江州会师，前来攻夷陵、秭归。我等在出发前，等张飞睡熟之际，趁机将他杀死，特来投奔孙将军！"

刘备起倾国之兵攻吴，孙权和在场之人并不惊慌，因为早在预料之中。唯张飞被手下杀头却不曾预料。

于是，大家议论纷纷。

徐盛说道："张飞被刘备捧为上将军，竟然做了部将的刀下之鬼，今古奇观，成了下将军也！"

张昭说道："这惊也不惊，怪也不怪。张飞原本是山野鲁夫，礼敬士大夫，阿谀权贵，却虐待士兵，要杀便杀，开口便骂，不知体恤自己的士兵部下，算什么将军？"

在场的几位文官武将，都因为张飞被部将所杀，刘备还没有出师便损大将，高兴不已，认为这是天意，刘备出征必败！

许多官兵听说张飞被部将杀了头，便都围过来看热闹。

贺达、范强还说，刘备的将军们大多反对刘备东征，赵云将军就是坚决反对的一个，他建议刘备进攻关中，占据黄河，渭水上游，而东征不是上策。

刘备不听，不日将出西蜀，请孙将军及早迎战刘备！

孙权高兴地说道："多谢几位将军了，刘备自然不在我东吴话下，勿忧。诸位已立大功，你们在途中日夜奔波，多有劳累，权且请去驿馆休息，我将重赏诸位！"

听了这话，谷利等人带着贺达等人去了驿馆。

孙权征询文武官员意见，如何封赏贺达等五位将领？

在场的官员，唯南郡长诸葛瑾自始至终不发一言。张飞被部下杀头，令诸葛瑾十分寒心，暗暗同情，然又不便溢于言表。更糟的是，刘备要进攻南陵、荆州，太让人难堪了。诸葛瑾本人一贯主张联刘反曹！如今刘备竟然要来进攻，这使他在主公面前十分狼狈。他的主张失败，心中不畅，便提前告退离席了。

刘备真的要来进攻，不可不认真研究迎击他的策略。

孙权连忙召集了几位近臣去他的卧室，一直议论到子夜以后。

5

下午，研究迎击刘备的商议刚刚结束，南郡郡长诸葛瑾便来见孙权。

一步跨进门，他呆愣住了，进退两难。

孙将军心里明白诸葛瑾有要事，便说道："诸葛先生有事？请坐。"

诸葛瑾踌躇着，犹豫不定。

孙权说道："不妨，有事可以讲。"

诸葛瑾已经没有退步余地，只好说明了来意："主公，刘备因为失了荆州，损了关羽，所以发怒。既然起兵来攻，我必迎战。然而，当前大敌是曹魏，曹丕篡国，主公和刘备应该携手同灭曹魏，若敌友不分，势必两败俱伤，既伤和气，且有利曹魏。"

孙将军瞪大眼睛，问道："依你之见？"

诸葛瑾有准备地说道："我愿写信去劝说刘备，要他权衡利弊，若能信服，不战为好。"

孙将军点头，未语。

文情和军师张昭交换了眼色，张昭须臾才说道："主公，我看丞相之见，不妨一试。"

孙权说道："岂不是说我怕刘备才求和的么？"

文情说道："依我看，这也无关紧要，真君子先礼后兵，求和不成而后战，有理、有利、有节！"

张昭也说道："我们原和刘备是联盟，取回荆州是理所当然，刘备失了荆州又丢面子，心中自然不好过，如果他因此而动干戈，念与他同盟一场，给他消消气也好；若给他阶梯而不下，那就休怪我们教训他了。"

孙权思索片刻，点点头，说道："诸葛先生，你可写信给刘备，劝他不必进攻我荆州，握手言和为上策。不过，只可以以私下名义写，不可奴颜婢膝乞求于他，失却我们尊严！"

诸葛瑾心中暗自高兴，说道："请主公放心！"

诸葛瑾走了之后，文倩心里说道：这些联刘割据派哦，会碰得鼻青脸肿的。不让他们去碰，他们不会心服，只有碰了，才会明白过来。

张昭叹了口气，以老谋深算的口气说道："刘备既然置他的将军和谋士的反对于不顾，又岂能为诸葛瑾所动？不过画蛇添足，多此一举罢了！"

诸葛瑾当夜写好一封长信，派使者火急送到益州，交给刘备。

那信的大意是说：关羽和汉献帝刘协相比，你刘备哪个最亲呢？荆州与全国相比，哪个最大呢？不为汉献帝报仇（因为曹丕取代不了汉献帝刘协），而扬言为关羽报仇，不为全国江山而为小小荆州大动干戈，这是本末倒置！

最后，诸葛瑾诚恳地劝刘备迅速改变主意，去进攻汉中，与讨虏将军孙权恢复交好，共同对付曹魏，这才是上策！

信送出去了。

但诸葛瑾放心不下，担心有人会在主公面前进谗言，动摇主公决心，于是，他逢人便说："刘备是讲义气的，为替关羽报仇才起兵，这是一时之气。他会醒过来的，与我们东吴联和修好。"

由于诸葛瑾心中急切，四方游说，竟惹来了麻烦：有人放出谣言，说诸葛瑾已经密派亲信跟刘备往来。诸葛瑾是诸葛亮的长兄，诸葛亮是刘备的军师，许多人相信他是受了弟弟的密诏，暗与刘备往来！

传言四起，绘声绘色，如同确有其事。

孙权听了这消息，将信将疑，曾与张昭、文倩一起探讨过，他们都不相信有这事；孙权当然也就不再理睬传说之言，相信诸葛瑾是忠诚于他的。

后来，又有人秘密来告，诸葛瑾勾结刘备。

孙权说道："用人不疑！我和诸葛瑾有生死之盟，再不许疑他。"

孙权之所如此信任诸葛瑾，有件事使他终生难忘——

当年在吴郡时，刘备派诸葛亮来吴郡。

孙权想挽留诸葛亮在吴郡当谋士，遂对诸葛瑾说道："兄弟至亲，你可以劝说你弟弟留下来。"

诸葛瑾却说道："我老弟失身刘备，君臣之分已经确定，大义上没有二心。老弟不能留，犹如我不能往。"

孙权深深觉得诸葛瑾是忠于他的，不是传言可离间的。

自此以后，诸葛瑾暗中与刘备勾结的传言便少多了。

可恶的是，刘备并没有听诸葛瑾的意见。

七月一日，毅然倾国出动，东伐孙权！

刘备派吴班、冯习率四万兵马，进攻秭归。

在巫县（今四川巫县），击败了陆逊将军的部将李异、刘阿，直逼秭归城！告急之声不断飞往武昌。

孙权似乎不怎么在意，他不动声色。

然而，文倩等人内心焦躁不安，在密切注视着前方传来的每一个消息。

孙权又命抚边镇西将军陆逊，领大都督之职，假节（即代表帝王行使权力），率领朱然、潘璋、宋谦、韩当、徐盛、鲜于丹、孙恒等率领五万人抵敌！

而刘备率十七万人马的庞大队伍，来势凶猛，大有不吞东吴誓不休之势！虽不及当年曹操率水军三十万下江南之势凶猛，震惊全国，然而，气势之敌，一可当十，锐不可当！

五万人对十七万！

孙权内心深处不能不担忧。

文倩劝慰孙权，要他不必过虑，相信大都督陆逊早已有谋略，他有指挥能力，定能取胜。她说陆将军比当年周瑜将军还胜一筹，周将军尚可以两万水军胜曹操三十万之众，陆将军率领五万人马，更可胜刘备十七万人！

经她劝说，孙权心情稍安。他说道："我们在江陵一带连夺数城，活捉关羽，已经证明陆伯言的指挥才能，连刘备也不是陆伯言的对手！"

话虽这样说，文倩心中多多少少还是有些疙瘩，她倒不是担忧，而是对于陆将军的那个任命引起了联想：任陆逊为大都督是英明之举！却加了个"假节"！唯帝王才可以叫人"假节"，而主公现在仍然是汉臣，本无权使人"假节"的，如今竟用了"假节"，岂非有自称帝王之嫌？

既然自己称帝，三国鼎立已成定局，哪里还有天下统一之言？

文倩是位敏感的女子，孙权的举动，自是躲不过她的观察。

其实，孙权内心深处，的确发生过变化，他本已下定决心统一全中国，不统一不罢休，但刘备出动倾国兵马来攻伐东吴的消息传来时，他虽早已料到了，但仍然有一股畏难之感。二十年的征战经历告诉他，统一谈何容易？

曹操胸怀大略，有才能，有统一天下之志。然而，他征战三十年，最终却劳累而死，只不过是初定北方。

孙权暗暗做好了两手准备，第一是统一；第二，万一不能如愿以偿，则自称皇帝。反正刘备已经做了初一，自己再做十五，因而才有今日的"假节"之举。

文倩对于孙权的这一举措，看在眼里，想在心里。

"或许他在为统一做准备呢。"她想，这也不无道理。

今天他不是帝王，但统一之后，便是当然的帝王！

6

刘备决心果然很大。

在他一生中，这是他第一次如此盛怒、如此大胆的军事进攻行动。他亲率十七万大军出蜀，一路旌旗蔽日，万乾扬辉，那气势非常之大！他一举攻下了巫县、秭归，直逼夷陵（三峡口）。

与刘备大规模的军事行动相反，孙权此时显得异常冷静。他似乎把主要精力都用在新城上了，他亲自在箭楼上督促施工，还亲自检查城墙质量和护城河的开挖，仿佛刘备的进攻与他无关。

八月，孙权的都城已经全部竣工。

新城十分雄伟，"以武而昌"是他的信条，所以，他的佩剑取名为"武昌剑"。

新都城建成之后，他还要在文武百官面前正式命名"武昌城"；正在施工的王宫，取名为"武昌宫"，为的是向天告示，孙权以武而昌，统一天下了！

如今，"武昌"二字，已经嵌于城门之上，守城士兵威严神气；城的四周，有宽阔的护城河，护城河水波荡漾。

城内，新建的馆府林立，按"无名氏"绘制的图形修建的宫殿十分壮观。那正殿，是将糯米蒸熟，掺拌少许黏土作为地砖，牢固平整，如铁铸一般。

屋顶覆盖的是青瓦，各殿的梁柱皆为楠木，上涂丹漆。

宫中分为前宫、后宫两个部分；前宫为太极殿、礼宾殿，太极殿旁建有方池、朝房、侍卫值更房等。后宫为吴王及内眷的内宫。

武昌宫占地约一百四十亩，其宫墙与武昌城相似，只是略矮而已。武昌宫开设四个阙门，四方各有一门。宫墙外边挖有壕沟，可护宫，可饮马，亦可取水救火。

武昌宫的布局简洁、朴素、实用，不同于那些豪华、庞大的宫殿。这正是孙权所要求的。

孙权踌躇满志地走在王宫的青砖通道上，仔细地视察了太极殿等各宫殿。然后，他走进后花园（御花园），因夏季不宜移栽花木，故那花园多空地，待明年再栽植各种花草。尽管如此，孙权仍很高兴，他感激那位无名氏，设计了这般理想的宫殿。这是他多年憧憬过的宫殿。园中有一个大小适宜的池塘，池中荷花盛开，满池绿叶衬托朵朵红中吐白的荷花，令他心旷神怡！

正在此时，谷利匆匆走来。

他对孙权说，步夫人请他去太极殿。

孙权刚刚跨进大殿，见步夫人正接待文倩和文好姐妹，他第一眼便望见文好手中托着一件黄色的刺绣物。

文倩莞尔一笑，双膝跪地，双手将那黄色托物举上头顶，郑重地说道："主公，这是文倩的祝愿！"

孙权有点好奇，问道："这是什么？"

文好说道："是祝愿！"

孙权接过黄色的托物，正想伸手展开，被文好调皮地止住，说道："慢！如今我叫你将军哥哥，将来你当了皇上，我能不能叫你皇上哥哥呢？"

孙权笑了，咧着大嘴，大声答道："能！就叫皇上哥哥！"

文好就说道："现在，请你展开吧。"

孙权小心地展开黄色托物，只见光彩照人，金光闪闪。他有些惊异地问道："龙袍？"

在那闪闪的龙袍上，绣着活灵活现的飞龙。

步夫人一旁高兴地说道："噢，这是我等嘱咐侍中文倩绣的，愿主公接纳我等的祝愿，这也是东吴父老们的祝愿。愿主公统一天下，为天下之天子！"

孙权由惊异转为激动，说道："文倩，你们真是知我所想啊！"

文倩说道："主公，但愿你做江山统一的天子，不当割据的皇帝！"

孙权停了片刻，大声说道："好！"

他随即令侍卫官谷利，速去传令召集文武百官来殿，他要郑重其事地接受敬献的龙袍，正式向文武百官宣告他统一天下的巨大决心。

凡在武昌的要员闻令而至，在太极殿上分两排站立。

丞相孙劭宣布："现在，由幕府侍中文倩敬献龙袍！"

这太极殿建成后的第一次文武要员朝会，就是由文倩呈献龙袍。这是一种吉祥的预示，也是良好的祝愿；还有更深一层的意思，表明孙权将去统一天下，做中国统一的皇帝！

文倩手捧金光耀眼的龙袍，一步步缓缓走向殿前。

文武百官聚精会神地望着那金黄色的龙袍。

文倩在殿前双膝跪下，庄重地禀告道："祝主公做统一天下的天子，不当割据分裂的皇上！"

孙权郑重地接过龙袍，庄严宣誓："孙权决不负众位爱卿的期望，誓要扫灭天下硝烟，拯救民众于水火之中。若做割据皇帝，则天地不容！"

文倩说道："我等用心记住主公所言！"

孙劭说道："幕府侍中请起！"

文倩谢过起身，转向众官员："诸位大人，主公刚才所言，一字万金，决无戏言，请诸位忠心竭诚努力，与主公同心同德，统一天下，做统一天下的大臣！"

军师、将军府长史张昭非常激动，他直言不讳地说道："幕府侍中所说，也是我等心中想要说的！"

其实，太极殿上的这一幕，就是张昭一手导演的。

不过，之前表演的人物，是步夫人和文倩姐妹罢了。

张昭为了坚定孙权统一天下的决心，曾私下和文倩谈过此事；又分别与步夫人、诸葛瑾等商量过，还向陆逊写过信，旨在激励孙权。

今天，张昭之所以召集群臣，让孙权当众宣誓，一方面是激发孙权统一天下，另一方面是因为心中激动。

曹丕当了皇帝，刘备也宣称当了皇帝，在孙权心灵深处，不能不为之所动。看起来，孙权表面冷静，而内心抑制不住急躁，故而需要借机宣誓。

自从孙权之兄孙策不幸被刺客射中，逝前曾召张昭床前托孤，张昭扶持其弟孙权举江东之众，保卫江东安宁。多少年来，张昭便逐渐摸透了孙权的心理。

起初，孙权只想独占江东，再视局势变化，见机行事。赤壁一战大胜，形势大变，灭了曹操锐气，长了孙权威风，遂把他推上了割据势力的重要地位，进可扩张领土，退可割据称王。曹操死，夺荆州，进一步壮大了孙权的决心，形势对他大利，因之，他雄心勃勃。故而，把武昌定为未来全国的京师。若现在他要自称皇帝，易如反掌；但那不利于统一大业。若以吴国皇帝去统一全国，必不会为众人所服。

孙权觉得，全国皇帝非他莫属！曹丕那皇帝，不过是短暂的摆设，终究要让位于他。至于刘备那个所谓皇帝，孙权根本就没放在眼里，刘备不过是想过过皇帝瘾罢了。

　　张昭和文倩还有更深一层的担心：孙权虽然是有勇有谋的英雄，实际上，他是被推上皇帝这个位置的！尚缺少真正统一天下的思想基础。那么，他一旦遇到挫折，他的决心便有可能动摇，只求维护三国鼎立的现状。

　　若如此，中国的统一便遥遥无期了。

　　敬献龙袍仪式之后，文武百官散去。

　　张昭独留下来，他对孙权说道：“主公，秦博因为酒性一时发作，冒犯尊严……”

　　不等张昭说完，孙权截住说道：“又在为秦博说情！子布，秦博屡次和你针锋相对，你何苦总要保他呢？”

　　张昭说道：“不同意见是为公，公不计私。如今，刘备已经出蜀攻我，在这个时候，更不能杀掉拥刘的人。否则，会把其他拥刘派推向刘备！这就不利迎战刘备。请主公三思。”

　　孙将军沉思了片刻，又叹了口气，令谷利去通知放了秦博。

7

　　武昌宫建了旁房，称为旁宫。

　　二位乔夫人住进了左旁宫；孙夫人带着百余使女住右旁宫。

　　在简居陋室时，她们交往颇多，感情尚且融洽，往来也密切许多。住进了这深宫大院，便少有往来，感情渐淡。二位乔夫人不与外人相见；孙夫人和文倩、文妤往为密切，此外别无密友，连嫂夫人步氏都很少往来。

　　黄初二年（公元221年）八月二十九日，文倩和文妤正在孙夫人处闲坐，谷利忽然来传文倩去太极殿。文倩别了孙夫人，快步轻盈地绕到正宫走廊，直到太极殿前。原来，孙权正在召集文武百官，去迎接魏国的钦差大臣。

　　官员们到齐后，孙权率百官和千名御林军，浩浩荡荡地去城外的驿马部站等候魏国钦差大臣的到来。这驿马部站离武昌十里之遥，迎接的是魏大臣太常邢贞。他是奉旨来加封孙权的。

　　行前，在魏都洛阳，围绕应不应该加封孙权一事，大臣们激烈地争论过。有人反对封孙权，说先帝曹操东征西讨，十分天下已经统一了八分，孙权不过是已经灭亡了的东汉王朝的骠骑将军、南昌侯而已。接受孙权归降，也只能擢升他将军称号，可封十万户侯，绝不可以一下子就封王爵！王位与天子之间只距一个台阶，礼仪服装跟天子相似，封孙权王位，等于是在老虎身上加上两翅！

这对于统一天下不利！

曹丕力排众议，坚持要封孙权，并派邢贞前往武昌下旨。

孙权率文武百官出城，恭候了两个时辰，才见邢贞带着一行数百官员、侍卫缓缓而来。

孙权遂上前迎接，请邢贞进城。

武昌好气派！许多百姓也来夹道欢迎，敲锣打鼓，燃放鞭炮，很是热闹。这场面使邢贞受到鼓舞，他不禁暗暗想道：看来，孙权是真心归顺魏皇了。

殊不知，那百姓听说孙将军归顺魏国，原以为战争快要结束了，那刘备不在世人眼上，不足以忧虑，天下很快就会统一，因之热烈欢迎！他们欢呼和平之神将很快降临！所以，大家高高兴兴地欢迎钦差大臣，民众自发地从四面八方涌进城来。

魏太常邢贞坐四轮车进城，直奔武昌宫而来。

在宫前，他没有停车打算；排列在宫前迎接钦差的张昭，瞧着邢贞那般傲慢无礼的态度，心中不满，面有愠色。

而邢贞坐在车上仍不下来，欲直入宫中。

张昭走下台阶，上前拦住邢贞的四轮车，严厉说道："慢！礼无不敬，法无不肃。君如此自尊自大，难道以为武昌无方寸之刃吗？"

邢贞慌忙下了车，赔了不是。他心想道：若武昌文武百官都像张昭这样，那么，孙权不可能久居人下，魏皇想用封升收服的办法，终究是要失败的。

邢贞走上台阶，面对文武百官大声宣布："孙将军听旨！"

孙权走上前去，虔诚地跪之于地，俯首听旨。

文武百官很注意地听着，不知封的什么职。

邢贞念道："盖圣王之法，以德设爵，以功制禄，劳大者禄厚，德高者礼丰。惟君天资忠亮，兼纳南方珍贵之贡，普遣诸将来还本朝，义盖山河……今封君为吴王，受君玺，金虎符加九锡，领荆州牧……以君绥安东南。钦此！"

孙权叩首谢旨。

邢贞忽又宣读圣旨："张昭听旨！"

张昭急上前跪地。

邢贞宣读："张昭辅助有功，今拜张昭为绥远将军，封由拳侯。钦此！"

张昭叩首谢旨。

吴王孙权随即请邢贞一行进入大殿歇息。

之后，举行盛宴招待，文武百官作陪。

酒宴开始，十二位窈窕淑女轻轻起舞，以助酒兴。这舞来自江南民间，舞姿婆娑，乐声轻快；接着，歌声悠然而起，那江南的歌声，情依依，韵悠悠，动人心弦。

邢贞一行人竟忘了饮酒，惊叹江南女子如此形貌美丽，神情动人，歌声动听。

歌舞结束，那些俏丽女子飘然离去。

邢贞一行这才想起该下宴席了。

8

邢贞一行被安置在宾馆之后，大殿之上，又引起了一场争论，十分激烈。

被放出来不久的秦博、中书吕壹、中将郎徐盛，纷纷站起来，反对受魏帝封爵。

丞相孙劭，将军丁奉等一班人，则坚决拥护封爵。

吕壹说道："孙丞相赞成受魏帝之封，可曾想过主公大业之不易？征战南北，功劳毁于一旦；曹丕篡位，实为国贼，岂可服于魏？"

孙劭站出来反驳道："国家总是要统一的，暂为魏臣，若魏腐败，灭蜀之后再来灭魏，有何不可？中书既然反对受魏封，何以又主张联刘？到底是为了我们独立，还是要归降刘备？"

孙劭平日少言，今天竟然积极参加争议。

徐盛义愤填膺，激动得流泪。他说道："我们不能奋斗牺牲，为主公夺取许县、洛阳，吞并巴郡（四川成都）、蜀郡，竟然让主公受魏封，而不能使魏受我们之封，岂不羞辱？"

看到大家争论不休，言辞激烈，张昭出来说道："对于主公受封，大家褒贬不一，应该从江山统一的大业去想，有利则行，无利则止。当今之势，刘备倾巢出动来攻，须全力对付刘备。若不然，魏国会趁我迎战刘备之机，调大军来袭击我背部！我是战刘还是回头抗魏？希望大家衡量利弊，不抱个人意见为是。"

吕壹立即反驳："张将军是不是因为刚才受魏绥远将军之封，言辞如此慷慨激昂？若无当时主公，捉了关羽，刘备岂有今日之怒？与刘备之联盟岂会破坏？"

这吕壹，不过是个中书，吴王的许多重大决策，他不可能知道。

事实上，自鲁肃在十多年前建议将荆州借给刘备之后开始，就埋下了孙、刘两家的祸根。孙、刘矛盾激化，愈演愈烈。于是乎，孙权的班子内部也充满了矛盾，斗争时缓时激。故而，孙权就得要经常调和内部矛盾。军师张昭更是十分用心，这就是他两次营救秦博的重要原因。

今天殿上大争论，实际上也是他着意安排的，以便统一思想。

文倩站在张昭旁边，低声对张昭说道："张公，不必和吕中书争辩了，他不顾及大局。"

张昭脸上并无怒色，平静得如一湖清水。

文倩静观这次受封之争，文武官员态度分明，各成派别：吕壹、秦博等人为代表，继续拥护刘备，他们坚持推崇维护汉正室，只因为刘备力量微小，不足以并吴，更无力问鼎全中国。故不敢蓦然提出待奉刘备！宁受刘备封，不受曹丕封！他们不过是当年鲁肃主张的延续。

禁卫军徐盛，看上去与吕壹他们意见相同，但那实质上是一种偶合！他是另一部分人的代表。他是一位忠贞的将领，并无投刘抗魏之心，亦无奉魏之意。他只是一心想去攻夺全中国，却无策略。

而孙劭、丁奉，虽合统一的主旨，却没留退路。利用这一派人的意见，去遏制投刘联刘派是可取的。

这个想法，文倩后来对张昭说过，张昭认为这个分析中肯。他主张，凡是利于统一的言行，就应该支持。若联刘抗魏，最后的结局必是：行则待奉刘备，不行则主宰割据！各霸一方，占地为王。那维护汉室正宗的构想，终究是不可实现的。

正统观念很难有完整答案。

可悲的是，张昭的主张，曾遭惨败。赤壁之战前，他竭力反对抗曹，认为曹操是代表汉，是惩罚割据势力、维护全中国统一的，但却败在鲁肃手下，以致中国竟出现了鼎立之势。

文倩很好地研究过这段历史。

她却匪夷所思，一反常人之见，独认为张公是胜利者，因为他维护中国的统一。虽然在赤壁之战上他的主张失败，甚至惨败，但那是表面现象。

受封之争还在继续，如一团熊熊大火在燃烧。

尚书秦博是一位困不怕、关不住、死不畏之人，他宁死不改自己的主张。他站出来说道："我是死不了的秦博，死不了还得说话，主公继承父兄之业，征战二十余年，如今，岂可置父兄之业于不顾？何须受魏皇之封？自己可以称上将军九州伯嘛，统管九州！"

中国古代有许多称呼，诸如九州、华夏、神州、赤县等等，这九州自是指代中国，九州伯即统管中国，亦即天子之位。

吴王孙权这时才开口说话了："这九州伯的名称，于古未闻，没有听说过，不必再争了。各位不要以为我接受曹魏的封爵是一种羞耻，以前沛公刘邦也曾接受项羽封号当汉王。做人行事，要有勇气面对现实，一个虚名，对我有什么损失？不许再有异议！"

第八章

建业迁民起争论，吴王立后费猜疑

1

武昌城中的武昌宫，并非是依照未央宫的格局建成的。由端门入宫，正殿内又置办了些龙案龙椅等设施，正式命名为"太极殿"，殿顶龙脊重檐。其后为礼宾殿，设置彩绘屏风，布置典雅绚丽。宫内虽然皆按皇宫设计，但与历朝亦有差别。吴王因为没有封王后，所以，东西宫都空着，步夫人暂居后宫。吴王计划着，若今后去吴郡接来王夫人和潘夫人，可让她们居偏宫。徐夫人是他下定决心不接来的，要叫她永远留在吴郡。吴王先后娶有四室，最宠步夫人。但自从到了武昌以后，他便对步夫人冷淡了许多；其他三位夫人，他也少有兴趣，尤其恼嫌徐夫人。

邢贞一行离开武昌后，吴王召见中大夫赵咨，命他去京师洛阳答谢魏帝曹丕。

张昭在一旁说道："去洛阳不可傲慢，亦不可失节，不卑不亢，言行应有节制。"

赵咨记住了，去了洛阳，见了魏帝曹丕。

他代表吴王致以谢意。

曹丕一旁赐坐，然后，令收下赵咨敬献的礼物；回头又问赵咨："吴王是一个什么样的领袖呢？你能简单概括地回答吗？"

赵咨因为有了思想准备，所以，他不思而答："聪明、仁慈、智慧、又有谋略。"

曹丕要他回答得再具体一些。

赵咨举例说道："在平常人中，擢升鲁肃、吕蒙是聪明；得于禁而不诛杀，是仁慈；收复荆州而不流血，是智慧；据守三州而虎视天下，却屈身陛下，是谋略。"

曹丕又问道："吴王是不是爱读书？"

赵咨微微一笑，答道："回陛下，吴王拥有战舰万艘、兵马百万，他任用贤能，志在经略四方。稍有闲暇，吴王便博览群书，从历代典籍中领会深刻道理，不效法一些书呆子，寻章摘句。"

"吴王有没有力量进攻魏国？"

"他有百万雄师，又有长江、汉水为屏障，如果发动攻击，并不困难。"

魏王进一步诘问道："吴王手下像你这样的官员，有几人？"

赵咨答道："特别通达睿的，有八九十人；像我这样的，车载斗量！"

赵咨果然不辱吴王使命。

他回到武昌后，向吴王孙权报告了去洛阳的经过。

吴王很是高兴，重赏了赵咨。

不久，曹丕派出使者来到武昌，要求吴国向洛阳进贡雀头香、大贝、明珠、象牙、犀角、玳瑁、孔雀、翡翠、斗鸡、长鸣鸡等等。此消息传开后，文武官员皆不满意，认为进贡都有一定的常规，而魏王所要的东西，不合礼制，是得寸进尺，强要硬索；建议吴王不应满足洛阳的要求。

孙权则对官员们说，吴国正与刘备对峙，战争的威胁未解除，而向洛阳称臣，可以牵制刘备，争取到安息休养的时间。

至于曹丕要的贡品，在我看来，不过是一些瓦片、砖头罢了，没有什么值得可惜的。

再说，曹丕在父丧期间所追寻的，不过如此！可见此人之人品和心胸了。

他命人照单献了贡品。

2

吴王孙权从统一天下的战略目标出发，又多次巡察了武昌及周边地区的地貌、地质和民情，他认为武昌的战略地位十分重要。武昌雄踞吴头楚尾，守可控制长江下游，进可北击魏曹，西可直取刘备。武昌境内湖泊众多，长江傍城而过，支流通达内湖，可停泊水军舰船。境内的梁子湖水域宽阔，赤壁之战前，孙权曾让关羽操练过水军；域西的樊口，是水军理想的根据地，除可由樊川直通梁子湖之外，还可与洋澜湖、三山湖相连。再说，武昌一带，地下铜、铁矿藏丰富，已经在开采的不下十余处，未开采的有上百处之多！这可是铸造兵器、钱币不可缺少的材料，也是充实国力、军力、财力的可靠来源！

孙权别传

163

孙权认为，在武昌建都，有利于统一大业的发展。若建都建业，只能是守住父兄的家业而已。

他与张昭等重臣们商量过，决定扩大武昌的管辖范围，设置武昌郡，管辖武昌、下雉（今湖北省阳新县富水南岸一带）、寻阳（今江西九江）、阳新（今湖北省阳新县）、柴桑（今江西省南部）、沙羡（今武汉市江夏区境内）等六县。

但武昌地广人稀，生产落后，经济不发达。

为此，孙权从千秋大业着想，继从建业（今南京）迁来千户人家到武昌定居以后，又从扬越（今浙江、江西）一带，广征各行百工，以发展武昌的经济。

孙权的这一决策，除去从建业迁千户人家来武昌定居有所争论以外，其余都得到了文武百官和内宫眷属的拥护。

首先提出反对迁民的，是以孙权夫人为首的几位夫人。接着，又有刘基等几位大臣也反对迁民。

而张昭等官员则同意迁民。

正在激烈争论之时，步夫人出来说话了。她说道，建业的富绅人家都不愿举家迁来武昌，目前所迁户数，尚不足七成。市井中有歌谣流传："宁饮建业水，不食武昌鱼。"

步夫人的话，分量很重。她一说完，争论就冷场了。

孙权不动声色，挨个望着文武大臣们，希望他们都发表自己的看法。这是孙权的一大长处，他遇事多听周围的意见，可以从中得到启发，尔后他再发表自己的意见。

当他的目光落在站在远处的文倩身上时，忽然问道："文倩侍中，你的看法呢？"

文倩当即答道："迁民来武昌，有助于安邦乐业；求安于建业，只可得天下一隅。"

孙权听了，并未表示可否，而是继续挨个问下去。

然而，群臣回答各不一样，难以统一。

忽然，孙权拍案而起，斩钉截铁地说道："迁民来武昌，乃为固基之国策，无须再议。今后若有人阻止迁民，则严惩不贷！"

当晚，孙权颁布了必须继续执行由建业迁民来武昌的诏令，并命张休、陈表等人东下建业，督办迁民。

文倩的心思很细。当吴王讲完之后，她已经分明感到步夫人的不快了。她知道，步夫人的近亲都在建业，且家产颇多，属于望族。她随孙权由建业来到武昌，经历风雨，劳累不堪，时时想念建业的富足与安逸，但又不便说出来。自丈夫迁民的想法向她说过之后，建业的一些官宦人家和商贾富户，纷纷向她求情，让她向孙权施加影响；今日征询丈夫意见，她终于说出来了。但她不曾想到，平素与自己关系密切、温柔听话的文倩，竟在丈夫和百官面前反对自己的意见，文倩的意见还得到了丈夫的赞同。

步夫人遂觉得自己有些难堪，故而心中特别不快。

文倩也不曾想到，自己的一番话，竟为自己酿造了一杯苦酒。

3

自正式颁布了迁民的诏令之后，孙权一直在关注着这件大事。

为了使建业迁来的人家住有房舍，他命人在武昌城内修建了房舍数千间，其中专设了一条街，以作为店铺交易之用；还在城外以竹木建成了十余处工场，以供制陶、铸镜、纺织、造船、炼铜、制革、养蚕、制刀剑兵器等作坊之用。

在巡视这些工场时，他忽然想起了文倩在争论迁民时说的那几句话，她的话击中了要害！如今，既然已经迁来武昌，并将武昌定为了未来的国都，那么，就应当以武昌为政治、经济、军事、文化的中心。否则，国将不国，都将不都！

他认定迁民之举十分正确。

……

首批迁来的居民，早已在武昌安顿下来了；后来的迁民，也陆续启程。逆江而上，少则十余日，多则半月，可抵武昌。

孙权问张昭道："此次迁来多少户？是什么人家？"

张昭说道："富庶之户一百〇二户，各种匠师三百户，共四百零二户，约一万余人。"

武昌忽然增加了万人，可不是件小事，住房、米粮、吃菜、柴草，这些必须去安排好。

张昭忙着安排准备工作。

张昭刚刚离去，孙权令谷利去传文倩。不知为什么，孙权心中常常系着文倩，一天不见，就要传她来殿上见面。

谷利去了，他抓紧时间批阅奏章，有几天没阅，奏章堆积了一案。

文倩进殿，见孙权正用心阅卷，连忙在殿前跪下："拜见吴王，文倩奉旨前来。"

孙权抬头，咧着大嘴道："你来捉弄我啊？"

文倩道："我怎敢放肆？"

孙权说道："赐你进宫可以自便。起来吧。"

文倩起来，莞尔一笑，坐下了。

孙权说道："你办了几件大好事，绘了建城图，绣了《长江万里图》，还绣了龙袍，不知该怎么赏你才好。"

文倩说道："吴王已经赏我了。"

"赏了什么？"

"赏了官职、府第，还有……"

"还有什么？"

"爱护和照顾。这比什么赏赐都珍贵！"

孙权轻轻摆着头，表示否定。

"你想要什么？不妨说出来听听。"

文倩已经隐隐意识到他要说什么了，于是，她便先发制人地说道："主公，文倩想要的，莫过于江山统一！"

孙权点头："深知你意，当不负卿！"

文倩听出了孙权话中的双关之意，她咬紧下唇，又说道："百姓苦于战乱太久，天赋使命于主公去统一天下！"

孙权道："我有统一天下之志，谁可为我皇后？"

"步夫人应该为皇后。"

孙权不说什么了。

文倩又婉转地说道："只要统一了，皇上可根据自己的愿望安排后宫，谁人还能抗拒？"

孙权明白了，统一天下，是文倩唯一的条件。

这实际上也是孙权自己的决心，不谋而合。

他暗暗下了决心：不统一天下，不娶文倩。

近来他受魏帝之封，吴王封赏部下便在情理之中了。

在讨论封后的问题上，曾经有人提出要封步夫人为王后。孙权不允，他的王后，应是皇帝的好内助，可以辅佐兴业大计，治国家。

吴王要娶一个女子，如拔地上一棵草。但他对于文倩仰慕已久，她的才智使他倾倒，她的美貌使他醉倒；但他不忍强娶她，他要履行自己的誓言！

孙权笑着对文倩说道："明天，我想去西山察看地形，武昌与建业一样，酷暑难耐，我想在山上修建宫舍，以休憩避暑和读书之用，你也同去。"

文倩应诺。

4

暮秋时节登上西山，天高气爽，极目千里。

西山的杂木，叶子凋零，早已枯黄。唯那北坡的松树仍青翠葱绿，在秋风中发出波涛之声。

孙权领着张昭、孙劭、文倩、顾雍、赵咨、徐盛以及侍卫、御林军等近百人上了西山，一路察看和选择兴建避暑宫的地址。途经东山坡时，文倩停下步来，死盯住原先她家的茅棚织室，凝眸不语。

吴王知道她睹物思旧。

"侍中，你还留恋这旧居之地？"

文倩苦笑。

孙权说道："在茅棚的原址上，建造一个亭阁，以供行人登山时在此歇息、避雨，如何？"

文倩感激地一笑，没有应答。

"侍中一家不是在这里住过吗？可否取名叫文氏亭？"

"感谢主公，我只是觉得，我文家无功于国家，无利于父老，万不可以姓冠亭。"

孙权点头说道："你想得周到，那叫什么亭好呢？"

他想了想，又说道："我想起与你初次见面时，你曾经说西山有九峰九坡九谷，故山径九曲。那么，就叫'九曲亭'吧，大家意下如何？"

文倩笑着望着张昭。

张昭这人，很会琢磨别人的心理活动，遂连忙说道："好，九曲亭有诗情画意之美，'九曲亭'，是引人入胜的亭名！"

后来，吴王孙权果真在这里修筑了一个九曲亭。

又住了若干年后，此亭已经废塌，不复存在。

再后来，眉山的苏子瞻贬谪黄州，过长江游武昌时，见此山路崎岖，如羊肠九曲，当地人称此处为'九曲岭'；于是，他便倡导在岭上重修一亭。这便是后来的九曲亭。

自然，这是后话。

……

从这里再往前，转过一面坡，便是西山铸造工场了。

鲍唐正忙着铸造宝剑。

如今，已经造了宝剑千把，吴王又给他们下了铸造一万口刀的命令。

文倩叫侍卫拎来二十斤武昌产的鳊鱼和一罐米酒。

自鲍唐将铜镜赠给文倩她们以后，文倩和鲍唐时有来往，建立了友谊。鲍唐因之向她诉说了心中之苦：他思念吴郡会稽家中的妻子、儿子和女儿，他很想回去看看，可是又没有时间。

文倩劝他把妻子、儿子、女儿一齐接来武昌。

鲍唐先是不愿意，后来答应了。

文倩想出面报告吴王，要求用专船接鲍唐的家属来武昌。但是不赶巧，刘备发动了攻吴战争，船只忙于备战去了。

文倩心中很不好过。

于是，文倩悄悄对鲍唐说道："今天再忙，我也要跟吴王说说。"

鲍唐很感激："谢谢你了！"

"不用再谢，你给我铸一个铜磬就行了！"

鲍唐问道："你要那个东西干什么？那是佛家念经之物。"

"我喜欢！"

"行！"

沿着铸造工场往下走，是块三面环山、中有幽谷的椭圆形之地，古树参天，荫天蔽日。两年前，孙权曾来这里察看过。一直到现在，他仍旧觉得这里如仙境一般。三峰遮天，夏日风凉温低，令人清爽惬意，坐可观江，立可望江北赤壁，视野开阔，天赐避暑胜地。

孙权已经暗暗拿定了主意，要在这幽谷之地建筑避暑宫。

文武大臣看了，也都大加赞颂。

孙权叫文倩留意地形，回去就绘制避暑宫图。

之后，再往前走，有一块平坦之地。

孙权打算在这里建一座读书堂，旁边两间，建造卫生居室。

文倩都一一记下了，准备回去就绘制避暑宫图和读书堂图。

快要下西山时，走在吴王身边的文倩，趁机把鲍唐想家的事说了，"我建议把他的妻子、儿女都迁来武昌。"

"此事侍中不必着急，我让张公安排即可。"

正说着话，有卫士来报："由建业迁来武昌的工匠，第三批船队已经到达！"

孙权立即率众下山，去接移民。

武昌城北门的江边上，先先后后拢了数百艘船舰，从建业迁来的许多人已经下了船，零乱地涌上堤坡，直奔北门。他们担着各自的生产工具或家具。

建业来的工匠及百姓，陆续在城内、城外安顿下来。

武昌城骤然热闹起来。

这次迁来的移民中，多数是冶炼的工匠。在迁民之前，孙权曾派人在武昌周边山冈上打槽挖沟，寻找矿脉。现已查明，武昌附近矿藏有许多，种类为金、铜、铁、锡等。

西山就有白镘铜，南去二十里有青铜矿；再往前，汀祖铜坑不仅有铜矿，且矿里含有黄金。至于铁山、铜绿山，矿产资源就更加丰富了，取之不尽，非一朝一代可以开采完。

孙权特意又请来了这批冶炼业和铸造业的工匠。显然，他经过了深思熟虑，因为这里的矿产，是洛阳和益州所不及的。

迁来的居民，分别由官员安排去了住所。

文倩沿北街走着，街道两旁已经建起了许多民房，还有许多店铺。文倩踏着街上的青石板，往南方走着，她是领了吴王的旨意，去检查临时安置情况的。

吴王不允许有移民露宿街头巷尾的情况发生。

文倩走过了几行街，秩序井然。

刚刚兴建不久的武昌城，由于建业移民的陆续到来，五个城门，车水马龙，大街上人流熙熙攘攘，家家门头上张灯结彩，一派喜气洋洋气氛。城中商业倏然兴起，百业渐渐兴旺发达，长江上下几千里，这武昌城算得上是一座繁荣兴隆的大城市了。

文倩回到宫中时，见步夫人正指挥几个使女在花坛里种植梅花。

步夫人见文倩来了，她借着整枝，把身子转了过去。

是有意回避？还是真没看到？

自那次关于迁民的争论以后，文倩觉得步夫人似在回避她。

文倩隐隐感到，在她和步夫人之间，已经有了一道阴影。

文倩心中有些不安。

5

黄初二年（公元 221 年）十二月，洛阳的专使匆匆来到了武昌。

原来，曹丕为了笼络孙权，打算封孙权的儿子孙登为万户侯。

孙权有些犹豫不决。于是，他连夜召见张昭等人商量对策。

张昭是一位稳健的长者，考虑不成熟的问题，他决不轻易说出自己的意见。

封孙登为万户侯，仅徒有其名。

吴王的太子，食邑万户又算得了什么？

何况，封了万户侯，食邑之地也会划在荆州、扬州。

孙权为何对这件事这么重视呢？是近忧还是远虑？

若考虑到接受皇上之封只是权宜之计，将来去统一全国，势必会与曹魏翻脸动干戈，则没有必要接受对其长子的封侯；若不接受皇上的爵侯之封，定会引起曹丕的怀疑。

若抗御刘备失利，将来又无力统一中国，那么，岂不是失策？

张昭在心中苦苦权衡。

文倩也在思索，她推测吴王为什么会犹豫不决？

看来，吴王对战胜刘备并无十足的把握和信心，他在忧思进退。

一位优秀的指挥官，当然会在战前慎而又慎地考虑进和退两个方面。但更重要的是，一定要有胜利的信心和斗志！

赤壁之战前，就反对抗曹者而言，除张昭等部分人是真心希望中国统一而屈从曹操外，也有许多人是持畏惧心理而反对抗曹的。

孙权当时也是犹豫不决。

鲁肃主张抗曹，不过是出于保刘！从而希望孙权拉起自己的山头，并不是他对抗曹有必胜的意志。

　　这一场古今中外闻名的赤壁之战，它所披露的并非刀枪剑戟所表现的血刃之博，而是人！

　　曹操之所以失败，并不是他的才能不行，也不是他的剑戟不锋利，而是他相当盲目骄傲！低估了对方的作战意志。他被一时的胜利冲昏了头脑，没有很好地分析自己的水军作战能力和士兵情况。周瑜两万军队在赤壁战胜了曹操三十万大军，既有天时地利的因素，但更主要还是人！

　　孙权在那时就开始暴露出了自己的弱点，即缺少必胜的意志！

　　孙权是靠先贤任能的长处才得以成功的，文有张昭等人悉心辅佐，肝胆相照，忠贞不渝；武有周瑜、吕蒙乃至今天的陆逊将军，赤胆忠心，有智有谋。

　　这就是孙权的精明和伟大之处！

　　但吴王对刘备大军压境，来势凶猛，心中不无忧虑。

　　镇西将军陆逊大都督，毕竟太年轻，虽有前年攻夺数城的经历，然指挥大军大战，毕竟是第一次。故而，孙权对是否接受封孙登侯爵一事，心中一直犹豫不决。

　　文倩还知道使孙权犹豫的另一个原因，那就是内部的那些无休止的争论！孙权与朝廷的大小往来，内部都要激烈地争论一番，吴王简直厌恶至极！他觉得这是在无形地束缚自己！

　　如果再接受皇上封孙登为侯爵，势必大波轩然！

　　孙权见二人不说话，他就忍不住了："子布，侍中，怎么不说话？"

　　张昭朝文倩点点头，示意她开口："侍中，先说说你的高见。"

　　文倩只好先说道："王太子接受封侯与否，并不重要。若考虑到因统一而要去进攻魏，可以不接受，注意策略，找个借口推开就行了，没有必要再犹豫；何况，因为接受封侯爵，又会引起无谓的争论。不知张公有何高见？"

　　张昭点头道："文倩侍中的主见很好，可以推说王太子尚年幼，过几年再请皇帝赐封侯爵。"

　　这孙登，系孙权的长子，徐夫人所生。

　　孙权点头，同意文倩和张昭的意见，暂时不接受太子封侯。

　　他要张昭执笔写信给曹丕，婉转辞让，其理由是孙登过于年幼，暂不宜封侯爵。

信写好后，派遣西曹掾（王府行政管理专员）沈衍为专使，送信去京师洛阳，还带去腊鱼、"吴牛望月"铜镜和新酿的武昌酒等物品。

曹丕对孙权没有接受封侯爵而微感不畅，但对于吴王送去的礼物还是非常喜欢的，觉得吴王孙权有礼有节，非常顺从。

曹丕设宴招待沈衍。

席间，他问沈衍道："吴王不怕我们南下征伐？"

沈衍说道："不怕。"

"为什么？"

"因为我们信任盟誓上的话，'永归于好'，所以不怕。如果大国违背盟誓，吴国自有对策。"

曹丕又说道："听说太子孙登将要入朝。是真的吗？"

沈衍回答道："在吴国时，国主召集会议，我不能参加，官员们饮宴，我没有座位。所以，不曾听说过这样的消息。"

曹丕听了，很是高兴，说他答话得体。

同时，对吴国也渐渐少了警惕。

6

家家都有一本难念的经，不仅平民百姓，帝王将相亦不能免。自古至今，皆都如此。

就在孙权谢绝曹丕封太子孙登为万户侯之后，武昌宫中，又引起了一场争论。

既然已立孙登为太子，那么，吴国的王后就不应虚设。

于是，有人提出封步夫人为王后；有不少人支持步夫人，还有人支持王夫人，还有人建议封徐夫人为王后。

孙权有些恼火。

他宣布，目前不宜立后，今后不许再提！

这才草草压下了这场刚刚露头的争论。

不过，这给人们留下了一个谜：他为什么坚决拒绝立后呢？

众人皆醉，唯文倩独醒。个中原因，她岂不知？只是缄口不言。

张昭自然也明白几分，只是不说。

王太子孙登正式册立前，曾对孙权说过："父王，立太子，必先立王后！"

孙权很不愉快："立谁？"

孙登说道："既立我为王太子，我母亲徐氏当为王后！"

孙权严厉质问道："你母亲呢？"

孙登回答："我母亲在吴郡！"

孙权怒道："再要提立后，我则不立太子！"

文倩见局面僵到如此地步，只得出面劝说："主公，先立太子，以安臣民之心，防止日后生患。"

孙权听了，遂忍了气，才商议立太子事宜。

立太子，其余诸事皆易，唯选"中庶子"很费了些脑筋。

所谓"中庶子"，即太子助理官，是太子的师傅和朋友。他们的言行，对太子的影响很大。太子是王位、皇位继承人，当了太子的助理官，未来必为宠臣、重臣。因之，前些天，许多文武大臣，你争我夺，幕前的，幕后的，明争的，暗斗的，以求自己或儿子被选为"中庶子"。

文武大臣在公开场合，提了二十余名候选人。

孙权伤透了脑筋，头都闹痛了，苦于不能定。

不是他优柔寡断，而是这关系太大了。

助理官，直接影响太子的言行和道德，被选者必须知识渊博、品德行为完美。许许多多臣子，都在谋求这个职位，这不能不使孙权难于决定。不考虑这些因素，有些臣子的面子难却；考虑这些因素，又不太利于太子的成长。

孙权经过最后一番艰难取舍，谨慎地选择了四人：南郡长诸葛瑾的儿子诸葛恪，绥远将军张昭的儿子张休，大理顾雍的儿子顾谭，偏将军陈武的儿子陈表。这四人一同担任王太子助理官，进太子宫则讲解儒家学派的经典；出太子宫则维护太子左右，一同骑马、射箭，称为"四友"。

对于诸葛恪、张休、顾谭、陈表的选择，文倩透视很深。

她觉得，这不仅是知识、品行的选择，也是一种平衡选择：诸葛瑾是坚定的保刘拥汉的"主联派"；张昭是稳健的主张江山统一的"主统派"；顾雍是主张和曹的另一"主联派"；陈武是主张独立的"山头派"。这"主联派""主统派""山头派"都照顾到了，在一定条件下，可能联合，唯"主统派"可能陷于孤立。

一种无形的东西压抑着文倩，那说不清、驱不走的忧郁，缠绕着她的心怀。

她努力强制自己不去多想，为了驱除心中的烦恼，她邀了妹妹，去偏宫看望孙夫人。

7

新年之后，吴王孙权在宫中设春宴招待文武大臣。

席间，宫女翩翩起舞，随着优雅的音乐，那动听的江南曲调，带着浓郁的吴越风韵，在武昌宫中飘荡。

孙权请了文倩陪着几位夫人，同时，频频向文倩举杯。

文倩彬彬有礼地迎杯相报。

孙权喝得很高兴，连连干杯。

孙夫人和两位乔夫人都同杯同饮。

步夫人极少喝酒，也很少说话。

宴会上的兴致正浓。

卫士来报：蜀汉皇帝刘备夺取巫县、秭归之后，任命黄权为镇北将军，统领长江以北各军；刘备自率各将领，沿长江南岸而下，已经抵达夷道县（今湖北省宜都县）的猇亭。

如一声闷雷在宴会上炸响！

刘备已经出蜀七百里，长驱直入，大有兵临城下之势！那荆州看来确实难保。这抚边镇西将军、大都督陆逊是有意放敌人东来？还是难以抵抗刘备的攻势？

有人主张赶紧增派援军。若荆州有失，刘备顺江东下，武昌都会暴露在敌人的攻击之中。

宴会草草散去。

孙权似乎不惊，他立即在太极殿召集文武要臣，讨论前方战事对策。

文武百官众说纷纭，意见很不一致。

秦博一班人要求去猇亭会刘备，向刘备示和，晓以利害，联合对付曹魏。

有人则持反对意见。陈表说道："刘备已东进七百里，气势正旺，自以为得志，这个时候去所谓的晓以利害，他有兴趣听吗？如今，唯一的出路只有对抗！不动摇。不过，刘备是沙场老手了，战了三十年，镇西将军是不是缺少经验，所以退败？"

说到这里，陈表看了看孙权，继续说道："为此，请主公考虑，赶快更换统帅，重新整理队伍，一定可以战胜刘备！"

孙劭站起来说道："那不行！这是下策，临阵换帅，惊慌失措，敌有利。何况，这陆将军虽然年轻，却很有军事才能，主公应对他信任！"

虞翻说道："换统帅是不行的，增加援军才是正道理。刘备率十七万军，浩浩荡荡，而抚边镇西将军、大都督陆逊，仅领五万兵马，兵力太少，要尽快调兵。"

张昭说道："不然。兵马全部调往西线，自吴至荆州数千里防线，全部空虚，若后方或北方有变，奈何？"

陈表说道："可以步步设防，荆州可驻重兵，作为抗刘的第二线。"

……

各执己见，莫衷一是。

孙权边深思边说道："诸位的意见，我都用心听了，仔细想过，我决定率三千御林军，亲自西增督阵，与刘备一决雌雄！"

孙劭立即接过去说道："主公既为吴国之王，岂可亲自率兵上前方？国不可一日无君！主公不可轻易离开都城！"

孙权说道："刘备出动倾国之兵，来势凶猛，我岂可等闲视之？我必须亲自抵御侵入者！"

张昭说道："主公已派陆逊、朱然、潘璋、孙桓、韩当、徐盛抵敌，可以无忧。我敢断言，刘备并无指挥能力，自出洛阳三十年以来，刘备从来不敢打大仗！不信，请主公回顾一下。故此，请主公不必亲自西去。"

张昭所说，不无道理。

孙权粗略地回顾了三十年以来刘备的作为。

刘备确实没有打过大的进攻战，攻益州不过用了法正等人。不过，今日的刘备大有不吞东吴不罢休的架势。荆州、南郡是不可失的。

去？还是不去呢？孙权仍不敢决。

这时，没有发表过意见的文倩悄悄站了出来，她说道："主公，依我的意见，大可不必去西线亲自督阵。我的理由是：其一，抚边镇西将军、大都督陆逊胸有谋略，智勇双全，不至于糊涂得有紧急情况，连信都不知道给主公写。陆将军没有告急，看来陆将军胸有成竹，他自有对策；其二，刘备出蜀进攻，是自不量力。他自己并无指挥能力，又不善于用兵，他舍弃水路长江有利之势，从陆上进攻；

孙权别传

175

而陆逊将军的防区，则利守不利攻；其三，蜀中已无大将，刘备未出师先损大将张飞，其余将领有许多反对东征出战，如赵云，他便强烈反对攻吴。刘备处于孤立无援之中；其四，士兵和百姓厌战，并不支持他向东征战。因之，刘备必败。主公，不必西去督阵。"

孙权听了连连点头，说道："好，我权且不去！"

如何应付前方紧急形势的争论，结束了。

文武大臣中，唯诸葛瑾没有说话。那是大家都知道的原因：他写信给刘备，劝说失败，他不好意思再说什么了。

张昭反对吴王亲自出征抗敌，固然认定刘备必败，吴王没有必要去督战；但更重要的是，他是辅佐吴王孙权的，不能不从吴王的安全出发。而王都初建，王位初封，百事待兴，有许多事情要做，诸如法令、制度的制定等等，不可延缓。

孙权接受了劝谏，终于打消了亲上前方的念头。

8

前线不断传来消息，没有一个是令人鼓舞的好消息。相反，有一条消息叫人不寒而栗。那消息说，抚边镇西将军、大都督陆逊暗中勾结刘备，出卖吴王孙权。刘备进攻七百里，陆逊只是败退，不抵抗而已。还说，刘备反夺荆州之后，陆逊将接受刘备封的王爵。

这一消息非同小可！惊动了武昌城内的文武大臣们。

吴王孙权，虽不敢断然相信，但也不敢断然不信！

他心中矛盾，暗中忧虑。

老成持重的张昭，对这个传闻十分恼怒。他说道："这是谣言！属于恶意中伤！陆将军取荆州、捉关羽、攻枝城、夺宜都、进夷道、占巫县之时，何不投降刘备？今日反降刘贼？这是恶意离间主公和陆将军的关系！"

见张昭怒不可遏，孙权半天没有说话。

文倩看了看孙权，她那敏锐的目光已经透视了吴王的心事，她知道他仍未释疑。

其实，文倩对那个谣传同样十分恼怒。然而，现在的关键是要给孙权释疑。

于是，她压下了心中的恼怒，婉转说道："主公，是你一手升擢陆将军、培养陆将军，你有恩于陆将军，不曾背负他，而他在此关键时刻，怎么能背负你呢？陆将军不仅有谋略，而且对主公忠心赤诚。依我看，陆将军宁可战死也决不负主公！"

"为什么会出现谣言呢？"张昭分析道："有两种可能，一是刘备离间主公和陆将军，使我内部不和、丧失战斗力；二是前线内部有人放出谣言来中伤。倘若真像谣言所传的那样，陆将军何必长久地和刘备对峙呢？恐怕他早就投降了刘备！再回过头来，不费力气即可夺去荆州。"

孙权恍然大悟。

他说道："有道理，有人中伤伯言！伯言与我至亲，伯言不负我，犹如我不负伯言！"

文倩说道："主公，不能就这么放过谣言，须派人去前线明察暗访，查出谣言的来源！必要时，得给予追究！"

孙权说道："此谣可恨，差点毁我梁柱。追查追究正合我意！"

为君为王，有个通病：即便十分明智，但在特定环境下，往往会对部下文臣武将起怀疑之心，轻则诬枉忠臣良将，重则贻误大业。越是智慧超群之君王，往往疑心越重！

才智敏捷的曹操，就有疑心部下的短处。

吴王孙权也不例外。只是他善于听取谋士劝谏，这是他的一长。

张昭的忠诚理智，善于谋略；文倩的睿智，善于观察，言中有理，弥补了孙权之不足。

这一点，正为后来所证实。孙权移都建业之后，身边少了忠诚理智、善于谋略的张昭，少了睿智赤诚的文倩，疑心日趋严重，以至误杀了许多文臣武将，使吴国衰落。

这是后话。

去西线前方查访的使者，很快查清了事实真相——

原来，刘备率兵取了巫县、秭归之后，沿长江南岸翻山越岭，夺取了建平（今湖北巴东县），又攻取了夷道（今湖北宜都县）的猇亭。

抚边镇西将军、大都督陆逊几乎不抵抗，连连撤退，放刘备深入境内。如今，已在猇亭对峙数月，却不主动攻击刘军。

部下将领们都急不可耐，摩拳擦掌纷纷请战；陆大都督却按兵不动，不理部将们的焦急。

姜太公钓鱼，愿者上钩。

有些部将因此而生怨，由怨而生恨，怒不可遏，牢骚满腹。

而刘备也扎下牢固营寨，却不敢大攻大打，像是在等着陆都督去攻他的大营。

如此对峙而不战，部将岂能容忍？

陆大都督向他们解释，劝说大家不要急躁："刘备率兵东下，斗志高昂，锐不可当；而且扎营高处，据守险要，难以攻击。倘若攻击则伤亡很多，不能不考虑。如果攻击失败，就伤害到我们的主力！这不是一件小事。"

部将们质疑："怕伤亡，不主动进攻，就能把刘备驱赶出境吗？"

陆大都督却没有部将的那种急躁。他笑笑，慢条斯理地回答道："心急，吃不下热汤圆。目前，只有激励将士，多方思考对策，静观变化。"

部将中有些老将军，是讨逆将军孙策手下的将领，这些部将资历老，功劳大，最不好调理，哪里肯听陆大都督的解释劝说？

他们中有人说道："你一再忍让，步步退让，是等刘备夺走荆州吗？"

陆逊也不恼他们，这些老将军得罪不起。

他说道："如果这一带是一片平原，我们可能会遭遇到突击追逐的困扰。而今，敌人沿山扎寨，不但没有办法发挥威力，反而会困在树木乱石之间，精疲力竭。所以，我们应该耐心等待机会的到来。"

有些部将被陆逊的精辟分析所折服；有些则不然，尤其是那些老将——那些讨逆将军孙策手下的骁勇之将，有的甚至是吴王孙权的亲戚，他们各自强硬后台，敢于冲撞陆大都督。他们根本瞧不起年轻的陆逊，说陆逊不过是年轻小儿，一介书生，哪里能担当这重任？只会贻误国家。

遂骂陆逊是胆小鬼，不敢迎击刘备。

有位老将军半是愤怒，半是发牢骚地说道："只怕刘备已经许愿，得了荆州之后，封你王位吧！"

此语遂盛传开来，一传十，十传百！

那传谣者再添油加醋，绘声绘色，庶乎成真。

……

查访使者从前方返回武昌，向吴王孙权汇报了查访所获。

吴王很受感动。

他感叹道："陆伯言不愧为大都督啊！他不光冷静地对付敌人，还要耐心地说服内部。那些老将也太不自重，一时不满意了，就说怪话讥讽大都督，实在不可忍！"

孙权随即派使者前去慰问将士，写信嘉许陆大都督。

使者见到陆逊。

那一天，正赶上韩当和几位老将大闹陆大都督的帅营。

据说安东中郎将孙桓，在夷道攻击蜀汉兵团的前锋部队时被包围，向陆大都督求救。

陆大都督经过思考之后，决定不派兵去救！

这便引起了老将军们的愤怒！

韩当将军恼怒地说道："孙桓是主公族人（孙桓是京城将军孙河的儿子、吴王孙权的侄子），正处在危险中，为什么不发兵救援？"

陆逊说道："孙桓深得军心，且城垣牢固，粮食充足，不必忧虑。等我计谋实施，不救自解！"

老将军哪里心服，吵闹不休。

大都督陆逊闹得火起，拔剑在手，说道："我们如今与刘备疆场相见，刘备是一个强大的敌人。各位都受主公的恩宠，应该共同对敌，上报大恩。而有人却不服从指挥，为何如此？我虽年轻，一介书生，但受命于主公，所以委曲各位接受统领。我们各有各的责任，岂容推辞？军法俱有，各位不可存心违犯！"

不服的将领听了这话，只好忍耐，不敢再反抗。

陆大都督不想过多地利用手中权力去压制部将，看看部将们不作声了，便自我转弯地说道："好吧，我写信给主公，看看他是不是同意去解救孙将军？"

……

派去慰问的使臣，返回武昌后，向吴王孙权做了汇报。

孙权十分生气，要派使臣去前线问罪。

张昭说道："不可！前方发生的事，大都督陆逊自有安排，不可直接去插手。"

文倩也劝道："既然主公'假节'大都督陆逊，授命于他，应由他直接去发落，主公直接追究反不妥。"

孙权只好作罢，由陆逊去处治。

他听说刘备率军沿山扎寨，用树木栅栏连营七百里，咧着大嘴笑了。孙权是军事家孙武的后人，岂不熟知孙氏兵法？何况，他自身也是军事天才，听了此等汇报，便笑刘备不懂军事：岂有营寨伸延七百里而能拒敌的？树林、原野洼地，前无进路，后无退路，在这些地方扎营寨，乃是犯了兵家大忌。

孙权笑着对大家说道："难怪陆伯言面对强大的敌人而心不慌呢。"

孙权佩服陆伯言的智慧、才能、胆略，他没有什么不放心。

他的心中多少有些惭愧："幸亏子布和文倩的劝谏，否则，我会冤枉了陆伯言呢！"

9

黄初二年（公元 221 年），闰六月。

陆逊派人向孙权送来一封急信，他将敌我两方的情况，向孙权如实报告。

前方的来信，是文倩姐妹所期望的；甚至武昌城和武昌宫中，也没有一个不关注的；就连那二位不关心国家大事的乔夫人，也悄悄向文倩问及。因为这场战争，牵动着武昌城的每个官员、每个百姓的心，也牵动着荆州、扬州百姓的心！

战争的胜负，关系到吴国荣辱，进而，也关系到统一大业。

孙权将前方陆将军的来信，要大臣们传阅；他自己则按捺不住内心的激动。

大都督陆逊的信上说——

夷陵是重要险隘，国家门户（长江三峡，水流湍急，出西陵峡口，山势始平，而夷陵正当西陵峡口），虽然容易夺取，但也很容易失守。一旦失守，不仅损失一个郡，而整个荆州，都将陷于可忧的危境，乃至威胁统一大业。

今日之战，一定要夺取决定性的胜利。

刘备违背天意，不留在自己的巢穴，却自行前来送死！

我虽无才干，但奉主公的威望，用顺讨逆，击败刘备为期不远，没有什么值得忧心之处。我最初最担心他们水陆同时来攻，想不到他们反而舍弃船舰，仅用陆军，而又处处扎营于险阻难进之地。观察他们的布置，看不出刘备有什么高招！没有高超的谋略，可见刘备的平庸已经到了可笑的地步……

这封信，如一锅煮沸的开水，在武昌城大臣们的心里沸腾开了，都城百姓都在奔走相告。

七天之后，又传来了捷报：只一夜功夫，大都督陆逊大胜刘备，十七万大军一举歼灭！刘备险些被活捉！

只一夜啊！

那抚边镇西将军、大都督陆逊，真乃神人！对峙七月，一夜激战，火烧刘备七百里连营，杀得西蜀军队片甲不留！

这就是历史上闻名的火烧七百里连营！亦即猇亭之战。

赤壁之战，一朝烧了曹军数千战舰（也称"火烧赤壁"），这猇亭一战，一夜烧了敌营七百里，其声势和气派，比赤壁之战更甚！

刘备侥幸逃脱！

他独上高山之上的白帝城，面对东流的长江，恸哭不已，又悔又恨，因惊吓病倒。

他无颜再回益州。

一夜战胜刘备的消息传来，文倩兴奋得一夜无眠。她为陆逊高兴，也为自己对陆逊的评价感到高兴。

一大早，她就去宫中祝贺。

孙权昨天晚上也是一夜未眠，见了文倩之后，他说道："侍中，江山统一大有希望，蜀时日可灭！"

文倩说道："主公，请速派遣使者去前方祝贺陆将军，还要慰劳将士们！"

正说着，绥远将军、长史张昭来了。紧接着，孙劭、陈表、顾雍等都来了，太极殿上好不热闹！

张昭祝贺道："主公洪福齐天，猇亭之战大胜，向统一大业跨了一大步！"

"一大步、一大步！"孙权高兴得大嘴合不拢："这是陆伯言的功劳！"

文倩半开玩笑半认真地说道："主公，怎样擢升陆将军呢？"

孙权仰首大笑起来。

笑毕，他大声说道："擢升陆伯言为辅国将军，兼荆州郡长，改封江陵侯！"

绥远将军张昭抑制不住高兴，说道："我愿领旨前去封赏！这是毛遂自荐啊，主公可同意派使？"

孙权想了想，说道："子布不拒辛苦，可领大班官员前去西线，代表我去封赏和慰问！"

……

奉了吴王孙权的使命，张昭率领司马顾雍等二十位官员，带着各种礼物和吴王封升令，西去夷陵见陆逊。

在那里住了一个月，才返武昌。

绥远将军张昭刚回武昌当天，文倩和妹妹文好就去了张公府，想听听前线的见闻。

张昭本就很兴奋。于是，他向她们讲起来，他讲得绘声绘色，有根有节。

"打仗不容易啊，"张公说道，"不光对敌人，对内部还要善于说服统领呢。比如说，大都督看着战机成熟了，要向刘备发动进攻了。可是这时，又有些大部将站出来反对，说要攻击，应该一开始就攻击，为何等到现在？而今，敌人深入国境六七百里，僵持七八个月，凡是要害处，敌人都加强守备，再攻击，能得利么？陆逊说，刘备刚刚攻过来时，精神集中，锐气正盛，不可以攻击他。现在，驻扎已久，没有办法占到便宜，兵卒疲倦，士气沮丧，黔驴技穷，抓住它的角，拉住它的腿，正在今日！大都督没有凶狠地对待部将和士兵，而是使他们心服口服，团结上阵。他命令士兵每人拿一束茅草，晚上去点敌人营垒，一举攻击敌营。火热蔓延，全面出击，先斩了蜀军将领冯山，后又斩了张南和胡人部将酋长沙摩柯！一鼓作气，连夜破敌四十余营寨。刘备的将领和士兵，死的死，降的降，几乎一个不剩。刘备惊慌失措，逃上马鞍山（今湖北省宜昌市境内），去集结留在后山上的一万多逃来的残兵败将。谁知大都督陆逊十分神速，又包围了马鞍山，令各将领率部四面攻击。刘备残部鬼哭狼嚎，死伤无数。山上早已经大乱，纷纷投降。而刘备趁黑夜逃下山去，在混乱中逃命！还是驿马站中的官员，把铠甲堆积在隘口上，再用火点着，阻断了追兵，这才救了刘备的命！要不，刘备早当俘虏了！"

文好迫不及待地问道："在哪里烧的？哪里来得这样巧，偏有个隘口呢？"

"事情就有这么巧！"张昭说道："那烧铠甲断道的地方，叫石门（今湖北省秭归县西），刘备保住了性命，单枪匹马逃上白帝城，实在可怜。刘备军队的武器、船舰，水陆军用物资，全部被陆逊将军的军队缴获，尸体浮满江。刘备又气又羞愧，坐在白帝城山上大哭起来，一直哭到昏厥过去。"

"一夜啊！"绥远将军张昭最后说道，"大都督陆逊将军一夜消灭十七万敌军，古今未闻！"

文倩听得满眼热泪。

看看文好，她只是听得入了迷，就像在听一个神奇的引人入胜的故事那样。她不参与，仅作看客。

第九章

君臣醉酒钓鱼台，吕壹叛主洛阳城

1

张昭、顾雍等从前线慰劳归来的第二天，吴王孙权令文武大臣去钓鱼台欢宴，以示庆贺。

这钓鱼台，是武昌城外的一大景观，它在武昌城西约三里多远的江水中。钓鱼台是块可容百卜的大石，隆起崛出水面数丈。这里江面宽阔，夏天汛期水满，浪涛击岸，奔腾席卷；再往西，视野更加宽阔。那白帝城刘备痛哭悔恨之声虽然听不到，但时有漂浮的死尸顺流而下，可知当时战场上的激奋和惨烈。

赤壁迎着骄阳，与钓鱼台隔江相望。

今天，赤壁前的大江更加豪放，南北两岸的一切景观尽收眼底。吴王孙权选中这豪情满怀、坦荡开阔的钓鱼台欢宴，实在是独具匠心。后来，每逢高兴的时候，他便来这钓鱼台上宴请大臣。

孙权十分兴奋，比往日随和多了，全然没了君王气派，更无凌驾于人之上的威严之气。

诸位大臣均十分活跃，一团欢畅祥和气氛。

孙权大声宣布道："诸位，今天要喝个够，喝得人事不省才罢休！"

臣子们一片欢呼之声："好！不醉不算英雄！"

今天被请来赴宴的文武官员中，文情没有来。她不会饮酒，除非是正式宴会非参加不可，平常情况下，她概不参加此类宴会。她不想过多地在大庭广众之中出头露面。当今之世，男子为尊，是男子的天下。女流之辈，自古少有任官职者，除宫中女官。

文情知道，她这侍中，本是宫内的官职，侍皇帝左右。但吴王孙权任她为侍中，是当吴王的高级咨询官，而不是侍从官。她知道自己无形中变为人们注目的人了，许多政事都要问她。

但这侍中，实际上并非正式官职，文倩的这个侍中，是孙权亲自封的。由于孙权十分重视文倩，文武百官及后宫眷属，也都十分敬重文倩。更重要的，是文倩的知识、文才和为人处事的得体。在人们心目中，她已经是孙权的助手了。

大概是因为吴王孙权对文倩的这一任职，南北朝以后，实际担任丞相的，往往也用"侍中"这称谓。

就文倩智慧才能而言，足可当此大任。尽管如此，她仍视自己为女流，低男子一等。故而，她尽量少在大众场合中参与欢闹。

今天，孙权高兴，本要她同往钓鱼台欢宴，她以不饮酒为由，才苦苦推脱。

孙权虽然缺憾，却非常理解她的苦衷。

不过，就孙权所想，大可不必拘泥于男女性别，智者不论男女，能者不问长幼，这是他的用人之道。

绥远将军、长史张昭，已年近七旬，却老当益壮，睿智不减，且更为成熟。

辅国将军兼荆州郡长陆逊，不可不谓年少，他指挥千军驰骋沙场，文韬武略无人可比。

侍中文倩年龄更小，却善纺织刺绣，会绘画地图，远见卓识，智睿德美，不是一般男子可比。

选贤任能，是孙权走进成功的一大要素。故而，他主张唯才是用，不论性别，顺理成章。

然而，那世俗可畏！

在文倩的心灵深处，还蕴藏着一种女性特有的自卑感，这就使她无力抗拒世俗。所以，很多场合，她不得不回避。

今天文倩不仅仅是为了回避大臣的宴会，还有一个重要原因，使她不能来赴宴。那就是，孙夫人前天从花湖报本寺回城，已三天没有出门了，文倩和文好已经商量好，要去偏宫探望孙夫人。

刘备一败涂地，险些丢了性命，武昌举城欢腾，唯孙夫人与众不同。她说不清是欢喜还是难过。就在全城庆贺大败刘备的喧哗声中，她躲在房中，莫名的泪水止不住地流淌。她百感交集，百味入腑。她希望自己的二哥大胜，狠狠打击刘备，亮一亮刘备的老底！多年来，她怨恨刘备无能，又无志气，不是什么帝王之才！

但他却长了一颗比天还大的野心。

狠狠揍他一场，让这个野心家抬不起头来。

然而，刘备真的惨败了，而且是在一夜之间，十七万大军毁于一夜，老命差点儿丢了！他独自坐在白帝城高山之上，任山风吹乱他斑白的头发。他面对长江恸哭。此情此景，她若在他身边，会是什么滋味？

想到这里，孙夫人的泪水又淌下来了。

既是冤家对头，又是忧患夫妻！世上最难理清的事，都让她摊上了！

这是谁造成的？

难道这就是百姓们常说的"命"中注定？

命又是什么？

2

就在吴国文武官员们兴奋得不可自制，满城百姓通宵达旦地欢庆之时，孙夫人半掩户门，闷坐不出。三天之后，月上树梢的初夜，孙夫人悄悄带着二十名使女，去了花湖报本寺。

猇亭之战，是孙夫人二哥的历史性大胜，也是蜀汉皇帝、自己的丈夫决定命运的一战！二哥胜，丈夫败，孙夫人为谁高兴为谁忧？嫁刘郎十年，同床不过两三载，那无端的恨，无故的憎，使她对刘备又怨又恨；二哥接她归来武昌，离开之后，她却又不知不觉地忆起往昔，虽无情意，毕竟同床共枕过，憎恨之情悄然退去，对往昔的留恋油然而生。倘若孙、刘两家不至于发展到你死我活的大战，孙夫人的回忆倒还可以弥补精神的空虚。如今，刘郎庶乎丧命，依稀勾起孙夫人心灵深处的怜悯。她心中有一股莫名的忧郁和悲怆。倘若没有孙、刘联盟，岂有今日悲凉？若母亲晚逝几年，也不会用她美妙的少女青春，去做肮脏的政治生意！

她越想越觉得母恩浩大，她在报本寺长跪不起，眼睛哭得红肿，睁不开了。

又住了些时日，心情稍微平静些了，孙夫人才带着使女自报本寺返回武昌城。然似做了错事一般，羞于见人，遂掩门不出。

……

使女向孙夫人报告：文倩姐妹来了。

孙夫人随即强颜作笑，迎接她们。

文倩说道："孙夫人，一月不见如十载，好想念哦。"

文妤笑着跑到孙夫人的身边，拉着她的手不放："孙夫人却不思念我们姐妹呢，叫我们好不惆怅！"

"惆怅"二字，如同往孙尚香的眼中撒去辛辣似的，她的泪水顷刻便涌流出来了。

文倩没有责怪妹妹，她拽住孙夫人的左手，同坐床前，静静地陪着她流眼泪。此刻，千言万语也不能解开孙夫人的愁肠，文倩唯有以柔情去温暖哀怨之心，以温馨去轻抚凄怆之人。

文妤在一旁凳上坐着，不知如何说才好。她很是过意不去。

俄尔，文妤潸然落泪。

就在她们伤心的时候，江边钓鱼台上酒兴正浓。

吴王孙权虽然海量，但他过度兴奋，不觉间已饮了过多的酒。平日他本有豪饮的习惯，今天饮得痛快了，擒起酒坛如灌凉水一般，咕咕噜噜喝了个足。他还不住地狂叫："喝，喝啊！猇亭大胜，应该高兴，不醉不罢休！"

有三位大臣醉倒了，口吐污物，那酒味和异腥味充斥在钓鱼台的上空。

孙权命侍从，用喝干了的酒坛，灌来江水，把醉倒在地的三位大臣泼醒。醒来后孙权要他们再喝。

大臣中，唯有绥远将军张昭喝得很少，他年长，众人都敬他，他皆端起酒杯沾唇而已。他板着面孔，看见醉倒的大臣越来越多，那些没被醉倒的，又在狂喊怪叫，丑态百出，张昭就有些恼；他不声不响地离开钓鱼台，上至坡岸，坐上了自己的马车，不再瞧那狂乱的场面。

绥远将军离开钓鱼台，早被孙权的侍卫谷利看见，他悄悄地对吴王说道："主公，绥远将军很不高兴，他去岸上坐在他的马车里，说不定是看不惯这大醉的场面呢。"

孙权有些不高兴，他站了片刻，吩咐谷利上坡去，请军师张昭。

谷利上得坡来，连喊三声张公，张昭才很不痛快地应了一声："什么事？"

谷利说道："张公，在这种场合发脾气，可能闹得大家都不欢快。有话以后再说，主公请张公入席。"

绥远将军想了想，不得已离了车子，走下钓台。

但他仍严肃地板着脸，也不讲君臣礼貌。

吴王孙权已经半醉，但他神志清醒，尚可控制自己。他说道："子布，大家都很高兴，一同欢乐畅饮，你怎么发脾气了呢？"

张昭回答说道："从前，商代末帝纣王，昏庸无道，曾经用七里大的酒池，作长夜之饮，甚至命令男女都脱光衣服，赤裸裸地群魔乱舞！当时也是认为大家高兴，一同欢乐，不认为是坏事！"

孙权听了，半天未语。

他深思了一会，觉得军师说得对，心中渐感惭愧。

"好了好了，"孙权大声说道："适可而止，今日已经够痛快的了。宴会，就此结束！"

3

猇亭之战以后，辅国将军陆逊根据吴王孙权的手谕，对所率军队中大大小小的将领，该擢升的都擢升封赏了，前方后方都很满意。

派人回到武昌向孙权报告，孙权甚是满意。

然而，孙权近日来，心中总是纳闷，好像少做了一件事。

什么事呢，想不起来。

用罢早膳，独坐宫中闷思，似乎仍不痛快。

这时，步夫人在使女的陪同下，从后宫走来。

步夫人的声音很好听，柔和而不含糊，甜蜜而不做作。

"主公，妹妹想去报本寺闲居几月，你可有吩咐？"

"啊？"吴王孙权的心蓦地"突突"跳起来，平静下来之后，他突然想起这些时，君臣一直沉浸在胜利的狂欢之中，竟忘了妹妹。以前也曾想起妹妹，他对妹妹不乏同情。今年不过二十九岁的妹妹，正当青春韶华之年，却寡居偏宫。每每见了妹妹，他心中便隐隐觉得不安，一种难以名状的惭愧充塞心中。妹妹如今虽然离开了刘备，但妹妹毕竟与刘备还有夫妻感情，刘备猇亭惨败，他不能不牵挂到妹妹的心情。

自己狂欢，却将可怜的妹妹冷落在偏宫。

孙权不觉心中一软，一时潸然泪下。

步夫人在一旁见孙权落泪，惊诧地轻轻叫了声："主公……"

　　孙权依然流泪，越流泪，越同情妹妹。想母亲生下他们四兄弟，只有这一个妹妹。大哥讨逆将军孙策不幸中箭身亡，自己继承兄之大业；母亲病逝时，把尚年幼的妹妹托付给自己。

　　他想，若不是鲁肃当年苦苦相劝，岂有今日之忧？妹妹岂有如今哀愁痛苦？

　　鲁肃虽然有功，然他平生却有两件事，置我于绝境，酿成大患。一是力劝我借荆州给刘备；二是苦苦劝我嫁妹给刘备，致使妹妹终生忧愁遗憾！自己有什么面目见妹妹？怎对得起逝去的母亲？

　　鲁子敬使我铸成千古之恨！

　　步夫人见孙权先是流泪不止，然后面露恨色。料想，吴王定是因为妹妹婚事不幸而懊悔。唉，那已经过去了，悔恨无益。但她又苦于没有办法安慰丈夫。

　　想了半天，她只好轻声对吴王说道："妹妹是位贤德之人，知书、达礼、重恩。去报本寺，不过是因为想念母亲恩典，去小居几月便返回都城。主公若有吩咐，臣妾可去转告；若没有吩咐，臣妾便去送妹妹了。"

　　孙权深思良久，说道："叫妹妹的心放宽些，来日方长。今后有家庙，母亲灵魂自会归庙。这报本寺，为报恩而建，很好，以后可请菩萨进寺。"

　　步夫人回答道："是，主公还有吩咐没有？"

　　"多拿一些果品贡物，叫妹妹带去。我近期太忙，以后再亲自去报本寺拜祭母亲。"

　　步夫人连连应诺，躬身施礼离去。

　　出了太极殿，步夫人绕道来到偏宫孙夫人的住处。

　　这偏宫是步夫人自己起的名，是依附宫旁的建筑物，但也很宽敞，房有三十间，足可容纳孙夫人和她的百名使女。耳门可通正宫之侧廊，但管理很严，常常是关着门的，钥匙掌管在步夫人贴身使女手上。因此，孙夫人从不走这门。

　　步夫人今天由耳门进偏宫，早有使女报告进偏宫。

　　孙夫人过来迎接嫂嫂，使女奉上茶来。

　　步夫人遂将吴王孙权的吩咐，一一转告了孙夫人。

　　孙夫人没有说什么，她眼圈红了。

　　片刻工夫，她才说了一句："谢谢二哥关心，我明天便起程去报本寺了。"

　　步夫人安慰孙夫人几句，使女送来了一些糕点瓜果，还有一筐苹果，说这苹果来得不易，是从魏国大后方兖州运来的，市面上还没有，唯宫中才有。

紧接着，侍卫又扛了一筐苹果来。

步夫人说道："留下一筐贡祭母亲，余下的夫人自用。"

孙夫人感谢嫂夫人。

又坐了片刻，步夫人告辞回后宫。

就在步夫人走出时，文倩进来了，二人相遇，文倩连忙向前施礼。

步夫人说道："妹妹明天要去报本寺小住几月。"

文倩说道："我是奉主公之命，送孙夫人去报本寺的。"

步夫人说道："文倩侍中，你对妹妹关心，这也算帮助主公安抚妹妹的心。谢谢你了。"

……

第二天一大早，文倩和孙夫人一行，沿着江堤南岸，缓缓地向花湖方向走去。

文妤骑在一匹雪白的矮种马上。那马跟她一样调皮，一会儿跑到队伍前头，一会儿又跑上江堤啃青草。

这是一支特殊的队伍，一律由女性组成的队伍，沿途村舍里的男女老少，都争先恐后地涌到路旁观看。

他们感到十分惊奇。

4

自前次她们畅游花山（亦即华山）、西塞山之后，心中都留下了极好的印象，这印象还深深记忆在心灵之中，如今又去那里，能不高兴？

行前，她们就订好了计划，这次该畅游花湖了。

眼下秋水正盛，江水早已漫进花湖，久久不肯退去，湖中一片汪洋，倒也别有情趣。这花湖也是盛产淡水鱼之地，且那肥鲤活鳜味鲜质美，比其他淡水鱼味道要好；还有淡黄细小、粼光闪烁的银鱼，也是名鱼。

孙夫人雇了几只渔船，荡舟湖中。

花湖虽不及西湖大，但湖水宽阔秀丽，有如小家碧玉之美。上下湖数十里，西起凤凰山下，东抵长江南岸，江水在这里自北南去，直奔西塞山，然后再南去数十里转弯东流。花湖的下湖至长江之滨，有个大转弯，绕花山之东麓，折回往西。称为上湖的，直抵麻羊山下。这花湖莲藕也很有名气，藕壮、节稀、味甜，洁白如少女手臂。

时下正值秋天，湖湾之间满是鲜红如桃、白嫩如玉的莲花，千朵万朵，在万万千千的荷花衬托之下，煞是好看。湖风吹来，那绿叶上，水珠结成颗颗晶莹的珍珠，在阳光下滚来滚去，如翠盘滚珠。

孙夫人和文倩姐妹带了十几名使女，荡着小舟，自花山脚下沿湖滨经报本寺北侧，蜿蜒而西。麻羊山由远处扑面而来，真可谓是山清水秀风景怡人的好地方。那麻羊山群峰叠起，古木丛生，密不透风，枝繁叶茂，起伏连绵，影映水中，宛若水底倒卧绿峰。滢滢湖水，更显深蓝。

小舟沿北岸回头，返回报本寺。

如此秀丽山水，令她们陶醉。

返回寺中，文倩提笔作画。不过一个时辰，纸上便出现了麻羊山群峰倒映湖水的景色。

第三天一大早，孙夫人、文倩姐妹从花山西南登上木兰舟，飘移荡摇到下湖。这下湖略低于上湖，是花湖的主湖。湖的两岸虽没有上湖气势巍峨的麻羊山，但仍起伏着蜿蜒秀丽的低矮山冈。

"这里更有情趣呢，"文倩说道，"你们瞧，小山时起时伏，有高有低，有诗的意境。"

孙夫人指着西北一角，说道："那是刘家集，每逢初一和十五，附近百姓都到这里来赶集。"

古时交通全仗水道，这花湖西接西湖，南毗磁湖，直达盛产铜铁的铜绿山，四通八达。因此，这水边的刘家集，每逢节日便十分繁荣兴旺。来自四面八方的客商，在这里交易货物，上市的货物大到牛马，小到鱼虾、粮食、油盐、锄头、沙镰、布匹、各色瓷器、大陶缸、小土坛等等，应有尽有，刘家集因此闻名遐迩。

小舟从刘家集向南拐去，这里有个渡口，每逢节日，渡船往返，运送客商和赶集的农民。船行不久，孙夫人忽然想起了什么，抬头望向南岸。文倩和文好也向南岸望去，这南岸沿线都是小山峦，不过，较北岸山丘稍高，山态各异，色各有别：有红色、青色、猪肝色、也有浅绿而近白色的山石。那山态山形，有的如鼓，升出水面数十丈高；有的像古钟置放南岸水边；有的似魁伟威武的将军屹立水中。再往远看，便是层层叠叠的高山了，如屏障耸立。

"这里有许多传说呢！"孙夫人指着那如鼓似钟的山说道："喏，据说，战国时候，诸侯割据，民不聊生。这里，悄悄传着童谣：'钟声鸣，鼓声鸣，红脸霸王，黑脸将军，率领百姓去攻都城。'意思是说统一。"

文妤天真地问道："攻下都城没有呢？"

孙夫人笑了。

攻下没有呢？她也不知道。

这是她两个月以来的第一次微笑，难得的一笑。

文倩觉得妹妹问得既天真，又好玩。

严格来说，她本无游山玩水的雅兴，只因孙夫人心中常怀忧郁，担心她积忧成疾；而吴王孙权也为孙夫人忧愁，所以，才安排文倩姐妹陪着她出来散心的。

文倩说道："若那红脸霸王、黑脸将军真的攻城去了，攻城不下，说不定死了呢？这倒无关紧要，却苦了妻和子，害了黎民百姓。"

"说不定攻城不下而并没死，"文妤接过去说道，"那红脸将军、黑脸霸王不是占山为王，就是去占湖割据！"

孙夫人觉得这姐妹俩说话挺逗人，竟一时忘了忧郁，差点笑出声来。她说道："自古就有割据，真恼人！百姓没法子生存，什么时候才能消除割据呢？"

"所以，"文倩说道，"应该全力支持主公去消灭割据势力，统一全中国！"

孙夫人那颗枯萎的心，似被打动，她不禁连连点头。

文倩安慰她说道："我知道孙夫人的心中痛楚，是天下女子不曾经历过的痛楚，只是孙夫人时时节制着罢了。"

文妤心里有句话，憋了一年多不敢说，今天却冒冒失失地脱口而出："孙夫人，请你别怪罪，何必呢？受什么节制啊？选一个好夫婿改嫁就是了！"

孙夫人未语。

文倩心中虽然有点怨妹妹鲁莽，但见孙夫人脸上并无恼色，也就放心了。她想，这也不无道理。去年，妹妹就说过这个道理，被她当即阻止了，叫妹妹不说，恐孙夫人生恼。

文妤一不做、二不休，竟然紧追不舍地补了几句："改嫁了可以解脱。刘备逃至白帝城没脸回益州，据说卧床不起，生命垂危。他成天只知道争天下，当皇上，却不关心夫人，要他何用？"

文倩连忙斥责妹妹，她心里很有些紧张，担心孙夫人生怒。但转念一想：也好，既然这层窗户纸已经捅破了，不如因势开导劝说一番。她便细心观察孙夫人的脸色，小心翼翼地试探着问道："孙夫人，千万不要怪我妹妹嘴长，出口不逊。我的妹妹呀，是剪刀嘴，才锋利呢！"

孙夫人嫣然一笑，并未生气。

文倩知道，妹妹剪开了孙夫人心中的隐秘，打开了她紧闭着的心的大门。

在报本寺住了八天，不曾发现孙夫人再有什么悲伤情绪。

又住了几天，文倩姐妹要回武昌，孙夫人带领侍女送了十里才分手。分手前，孙夫人偷偷告诉文倩说，她决定返回老家吴郡，但暂时不要对外说起。

文倩半开玩笑半认真地说道："去家乡寻觅一位心上人？"

孙夫人笑了，她既未点头，也未摇头。

5

文倩去报本寺期间，武昌城里发生了一件大事。

西线将领徐盛、潘璋、宋谦等将军，上书吴王孙权，要求继续西进，一举歼灭刘备的残余势力，夺取益州。他们认为蜀国已成惊弓之鸟，只要西进，无须费大力，即可灭蜀。

这个请求，又引起了一场争论。

诸葛瑾、秦博、吕壹等人执意反对西进。理由是蜀国道远山多，易守难攻，大军远途跋涉疲惫，必然大败。虽然刘备猇亭失利，倘若真的进西蜀去攻他们，诸葛亮可以动员百姓起来对抗；吴国久攻不下，必将退兵。到那时，诸葛亮率军民追杀，那损失可就大了，损兵折将、失我威望，那才是偷鸡不成倒蚀米呢。

即便侥幸攻取了益州，我虽胜犹败！没有蜀国牵制魏曹，我力量单薄，唇亡则齿寒，很难抵御魏曹。

孙劭、陈武等一行人，坚决支持徐盛、潘璋、宋谦的上书。说是主上已俯魏为魏臣，不再有与魏对抗之说。

刘备已经没有多少兵力，无力抵抗我们；即便诸葛亮临时拼凑士兵抓沙抵水，乌合之众亦不足畏！实事求是地回顾一下，诸葛亮身为军师、丞相，什么时候辅佐刘备打过大仗、胜仗？蜀中无大将，诸葛亮更枉然，西进必胜。

张昭自然站在支持者一边。他说，一鼓作气可胜刘蜀，犹有余勇可夺益州。

灭了蜀国，离江山统一只有一步之遥，岂可功亏一篑？

孙权也倾向张昭的意见，不灭蜀岂有天下统一？

机不可失，时不再来！

但是，诸葛瑾等人态度坚决，又不好强制他们放弃自己的意见。

诸葛瑾与孙权有深交，过分强制，未免于情不合。这局势，颇似赤壁之战前。不过那时多数主和，个别人主战，而且大敌将临，故此他可以当机立断！

而今，朝臣意见不能统一，还须再权衡权衡。

吕壹见这局面僵持不下，心中有些恼怒，然又不便发怒。

他便努力克制自己，冷静地思考，能不能绕过去呢？

他终于想出了一个主意。

"主公，即便是西进，"吕壹说道："即便是西进攻蜀，也要让西线士兵休养几个月，因为已经和刘备对峙了七个月，士兵疲惫，休养些时日以待恢复体力再战。"

孙权觉得吕壹这个意见，很合自己所想。他当即决定："可以，两月之后再决定西进与否。这段时间，命令兵士们休养。"

……

文倩自报本寺回来以后，见过吴王孙权，回报了孙夫人在报本寺心情颇好，孙权很高兴。

文倩遂进一步回报说："孙夫人精神已振作起来，对生活充满了信心，只是她还年轻，如此一个人过下去，未免孤单。"

吴王思索片刻，说道："你可对妹妹说，她自己的事，就由她去决定。"

文倩莞尔一笑。

孙权没有笑，说道："你去报本寺以后，徐盛、潘璋等将军上书给我，要求西进灭蜀，文武百官好一番激烈争论，针尖对麦芒，尖对尖。"

文倩听说引起争论，忙问道："最后究竟是怎么决定的？是西进？还是不西进呢？"

看看孙权没有马上回答，她又补充说道："主公是怎么决定的？不西进，便永远不能统一大业啊，这可是千载难逢的良机！"

孙权思索了一会，说道："西进是统一必经之路，只是要让西线将士再休养两个月，以恢复体力。如果目前再由扬州调兵前来，花费太大。"

文倩舒展秀眉，微微一笑，轻轻地点了点头。

坐了一会，她便与吴王同去后宫，看望了步夫人，对步夫人说了去报本寺的过程。

坐了一会，忽然想起许久不见二乔夫人，说去瞧瞧，不能太冷落她们。

遂起身向步夫人告辞，去偏宫控望二乔夫人，和她们说了半天家常话，才离了二乔夫人，回到自己府中。

殊不知，又一天大祸事，正在悄悄地向武昌城扑来。这祸事，几乎关系到吴王孙权的命运。

文倩和孙权一样，竟毫无知觉。

6

回到武昌的第二天，文倩便去张公府探望张公。

文倩住处与张公府虽相同一条街，但有一段路。张公的府前和张公的为人似乎是统一的，严肃而不失温和，门楼大方不俗，淡黄色的门框和门楣，浅灰色的大门，无华丽之色，有朴素之风，十分和谐。

张昭正在府中研读《春秋》。

忽报幕府侍中来访，他一面吩咐请她进来，一面起身迎接。

一见到文倩，张昭便开玩笑地说道："文倩姑娘，你躲进报本寺去了，也不回来帮我打架！"

文倩说道："张公一言抵万金，还怕敌不过谁不成？"

绥远将军叹了口气，说道："唉！你先说说孙夫人吧，然后我再和你详细说说'打架'的事。"

文倩说道："张公，孙夫人已经解脱忧郁，张公大可不必挂念在心。"

绥远将军点着头，不无遗憾地说道："当年，我心里不爽快，鲁肃力劝主公将妹妹嫁给刘备的时候，我没有劝阻，以至孙尚香有此一劫！这是东吴的千古之恨啊！"

文倩敏感地意识到，张公话中有话，遂问道："张公，你是说孙刘联盟也是千古之恨不成？"

张昭敛了笑，说道："现在还看不出来，再过若干年代以后，回头看，这联盟本身就是个千古之恨。"

文倩倾心听取。

张昭说道："这次西进的大论战，其结果也会变成千古之恨。"

他介绍了论战的全部经过，他对吴王犹豫踌躇的态度而心中不安。然又无可奈何。一鼓作气胜，再鼓力竭徒劳！"如此良机，进定可胜，三足已去一足！取益州之后，西出汉中，东出荆州，天下可望统一。否则，却坐失良机。这在后人看来，岂不是千古之恨？"

文倩已经大悟。

她说道："提出休养两月再西进，岂不是要让西进凉起来，然后再鼓而力竭吗？"

张昭说道："我想不透为什么要休养两个月再决定，吕壹本来坚决反对进攻西蜀的，却忽然改变主意。两个月以后再决定！有些怪异。"

文倩说道："内中必有诈！"

昨天，吴王和文倩说了西进之争以后，晚上她反复思索过，知道那一定是很激烈。果然如此，马上西进是有利的。刘备已经卧病，蜀国惊悸未安，已受致命之伤，力不自保。这时进攻十分有利！

而且，蜀国近期根本不能设防，唾手可得。

这蓦然决定推迟，无非是不了了之。

看来，主公对统一缺少信心！或者对刘备有恻隐之心。

为什么会如此？她百思不得其解。

今天听张公这么一说，她更警觉了，深深觉得自己的分析是正确的。

这推迟西进的决定，大有文章，不可小看！

文倩和张公探讨这"文章"，但得不出结论。

她只好别了张公，回自己府中去了。

回来后，她闷坐了老半天。

文好担心姐姐旧病复发，在一旁劝导说："姐姐，你又在想什么？何必过多思虑呢？国家大事，不能由你，何必去自忧呢？"

文倩无语。

她心中决定：静观其变，只能如此。

不过，她决定两个月后，一定劝谏吴王孙权下令西进。

她深信自己能够说服他。

……

两个月后，果然，吴王被文倩说服了。

为此，孙权连夜召集文武官员商讨，拟定西进步聚，并仍以辅国将军陆逊为西进大都督，潘璋为副都督，徐盛为左先锋，宋谦为右先锋，率兵十万，沿长江上溯，先取江州，然后兵分两路进取益州。

然而，刚刚拟定的进攻方案，还摆在那吴王孙权的紫檀木的雕龙案上，情况突变，空气骤然紧张起来。

7

魏皇帝曹丕将起兵攻吴！

这突如其来的消息，令吴王孙权不能不急，他进出不安。

这时，哪里还能去进攻西蜀呢？

忙于防御魏军的进攻才是当务之急！

武昌城中的百姓和官员听到这一消息之后，大为震惊！紧张气氛笼罩在武昌城头。

黄初三年（公元222年）九月，曹丕的大军分三路攻吴——

征东大将军曹休、前将军张辽、镇东将军臧霸，率领五万军出洞口（今安徽省历阳县长江渡口）；最高统帅大将军曹仁率五万军出濡须（今安徽省含山县西南）；大将军曹真、征南大将军夏侯尚及左将军和右将军，包围南郡（今湖北省江陵县）。

这些将军久经沙场，作战经验丰富，智勇双全，如泰山压顶般三路压来。

吴王孙权紧急调兵遣将抵敌：调建威将军吕范，率五万兵力及江防舰队抵御曹休；调南郡长、参军、左将军诸葛瑾、平北将军潘璋、将军杨粲增援南郡；裨将军朱桓据守濡须，阻挡曹仁。

各路人马按照命令开赴前线。

孙权考虑再三，又连夜将张昭、孙劭、文倩等人召集太极殿上，说道："当前局势危急，魏皇帝突然变脸，分三路进攻我，而扬越（今江西及浙江）一带少数民族还没有完全征服，是心腹之忧。我想上书曹丕，打算代王太子孙登向皇家求婚，行不行呢？诸位有什么更好的意见，请献出来。"

今天召来商议的人数很少，而且像秦博那些"联刘派"人物没有召来，故而意见容易统一。

张昭说道:"这么做,松懈一下,减轻压力也好,可腾出手来西进。"

文倩似乎没有信心。她说道:"此时求婚,不是时候,曹丕定然不会答应!然而,也没有更好的办法了,作为缓兵之计也无不可,可以一试。"

私下里,对这次曹丕分三路攻吴,文倩心中有个大问号:魏皇帝怎么突然翻脸来攻呢?我与刘备对峙达七月之久,他却未发兵来攻。吴王是他的臣子,皇上攻臣子,其中不无原因。

是什么惹起曹丕盛怒呢?

孙权最后说道:"诸位没有不同意见,我将派孙劭、子布护送王太子孙登入京。"

大家同意了。

张昭、孙劭回去做准备,离殿而去。

文倩仍留在殿上。

她望见孙权因为形势紧张,事情太杂而心中烦躁,想劝他几句。

"文倩侍中,你坐下,我知道你必有独到见解要和我说。"

文倩谢坐后,说道:"这件事很复杂,我一时也理不出个头绪来。假若魏帝不应允,主公将如何安排?"

孙权一时无语。

"狡兔三窟。主公不妨现在就着手,拟定新的作战布置,不能用水来沙挡的办法,只有新的策略才能战胜曹魏大军,再乘胜去逼近魏帝京都。"

孙权点头:"容我再斟酌。"

文倩虽有这个构想,但她毕竟没有实战经验。

如何布置?

三路军哪路坚守?

哪路抓住敌人弱点去重点突围?

然后,转守为攻,使敌前线崩溃?

她都不能拟定。

她怕因为自己的无能无知而干扰孙权的作战部署,遂告辞退下。

倘若往日,孙权会送她到殿外,今天,却坐在龙案后面,默默地望着文倩离殿而去。

代王太子孙登向魏皇帝求婚一事，先派人向洛阳送去一信，看曹丕有何反应？若有了应诺的口气，再派张昭、联劭去京师洛阳。

曹丕很快便复信了。

信上说：孤与阁下，大义已定，岂愿劳师动众，远临长江、汉水？王太子孙登早晨来京师，孤晚上便召回大军。否则，休怪无情。

"欺人太甚！"

吴王孙权读了曹丕的信之后，怒拍龙案。

他在案前来回踱步，胸中怒火燃烧，怒不可遏。

他忽然叫道："'黄武'！改年号为'黄武'！"

孙权原受魏皇帝之封，身为魏臣，故用的是魏年号黄初。如今，孙权决定改"黄初"为"黄武"，用自己的年号！这标志着与曹魏分道扬镳了！

实际上，三国鼎立局势已成定局。

这之前的所谓三国鼎立，不过是三个未定的割据局面而已。改了年号，意味着吴王孙权独立决心已定！

他欲与曹丕决一死战！

吴王黄武元年（公元222年）十月，已是初冬时节。

曹丕知道吴王孙权宣告独立以后，于十一月十一日亲自抵达宛城（今河南南阳），督阵大军进攻。那洞口、濡须的战鼓如雷震耳，上大将军曹真赶紧催动军队，缩紧对南郡的包围。

在东线洞口，东吴建威将军吕范号令严明，部队士气旺盛；曹休军队不能取胜。

谁知天有不测之风云！激战了许多天之后，这一天，长江陡起风暴，吴国江防舰队有许多舰锚链缆绳被风吹断，那断了缆绳的舰队如脱缰野马，飞也似的被风暴吹到了曹休营寨之外。

曹休立即率军捕杀，俘虏近千人。

幸得吕范率援舰船赶到，一阵激战之后，集结残兵败将退回江南。

那濡须、南郡战事更紧。

病在白帝城的刘备，本已垂危，忽听说曹丕进攻吴国，则下旨诸葛亮倾益州之兵东进，使吴王孙权腹背受敌，趁机夺取荆州。

诸葛亮鉴于陆逊守在蜀国大门之外，未敢轻动；上书蜀汉皇帝，推说一时难以集结军队。

刘备要东进的消息传到武昌后，吴王孙权更加忧虑，他一面命令辅国将军陆逊小心防守，一面召集文武大臣商议。

军师张昭说道："主公不必担心，陆逊还立在蜀国大门外边，他威震蜀国山河。诸葛亮不敢出兵！"

文倩没有说话。她想，即便诸葛亮贸然出兵，也绝不是辅国将军陆逊的敌手。

这时，秦博正在发表他的个人意见："天有不测风云！谨慎当然比大意好。主公不如派使者前往蜀国访问，以示友好；次则可以探听蜀国动静。如若诸葛亮有修好愿望，大事则成，可以不忧西线，只抗曹魏。"

"又来了！"文倩愤怒地想道，"只要联了刘备，三国便永久鼎立。那么，战争会连绵不断！"

没等文倩反驳，孙权却已经急着表态，而且，他的表态十分坚决，不容再议："这个谏议很好，可以缓和局势。蜀国力量虽然很弱，却可牵制魏国。"

孙权迅速传令："太中大夫郑泉，去蜀汉访问，恢复友好，再不多议！"

张昭、文倩等人，已经无机会发表意见。

9

半月之后，诸葛亮派蜀汉太中大夫宗伟，到武昌城回访。

自此，东吴、蜀汉恢复往来。

双方的反应是快速的，派的使臣也是对等的。

诸葛亮原不主张攻吴，怎奈刘备不听劝阻，以致惨败。

虽然如此，诸葛亮仍一心先灭魏，必联吴。

吴王孙权派使者到益州一事，是诸葛亮求之不得的，故而反应极快。

文倩自吴王孙权决定派郑泉去蜀国之后，她对于孙权近日来的一些决策，感到不可理解。尤其是再次与蜀汉修好，再次联刘，虽然是重压之下的无奈之举，却暗示了孙权统一的决心在动摇！

既然今日与魏友好，明日与蜀友好，谁能去攻谁呢？

曹操从不今日联孙，明日联刘，那才是统一天下的料子！

孙权既然没有进攻益州的决心，哪里还有攻取洛阳的勇气？

文倩心中飘浮着一朵不祥的乌云。她预感到，吴王孙权只图一方领土，已大减统一雄心。

今日联这家，明日联那家，为的是自家的眼前利益！如此下去，会前功尽弃！

文倩沉默了许多，不愿意再说话。

有时，她去张公府坐坐，倾谈心中的不快。

张昭当然已经观察到吴王孙权的变化，知道他已疲于应战，统一意志已衰！决心只保吴国领土。

张昭亦对赤壁之战前的教训，记忆犹新。

对立的意见，闹不好便会拔刀相见，谁还能劝谏？

他只好在府中与《春秋》为伴，专心致志。

有时使女请他去吃饭，一连叫了数声，他居然没听见。

唯文倩来访，他才肯真正放下《春秋》。

"真不明白，魏皇帝怎么会突然发兵来攻打吴国？"文倩像是问她自己，又像是在问张公，因为这问号在她心中徘徊了许久。

张昭说道："听说是为了王太子孙登，魏皇帝要求主公送太子去京师，吴王不答应，故而发起怒来攻。"

文倩还是无法释疑。

她永远不能明白，绥远将军张昭也永远无法明白，那是祸起萧墙！

魏皇帝曹丕，原本不信任吴王孙权，所以，他置多人劝阻而不顾，封孙权为吴王。

然而，今年（公元222年）八月，曹丕突然接到吴王的中书吕壹写去的告密信。

信上说——

吴王孙权阳奉阴违，表面对皇帝臣服，实际上暗怀二心。臣服不过是权宜之计，等消灭了蜀汉，孙权必将再回头消灭魏国，尔后统一中原！不信，皇上可记得吴王曾许愿要把王太子孙登送往京都，但为何始终不送？吴王马上西进灭蜀，岂可送太子于京都？

这是军师张昭给吴王献的计谋，让他推说太子还小，暂时不送王太子去京师。

攻西蜀却易如反掌！而后再接着去攻下京师洛阳！

若王太子到了京都，岂不自投罗网？

皇上若不果断决定，大祸必将临头！

……

曹丕阅了这封密信，气得脑浆都快要迸出来了！

难怪，这一年来，孙权几次保证送子来京都，却屡屡不送，总是推三阻四，原来是韬晦之计！

于是，魏皇帝发起三路大军，杀奔吴国。

……

此事，直到若干年以后，才由其他事引发，才知是吕壹暗中通敌，孙权砍了吕壹的脑袋。

这是后话。

文倩问张昭道："军师认为这次大战，胜败结局会是怎样呢？"

张昭笑笑，反问道："你认为会怎样？"

"谁也胜不了，谁也输不了！"

绥远将军笑出声来："你太敏锐！倘若是男子，你定能驰骋疆场无敌，运筹帷幄无人可比。"

文倩笑出了声："军师明知不可能，却偏这么说，让我好开心！"

"是的！曹丕兵分三路，战线拉长达数千里之遥，哪里想打赢仗？何况，谁想胜谁都难胜，谁也怕输谁也输不起！"张昭一针见血地说出了他对这场战争结局的分析。

这大概是总结三国的一句至理名言。

半年之后，这场貌似凶猛的战争，为这句至理名言所言中，终于不了了之。

魏皇帝曹丕下令停止南征行动，各军班师。

黄初四年（公元 223 年），也就是东吴大帝的黄武二年（公元 223 年）三月，曹丕无功而回到了京师洛阳。

谁也想赢谁也难赢，谁也怕输谁也不输！

这就是三国鼎立。

第十章

散花滩上迎英雄，御花园中看牡丹

1

黄武二年（公元 223 年）四月，西蜀白帝城传来一个意外的消息：刘备病故。

在武昌城中，这个消息并没有激起多大反应，连滞留在报本寺的孙夫人听了，反应也极平常。

刘备病死白帝城，诸葛亮又在跟东吴友好往来，西线平安无事，可以无忧。吴王孙权请辅国将军陆逊来都城武昌参加庆功会，并下令文武百官热烈欢迎英雄凯旋。

这一天，吴王坐在四轮绫罗车上，率文武百官出了武昌西门。这车名叫金根车，本是皇帝所乘大车，车用黄金装饰，相当于周代的玉辂，朱轮轼辄之上饰有虎龙，羽盖黄裹，树十二面旗，上绣日月飞龙，用六马驾，在驿道上缓缓向前。喜悦之情溢于吴王孙权的脸上，文武百官也洋溢着喜悦。出城数里，分列两旁，等候辅国将军的归来。

约莫过了半个时辰，远方传来马蹄的"得得"之声。

"来了，来了！"文武官员中有人喊道。

"陆将军凯旋，英雄归来了！"

吴王孙权下了四轮马车，前往迎接。

陆逊早已下车，他满身豪气，威武潇洒，大步朝吴王孙权走过来。他的身后，是朱然、潘璋、徐盛、孙桓、韩当、宋谦、鲜于丹、李异、刘阿等几位将军。

陆逊向孙权行君臣之礼，孙权亲手搀扶起陆逊；而后又逐个搀扶起诸位将军。然后，他回过身来，对辅国将军陆逊说道："伯言，你是英雄盖世，请坐车进城！"

陆逊连忙谦让："主公，君王和臣子，不可倒置！请主公坐车，我紧步主公车后！"

"礼让英雄功臣坐君王之车，古已有之。"孙权说道："今天应该你坐，你是有功之臣！"

陆逊说道："全凭主公洪福，为臣子尽责而已，不谈有功！"

孙权不由分说，强推辅国将军上了车："你功盖古今，上车吧！"

陆逊无奈，只好也拽着吴王孙权同上御车，说道："如果一定要臣坐车，请主公同乘，这才是陆逊的荣耀！"

孙权咧着大嘴笑了。

他高声说道："好，同乘！"

孙权与陆逊同乘着一车，缓缓地返回武昌城。后面，紧跟着朱然、潘璋等自西线归来的将军，其后则是千名侍卫、御林军，再后是文武百官、士兵，浩浩荡荡，好不威风！

文倩也在百官之中欢迎辅国将军陆逊的归来。

不过，她尽力避免露面。

孙权忙于和陆逊相见去了，没有注意到文倩在有意回避。这对于文倩来说，倒是求之不得的。她对陆将军佩服、敬佩、崇敬，然而，对于他，只可敬而远之，不可亲近，应该保持距离。这是因为他将是她的妹夫，接触要谨慎。

不过，在她的心灵深处，对英雄的兴趣已经不如以前了，淡漠了许多。她觉得，如果英雄并不能使天下统一，只能帮助巩固割据分裂，那无异于是为百姓制造痛苦。离得远一些，再远一些吧！

说句实在话，文倩全无那些文武百官欢迎英雄的狂热，她只盼走快一些，早一些回城。

孙权和陆逊乘坐的四轮车，已在前面进了城门，望不见了。

文倩机械地走着，她觉得双腿十分沉重。

2

武昌城里，盛大节日一般，家家户户以及店铺、作坊、百行百业，都披红挂绿，张灯结彩，欢迎英雄的归来。踩高跷、舞狮子、划旱船、耍大龙，欢天喜地，热闹异常。

辅国将军和吴王同乘一车，游巡街市。

车后，朱然、潘璋等将军骑马缓行，马头上都挂着红彩球。在城内自西门绕至南门，继而北门，再转向东门街市；最后出东门，来到武昌城外的散花滩上。

武昌城外的散花滩，在西山东麓。外港停泊着东吴战船，江边上有一平坦的沙滩。和西塞山下的散花滩一样，吴王孙权常常在这里迎接归来的将士，并向他们散花祝贺，军民们便称这里为"散花滩"。

散花滩的土台上，用松柏青竹扎成彩门，门上高悬红彩球。

孙权执着陆逊的手走上台来。

朱然、潘璋等西线归来的将军们也被请上了土台。

文武百官、侍卫、士兵在台下。

为了庆贺猇亭大战的胜利，陆逊带来了三百名士兵，作为全体士卒的代表。

庆功大会开始，钟鼓之声在江岸上回响，琴瑟之韵在半空中飘荡。接着，二十六名武昌女子飘然起舞，个个和仙女一般，舞姿婀娜，彩色裙带飘至孙权和陆逊面前。

舞毕，她们又给陆逊、朱然、潘璋等将军胸前戴上了大红花。

随后，她们端着花盘，代表吴王孙权，到士兵列中散花。

一时间，无数鲜花抛向了空中，旋即五色缤纷地落在将士们的头上、肩上、衣上，欢呼之声响彻云霄。

庆功大会到达了高潮。

"万岁！万岁！万万岁！！"

长江的浪涛回荡着，西山的山峰响应着。

……

庆功大会在高潮中结束。

孙权赐酒肉款待士兵，又在武昌宫中设盛宴招待凯旋的英雄将军。

文倩极不情愿地参加了宴会，她和步夫人等坐在一起。她脸上十分平静，依然挂着迷人的微笑。

她向吴王孙权敬过酒后，又走到辅国将军陆逊跟前，双手举杯敬酒，向他祝贺。

然后，她分别向十多位西线归来的将军敬酒。

整个宴会沉浸在一片祝酒声中。

宴会结束，文倩向几位夫人道别，又向吴王孙权告辞，便回到自己府中了。

完全说不出是什么原因，她对宴会没了兴趣。

3

宫宴的次日，吴王孙权又来到江边的钓名台上饮酒，邀请辅国将军陆逊和西线归来的将士们，孙权和陆逊坐在一起，朱然、潘璋、徐盛、宋谦、孙桓等依次而坐。

饮酒前，孙权忽然问陆逊道："据说，抵抗刘备之初，有些将领不听你的指挥？不服从你的命令？有这种事？"

陆逊笑着没有应答，不言其有，也不言其无。

孙权问道："当初为什么不向我纠举是谁不肯听令？"

陆逊大度，他说道："我身受重恩，而各将领有的与主公是至密之交，有的是有过贡献的功臣，有的是主公长兄讨逆将军的将领；而在我的内心，一直敬慕蔺相如的为人，这样才可成就大事。"

韩当在一边听得真切，十分难堪，不敢站起来。

陆逊是位开明的年轻将领，他随后又补充道："反对意见也有好处，常常可以矫正我的错误决定，以免决策失之偏暗！"

孙权听了陆逊的解释，非常高兴，说道："伯言肚里可撑船！忠勇大度，天赐大将军予我！好，饮酒！"

酒过三巡，安东中郎将孙桓举杯近来，先敬王叔孙权，再敬辅国将军陆逊。孙桓是京城将军孙河之子，吴王孙权的堂侄。

他端着酒杯，对陆逊说道："在夷道被蜀汉军队包围时，实在恨你不肯救援。过后，才知你计谋深远，神机妙算，调度有方！我敬你一杯。"

看到他们高兴对饮，孙权更是高兴，主动陪了一杯，然后要大家陪着干三杯，以祝贺大家消除误会。

这样一来，又进一步地激发了大家的酒兴，他们相互敬酒祝贺。

差不多的人喝了个七分醉了。

此时，孙权酒兴大发，他重又挨个敬酒，敬到虞翻跟前时，虞翻装醉倒地；孙权刚喝完，那虞翻又从地上翻身起来。

孙权见了，怒从心起，随手拔出宝剑，要杀虞翻。

在场的文武官员无不惊骇。

孙权怒不可遏："你竟敢戏弄我？"

张昭见吴王真的要杀人，便抢上去抱住孙权，说道："主公息怒。你三杯老酒下肚就要杀正直人士，即令他有罪，天下人谁知道？主公因为能够容纳贤才，集结部众，所以在四海之内，望风仰慕。而今一旦废弃美德，可不可以？"

孙权气呼呼地说道："曹操还杀孔融呢，我杀他不过小事一件！"

说到这里，陆逊站起来求情道："曹操之错，天下人自有评说，主公不必仿效他。主公看在陆逊份上，请饶了他。"

孙权这才饶过虞翻。

……

第二天，孙权忽然想起了这件事，自惭酒醉误事，险些杀人。遂下令说道："从今以后，我酒醉以后说要杀人，不作数！"

这也算是对虞翻的忏悔。

4

连着几天，孙权陪着陆逊除在武昌城内部巡视之外，便在一起饮酒，谈论国事、军事。陆逊虽然天天跟孙权在一起，但他心中很不安，他挂念起前方的将士。十天前，经孙权同意，他已令朱然、潘璋等一班将领提前回了西线，以防日久军中出事。

尽管如此，他还是放心不下，将不可一日离军！

于是，这天酒后，趁孙权送他出宫的机会，他对孙权说道："主公宠爱小臣，小臣感恩戴德。小臣是带兵之将，已经离开军队月余，该返回西线了。"

孙权思索了片刻，缓缓地点着头，说道："好吧，有事随时来武昌。"

陆逊说道："谢主公恩宠，主公招我，即来武昌。"

孙权忽然说道："伯言，我有一件事跟你相商。"

"小臣洗耳恭听。"

"伯言已经立德、立功，就是还没立家啊！"

辅国将军年轻，立即脸红。

他说道："主公的意思我已经领教，多谢关心。三年之后，我在西线迎娶主公侄女，到时，可令主公侄女由吴郡京口（今江苏镇江）乘船西去。"

孙权问道："为何不来武昌迎娶？"

陆逊笑笑，回避了这一问。他说道："请求主公答应小臣的请求。"

孙权似明白非明白，他说道："好吧，娶了我的侄女之后，可在适当的时候迎娶文好。文好貌若西施，聪明可人，我把她当自己的小妹子看待，是位贤惠的女子！"

陆逊说道："那是后事，请主公回宫。"

孙权和陆逊在宫门前分手。

此时，文倩和文好正在府中院里练剑，她们练得十分认真。

陆逊出宫以后，没有回自己安歇的驿馆，而是在街上站了片刻，他又毅然转向南街，那是通向侍中府的街道。明天就要返回西线了，他要和文倩姐妹见一面，他鼓起勇气向前走去。

记得那年他奉命率军西去，登上船头时，心绪很乱，他不敢看站在岸上送行的文倩；后来，也许是鬼使神差，他竟要求主公将文好赐予他！他也不知道自己为何会提出那样奇怪的要求？事后，他曾忏悔过，他看见了文倩刹那间的表情，知道她听了这话之后，心里太难过了，那是当头沉重的一击啊！他对不起她，无论怎么解释，即便有一千个道理、一万个道理，都不能代替那重锤的一击！

解释，无非是开脱自己，但他没有勇气。

他痴立街头，犹豫踯躅。

过了一会，他又倏然迈着大步向前，他不能不见她们。

然而，他又戛然而止，再一次犹豫起来。

见了文倩，还见不见文好？她们会不会欢迎自己？这次来武昌城开庆功会，她为什么不主动来见自己？好像还躲着他。她的那颗少女心中，还记着登上船头的那一幕吗？她能原谅自己吗？

他在千军万马之前不曾心怯，也从未想过退缩，但他却在文倩门前心怯了，退缩了。

他又慢慢转过身去，走了，再也没有回头。

门外的情况，文倩和言好不曾知晓，她们在专心致志地练剑。

辅国将军陆逊西返前线。

吴王孙权组织了庞大的欢送队伍，武昌城的文武官员、侍卫、卫士等，全部出动。出西门往西，途经西山南麓。

孙权和陆逊并驾齐驱。

文倩在队伍中行走着，她面无表情，仿佛欢送的是一位并不相识的人。不过，她的眼睛时不时望着孙权旁边的那匹马，那个年轻的将军；只是他头也没回，昂首向前。

过西山南麓了。哦，那里曾是往日和吴王谈心的地方，是陆逊将军教她骑马的地方。那时，她是多么天真烂漫，生活多么美好！

她又朝吴王身旁的那匹马望去，那目光，似有一些痴情，又似有无尽的忧伤。

陆逊在武昌月余，文倩只见过他三次：欢迎欢送各一次，散花滩上一次。

严格说来，只有两次，欢迎和欢送。

那散花滩只是欢迎的延续。

……

如今，他要走了，他的心好狠啊，连回头一次都不肯？她多么希冀陆逊那炯炯有神的目光，会突然掉过来，赤诚地射向她！

文倩差点儿落泪。

……

陆逊别了孙权，别了欢送的官员、士兵，一打马，奔西而去。

侍卫和百余士兵，跟在马后，一步不落。

前面路上，扬起阵阵灰尘。

走了，辅国将军陆逊终于走了。

文倩心中说不出一种什么滋味，似心被拽去，跟着那飞扬的尘土西去了，留下的，是她沉重的伤感。

欢送的官员往回走。

文倩机械地回过身来走着，只觉得步子无力。

"文倩侍中！"

文倩惊慌失措。

原来是谷利策马奔来了，后边还跟着军师张昭。

谷利翻身下马，关切地问道："你怎么啦？脸色苍白，很是难看。"

原来，孙权没见到文倩，便派谷利回来接她。

张昭心细，也跟来了。

谷利催促道："侍中请上马！"

文倩有些犹豫。那是谷利的马，也是一匹烈马。

张昭瞧了瞧那匹骏马，笑着说道："侍中姑娘，你骑我的马吧，我的马，像小绵羊，我平时也不骑马。"

文倩苦笑着说道："张公，身为绥远将军，岂有不骑马之理？"

张昭笑得很开心，说道："将军？那是魏帝封的，一个空头衔。我从来不曾率兵打仗，更不曾绥远，故此将军不骑马也！"

文倩对谷利说道："你去代我谢主公，就说我不骑马，想和张公步行同步回城。"

谷利抬头望去，见孙权已经远远走在前面了，便央求她说道："侍中，上马吧，否则，主公会怪罪了。"

文倩无可奈何地说道："这样吧，我们三人同步行走，主公就不会怪罪了。"

只好这样了。

谷利牵着马，跟在文倩和张昭身后走着。

他们已近西门。

文倩和张昭谈笑风生，他们说的多是国事和天下事，很少拉家常。眼下西线太平，魏皇帝派兵进攻汉中去了，东线和北方相安无事。

既然吴王暂时不可能西进，更无决心北征，权且只得如此。

不过，吴王应该抓紧治理国家，虽然武昌百业兴旺，民富城安，可是，在吴国广大的领土上，百姓还十分贫困，水旱灾乱不断，尚有许多地方并不安定，匪盗扰民，贪官胡为，要励精图治。

他们说着说着，不知不觉到了分手的街口。

分手时，张昭对文倩说道："如有时间，我们再聊，不要闷在府中。"

文倩说道："好，我十分乐意聆听张公的至理教诲。"

这一老一少，已经成了忘年之交。

孙权别传

209

吴王孙权许久没有召集大臣们议事了。

原定五日一小议，十日一大议的议事制度，因辅国将军来武昌而打乱。如今，该严格执行原定制度了。

陆逊走后的第二天，孙权便召集文武大臣到太极殿，商讨军事、政事。

这样的会议常常只有形式而无内容，并没有具体事件要讨论。

大臣们知道，这只不过是礼仪和制度的需要。大臣们参加，往往只是走走过场。先是由文武百官向孙权跪礼，礼毕站立一旁，有事则议，无事则由吴王孙权训示，完了之后下殿，如是而已。

今天是吴王孙权召集大臣例行议事。

他问大臣们有没有事要议？没有人提出有事要议。

于是，孙权说道：“原制定的上殿制度，必须一如既往地坚持，不得随便缺席。”

这时，绥远将军张昭站了出来，他说道：“老臣有一议，眼下诸葛亮已经派邓芝来吴联和，西线无事；魏皇帝进攻汉中去了，北边也安然无恙。都城（武昌）百业兴旺，一派繁荣。主公可派使去海南诸岛，通行通商，以便广施仁义，富强国力。”

所谓海南诸岛，是古时习惯称呼，其中包括海南岛、台湾、吕宋等岛。

孙权略一思量，觉得这个意见很好，与那些大后方的海岛、异域发展友好关系，利国利民。这吴国越辖地除荆州（湖北、湖南等地）、扬州（安徽、江西等地）和吴越之地，还有交州（广州、广东等地）、交趾（越南河内市），若再与其他南方诸国通商，对吴国内地经济发展有利，且对长治久安利多弊少！何乐而不为？

孙权高兴地接受了这个意见。

中书吕壹站出来说道：“主公至尊，魏皇曹丕早已废了汉献帝，以魏代汉；蜀汉昭烈帝虽然驾崩，幼帝刘禅已经继位；唯吴国有国无皇。今天下三分，主公至尊征南战北，功盖山河，三分领土已据其一。东吴天下富庶，东吴之民强悍，甚过曹魏，主公何不登基？应使吴国有尊号，名副其实！”

秦博接上说道："中书的意见很好，文武大臣早有议论，吴国各界人士都有此意，企盼功比昆仑的主公登基！"

张昭心中骂道："奸佞之徒！专事诌媚，祸国殃民！"张昭本来还有个重要议题，此时却被吕壹打断。

文倩听而不闻，但她全身麻木，心中战栗。

吴王孙权大半年来的演变，使她已经惴惴不安，苦恼忧思。如今，又有人撺掇他当皇帝。这好，一个国中，三个皇帝！如果还能有人站出来，那么神州就有四个皇帝、五个皇帝了！算得上超越古代之辉煌。

春秋战国只有诸侯割据战乱，并没有二帝共存。

中国如吕壹者，世代不乏其人。

事已至此，文倩无力扭转。

然而，令人惊诧的是，吴王的静态却出乎她的意料之外："我已多次阐明，江山不统一，决不称尊！除非天意昭明，否则不许再议此事，违者诫罚！"

孙权的态度坚决，且不含糊。

吕壹和秦博低下了头。

文倩咬了嘴唇。

孙权又问大臣："还有事要议没有？"

张昭又站了出来，说道："老臣去年西去慰问之时，途经夏口，听见夏口（今武汉市）民间有一个很动人的传说：昔日有一黄鹤，常常立于蛇山之上，关注着过往客商和船舶安全。后来，有一天，一位老仙翁骑着黄鹤飞去了，千余年未归。如今，仙鹤所立之处，常有白云缭绕，颇有思念之意。这传说富有深厚的感情色彩，主公可否遣使前去蛇山烧香安抚之？"

孙权思忖了一会，说道："仙鹤去未归，白云千载忧。颇有人间真情，我很怜悯。这样吧，可以建一楼阁于白云缭绕处，以纪念此鹤！"

张昭又说道："请主公为此阁赐名！"

孙权稍作思忖，说道："就叫'黄鹤楼'吧！"

接着，孙权又说道："你可书写'黄鹤楼'三字嵌于阁上。"

张昭遵命，显然很乐意。

今天的两大议题，都为吴王孙权高兴地接受了，他很愉快。

回到他的张公府后，他坐在桌前，一再试笔，才写下了"黄鹤楼"三个苍劲有力的大字，请了匠人，刻之于青石之上。

......

后来，黄鹤楼建成了。

张昭命人将这刻好的"黄鹤楼"三字嵌在阁头，面江而竖。

过往船只，举眼便可望见那三个醒目的苍劲大字。

江低阁高，居高临下，巍峨耸立，如入霄汉，黄鹤楼之景观，传世千古。

7

孙权对文倩的感情，不但文倩心中明白，就连张昭和几位夫人也明白，但无人说破。

文倩对孙权的感情，可以用"敬爱"二字归结。

她仰慕他，爱慕他，但她常常为自己的多情而感到忧虑。最终，十有七八得到的都是可怜的自哀！多半不会有好结果！

孙权对她一往情深，却从不相逼，这就使她感激又感动。

但是，孙权联蜀不前，拒魏不战的策略，又使她心中十分沉重。

莫名的忧伤困扰着她，使她不愿意多出府门。

孙权几次派人请她去宫中，她有时推说不适，有时不得已去见，但言谈不如从前融洽。

然而，闷在府中又颇感无聊，这无聊之苦实在令人不堪忍受！和妹妹一起练剑，便成了她生活中的重要内容。

这日早饭后，她和妹妹又开始练剑。她先活动了手脚，然后舞动起孙权送给她的那柄青铜宝剑。娴熟的武功，使她挥剑自如，急缓有序，如行云流水。

这时，侍从官谷利来了，对她说道："侍中，主公请你去宫中。"

文倩收住剑，问道："有什么事吗？"

"主公只说请你去，并没说什么事。"

文好说道："姐姐，你去吧，主公空闲下来，就会想起你呢。"

文倩也不恼妹妹，她收了青铜宝剑，别了妹妹，和谷利步行进宫。

孙权早在宫中静候着，见文倩来了，高兴地说道："我知道，你会问请你来干什么？对吧？"

文倩答道："我的心，仿佛还跳得厉害呢！"

"我经常请你来宫中，怎么还心跳呢？你胆子如此之小，正是善良的表现。"

"我的弱处，都能被主公夸成善良，真是批评有方。"

孙权说道："你没有半点我认为不美的！"

文倩的脸又红了，这是少女特有的自羞红。

孙权说道："御花园里，正百花盛开，特意邀你前来赏花。"

"步夫人可一同去吗？"

孙权敛了微笑，说道："她身体不适。"

文倩见孙权不高兴，知道是他不愿意带着步夫人同游，就跟着他进了御花园，身后还跟了六名使女。

这御花园不算太大，却秀丽满园，春色盎然。东院墙下梨花洁白，西院墙下桃花红艳，南院墙下牡丹火红，北院墙下芍药芳香，中间亭边一片兰草，兰花初开，花香渗入肺腑。

文倩赏花十分认真，从花朵看到绿叶、枝茎，有时还伸出鼻子闻一闻，脸上洋溢着青春的光泽和浅浅的微笑。

这使孙权更加高兴。

"你除了上殿，"孙权忽然说道，"却很少来见我，似在回避？"

文倩觉得不便回答，她思忖了片刻，岔开了话题："如今西线无战事，东线无忧虑，主公要清闲多了。"

孙权在推敲文倩说这话的含义。不过，他最终也还是没推敲出来，便说道："可知道，我的心中并不快乐啊！"

文倩快速接上话头："身为王者不快爽，臣子的日子就不好过了。对吗？"

"我心中的忧愁，难道你还不明白？"

文倩没有马上回答。

她向前走了几步，来至一株桂花树前，说道："请原谅我直言不讳，主公不忧别人，只忧自己！"

孙权瞪着眼睛望着她，有些尴尬。

他知道文倩近来疏而不近，是不满意他联合蜀国。那是迫不得已啊，不能把进攻曹魏看得太容易了，联蜀仍是权宜之计。

蜀国的邓芝说到了要害，那是当前生死之事。

前月，诸葛亮再派邓芝来拜见孙权。

吴王曾问邓芝说："如果天下太平，两位皇帝分别治理自己的国家，岂不是一件乐事？"

邓芝听了吴王所说，笑起来："天上没有两个太阳，地上没有两个君王。如果你消灭了曹魏，到了那个时候，两个君王广布他们的恩德，双方的群臣各尽他们的忠心，恐怕又将擂起战鼓，战争不过才刚刚开始呢！"

孙权将"天上没有两个太阳，地上没有两个君王"的话，告诉了文倩。

文倩似笑非笑，说道："最后一句说得很对，战争不过才刚刚开始。而且，只要两方联合对付一方，战争便没有终止的日子。"

孙权说道："作为我的侍中，你未免太不乐观了啊！"

文倩说道："我预言，除非来了一位第四者，否则三国永远鼎立！"

这是直言不讳！

吴王有些难以接受，但他不想辩解。

文倩得理不饶人地说道："主公真的有意去统一神州？依我看，不是力量不够，是胆量不够！"

请文倩来御花园，是要畅游的。

孙权自然要回避这尖锐的政事。因此，他把话锋转过来："好了，不说这些，说些别的，好不好？"

文倩知道今天要她来这后花园一游的含义。但她仍旧沉浸在忧虑中，并无取宠兴趣。

此时此地，不过是无奈地奉陪这位东吴最高统帅而已。

她岔开话头说道："主公，战争太久了，百姓离开了田野，粮食产量严重不足，饥饿难当。主公应该下令屯田积粮，大兴果木、广种瓜豆啊！"

孙权本不想说这些，但又觉得这个问题很重要，便说道："是的，这个想法很好！当初，我曾带人去樊川以北开过荒，种过南瓜呢！"

"据说，"文倩说道，"陆逊将军也在荆州命令将士开垦农田，广积粮食。"

孙权感激她的建议。

原先，他虽然知道陆伯言开田种粮的事，觉得陆伯言很有魄力和眼光，他却未再进一步深想。

他说道："很好！伯言走在我们前面了，我决心带领王太子及大臣，一道去拓田种粮。我虽不及古人，却可以与大家均等其劳，广积食粮。"

他们来到牡丹花前观看。

这牡丹不愧为名花，鲜嫩的花瓣，红中吐白，无比妖媚，它妖艳而不高傲，坦荡而不轻佻，端庄而不拘泥，落落大方，超凡脱俗。

孙权听说文倩喜爱牡丹，便安排在亭中栽种。

这些牡丹是去年冬天从洛阳城运来的，据说，为了防止途中寒冷的天气冻伤牡丹，白天盖着暖被，晚上搬进客栈。栽在宫中之后，为了催芽，还以油绢为罩，以温水喷洒，所以方才如此茁壮。

文倩很喜欢牡丹，幼年时，她父亲在庭院里种了一株牡丹，她喜欢极了，只要牡丹一开，她便成天守在花前。母亲说道："文倩，你这么喜爱牡丹花哦？"文倩便天真地回答道："嗯，我要是棵牡丹就好了。"她的话，惹得父母大笑，说她异想天开。

如今，父母的笑声听不见了，她心中只有几分凄然。

孙权突然问道："你很爱牡丹？"

文倩惶然地回答道："我什么花也不喜欢。"

"不，你一定喜欢牡丹。"

"为什么？"

"因为你像这牡丹。"

文倩咬咬嘴唇，没有说话。

孙权笑了。

过了半天，他忽然指着一边说道："瞧，你可喜爱？"

文倩侧头望过去，见是一座不很大但却雅丽端庄的房子。原来，那是一座小宫殿，别具一格。

她微笑着看着这座小宫殿。

她的聪明告诉她，这座小宫殿在她的图中并未设计，定是吴王为立王后而建造的。

步夫人在后宫，这园中之宫是为谁建造的？

不问自明。

她的脸上又泛起了小桃红。因之，她笑而不答，也不愿回答。

孙权解释道："这是望月宫啊！"

文倩再仔细瞧过去，望月宫前一株桂花树。如今虽不是桂花的季节，但这株桂花树的树叶却翠绿鲜艳。桂花树旁，一只白玉石兔正向宫中奔去，玉兔栩栩如生，逼真动人。

文倩敏捷地意识到，这是玉兔奔月的典故，构思够精细，够高明。那桂树，正是月中之树，那月，像征思慕和美好的爱意、执着的恋情。

望月宫建造得饶有情趣，文倩便半开玩笑半认真地说道："主公构思奇巧，用心良苦！"

"不过寄托我的思恋罢了。望你来这做望月宫主人。"

文倩想想不甘心，便硬着心肠又补充了一句："听言观行，只怕主公言而无信！"

孙权笑道："我有遗憾！"

"主公的文臣超百，武将上千，步骑水军数十万，更有东吴广袤之地，还有至高无上的权力，你有什么好遗憾的？"

孙权说道："不错，我可以拥有一切，但有一件重要的东西却不能得到。"

文倩故意睁大眼睛，惊问道："是什么？"

孙权说道："是真情！我虽为王，但也有七情六欲，有爱有憎。为君为王者，娶妻多为强娶而后爱，而她们却得不到真正的钟爱！"

文倩红着脸说道："既为君王，也可以强娶自己钟爱的女子。"

"俗话说，强扭的瓜不甜，强娶没有真情。"

文倩深为吴王的态度和话语所打动。

然而，她心底的那道忧虑的屏障，尚难以逾越。

她不忍心再刺激这位多情的吴王，嫣然一笑说道："主公在我面前，曾有过誓言，一定要统一神州的哦！"

孙权答道："我至今不称皇帝，就是因为江山未统一；今不立王后，是因为等待着你。申时迎娶你，酉时我封你王后。"

孙权抬起头来，眼睛紧盯着文倩，继而抬高了嗓门说道："我要得天下，也要得文倩。"

文倩略略低头，心中忽有股热流涌过。

她蓦然抬头，毅然决然地说道："主公若真心爱文倩，请等到神州统一之时！"

孙权望着文倩美丽但不乏刚毅的脸庞，无可奈何地叹了一口气，再没说什么。

文倩知道，这时的孙权，心中一定塞满了寒意。

孙权欲挽留她在宫中进膳，她婉言谢绝了。

<h1 style="text-align:center">8</h1>

直言不讳、开诚布公地说出自己的心事以后，文倩心中隐隐有懊悔之意。诚然，吴王给予她的，是真正的爱，是古今帝王少有的爱。吴王只要一张口，就可纳妃；瞪瞪眼睛，就可以赐死。而对于她，却爱而不逼。

她知道，作为东吴的主人，吴王已娶有步夫人，吴郡还留有王夫人、徐夫人、潘夫人，分别生有子女。然而，除步夫人以外，他对于其他妻子都是"冷落婚姻"。

如今，吴王对她一往情深，却遭到了她的冷遇，这是吴王无论如何都不曾料想到的。

……

天天练剑，也有些腻了。

这天午后，文倩带着妹妹又去了张公府串门，她和张公说话多为国事、天下事，少有家常可谈。

这天他们说起军事形势。

魏帝曹丕分三兵来攻吴，无果而归；之后又去攻了一阵子汉中，仍没有胜负而归。

前两月，曹丕又率水军舰队，再来攻东吴。

目前，曹丕住在谯县（今安徽亳县），准备进入涡水，后入淮河，再进长江。如此算计，还要数月，吴王有足够的时间准备迎战。

"迎战不迎战，"绥远将军张昭无所谓地说道，"还不就那么一回事！"

文倩急问道："为什么？"

"谁还真打？"绥远将军说道："到时候，两军对峙一阵子，或厮杀一阵子，仍无结果，就得撤离，无胜无败，各自罢手！这就是结局。"

文倩禁不住问道："张公，你说，为什么不真打？害怕消灭对方不是？"

张公率真地说道："那倒也不是！输了，就当不成皇帝了，不输，好歹还有当皇帝的希望。"

文倩被他的话逗笑了。

张昭忽然说起二位乔夫人。

小乔夫人和大乔夫人要回吴郡去，因为小乔夫人要嫁姑娘了。

小乔夫人的女儿已经许配给王太子孙登。

赤壁之战后，大都督周瑜忽然在巴丘病故；吴王孙权心感其英勇善战，痛哭不已，将自己年幼的儿子孙登和周瑜的幼女定了亲。当时，周女尚抱怀中，如今已长大成人，活脱脱一个小乔夫人，天姿国色。王太子孙登也已成人，决定娶太子妃。周女在吴郡，要嫁来武昌，路途遥远，小乔夫人必须提前回去。大乔夫人和小乔夫人是同胞姐妹，也跟了同去。再说，吴王三弟孙翊之女将要嫁给辅国将军陆逊，大乔夫人也要去帮助张罗，所以，她们姊妹二人便相邀同回吴郡。

由大乔夫人，张昭又谈到了讨逆将军孙策。

提及孙策，张昭感慨万千，往事历历如在眼前，深感孙策早逝可惜。

忆起孙策，张昭心情沉重，尤其如今这"你不胜，我不输"的局势，更使老将军伤心。

他说道："若孙将军在世，天下不会是今日这个局面！"

文倩听了，只有默默地点头。

第十一章

狂风击沉长安号，重臣力举张子布

1

天又要下雨了，空中浓云密布。

在武昌城北门外江边上，步夫人、文倩姐妹送大乔夫人、小乔夫人上船。

吴王孙权因有急事脱不开身，遂派孙劲代表他来送二位乔夫人上船。

二位乔夫人乘坐的船刚刚在江面上消失，大雨就下了起来。

文倩姐妹没来得及回府，只好躲进了一家店铺，文倩早就想买一段丝绸，今天有了机会，便去柜台上买了；她还给妹妹买了布，准备做衣服。

这家店以经营布匹为主，这些布多半是武昌纺织的葛藤布，价钱便宜。武昌产的葛藤布非常多，有五家专纺葛藤布的工场，原料来自都城南边的群山之中。

那葛藤长数十丈，质地细密柔软，都是野生的，山里农民便割了下来，到店里来卖。

在当时，武昌的葛藤布很有名气，长江北岸的百姓都坐船过长江来买。葛藤布是百姓们的主要衣料，相比之下，那棉布就显得高档了许多，一般百姓穿不起，多半为普通商家、工匠等有经济收入者来选购。

而绸缎则令"布衣"们望尘莫及，唯有那些富商、工场主、官员和他们的家属来购买。

但武昌富商多，官员也多，因此，绸缎生意非常兴隆。

回到府中，使女们都很惭愧地说道："侍中大人受苦，快下雨时，我们便急着拿了雨具去了北门江边，但那里早就没有人了，回头来，大家分头去寻找，也没寻着。请求原谅奴女。"

文倩说道："这事不能怪你们，我们去街上店中躲雨了，衣服都没打湿呢。

饭熟了吗？吃饭吧。"

使女们很高兴主人没有责怪，争着端上饭菜上桌。

最初时，她们只服侍主人，并没有资格上桌吃饭，等主人用过餐了，她们才能去吃剩下的饭菜。

文倩很不喜欢这种老规矩，何苦要分高低贵贱呢？她就要破这老规矩，要使女们同桌吃饭，不许饭后再吃。

开始，使女们很过意不去，竟然只是陪着，不能下饭。时间久了，才慢慢习惯了，大家情同姐妹。

这在当时，实际上是不允许的。

但因为文倩的身份和处境的原因，谁也不敢有异议。

文倩觉得自己并没有什么高贵的，再说，高贵的是人，低贱的同样也是人，只不过低贱的遭了厄运。其实，这些使女，各自都有一本苦难的家史，有的原本家境相当好，是战争毁了她们的家，灾难降临到自己头上，当了供人使唤的下等人罢了。有时候，谈起家常，问起她们的身世时，问到了伤心处，她们都哭了，文倩也哭，哭得更伤心。

文倩事后便对文好说道："这些使女，当视为同母所生的姐妹！"因此，她们能够亲密相处。

这使文倩感动快慰，便增加了许多团聚的乐趣。

2

御花园分别之后，文倩又有许多日子没有和吴王孙权单独相见，只是在太极殿上以君臣之礼相见。

与文倩相处，似乎已经成为吴王生活中不可缺少的内容，有三两天不相处，如少了许多什么。她有一种特殊魔力，应该说是一种力量的吸引。

他却发现她在回避他！时远时近，亦亲亦疏，爱而不可得。

是的，他是吴国之王，执戈骑马，击博沙场争来的王位，实际上早已是不言而喻的皇帝。

然而，皇帝又怎样？不也和常人一样，吃、喝、拉、撒、睡？不过穿了与常人不同的龙衣，拥有至高无上的权力，可以有三宫六院罢了。

但孙权的秉性是奋斗、追求!

对于未来的皇后,强夺毋宁追求。

孙权有特殊性格,越是追求但又不可得时,他便越是要去追求不舍,宁可委曲,也要求全。

他喊侍卫,谷利倏然站立眼前。

"谷利,"孙权说道,"你去请侍中来。"

谷利应声而出,但又被喊住。

"请侍中往北门去。还有,让文好也同往。我将去北门。"

谷利快速而去。

这位贴身侍从官,小名阿利,早年就跟随吴王,算得上是一位忠诚敏敏的老资格侍从了。他不仅捍卫吴王的切身安全,而且敢于以身护主。有一年,吴王当时还是讨虏将军时,在清遥津(今安徽省合肥市附近)作战,敌人从后面追上来了,吴王骑马在前面飞奔,谷利骑马在吴王后面紧紧跟随。前面的小桥被拆,不能过去。情况十分危急。吴王急中生智,使马后退数十步,然后,令谷利在马后猛抽一鞭,马于是跃过断桥!敌人无法追得。

后来,谷利涉水过来,追赶上主人。

故而,他们成了生死之交的主仆。

北门外边的江面上,波涛连涌。在武昌这段宽阔的江面上,算是平常现象。这江面无风三尺浪,何况今天有风,风虽不算大,足可以舞浪弄江。

今日天气晴好,江上船只扬帆飞驰,东来西往。靠近江边,偶有三两渔船撒网江中。那情景,很有诗情画意。

天王孙权今日要在江中试航。

那是武昌的造船工场新建造的大楼船,此船又长又大,可用来运兵、运货物,必要时亦可用来作战舰。

那时的武昌造船工场,虽不及建安郡(今福建省闽江口一带)造船工场规模大,却足可造大船。在长江上航行、作战用的船舰,在武昌的造船工场均可以建造。

吴王今天要亲自试航的舰船,是新造的楼船"长安号"。

过去,建安郡曾为吴王造了一艘可容千人的楼船,张昭建议叫"长安号",取长治久安之意。此船随孙权征战多年,经历了无数狂风巨浪和战火硝烟,打了不少胜仗。但终因年月太久,水火相损,不宜再供水军所役。于是,在武昌造船工场造了这艘更大的楼船。为了承前启后，张昭建议仍以"长安号"命名。

斗大的"长安"二字，涂以丹漆刻在楼船两侧，十分壮观。

"长安号"船停泊在北门外的长江边。绥远将军张昭，丞相孙劭、太常顾雍等大臣，已在船上等候。孙权、步夫人坐在北门里的车上。文倩姐妹来了之后，她们同出北门，驶向江边的"长安号"。

"长安号"离岸边有三十多步远，须走过一段很宽很厚的跳板才可上楼船。孙权上去以后，步夫人、文倩姐妹在使女和卫士们的保护下，战战兢兢地走过了跳板。

谷利请示是否开航？

吴王指挥命令："起航！"

七八个水手解开缆绳起锚，拿撑篙用力撑开硕大的船体，掉头逆江而上。

离岸百余步，水手们才缓缓地扬起巨大的、葛藤布制成的风帆，顺风如箭，大船斜插江心。

渐渐地，那迎头而来的流峰，向船头击来，但一个个都被硕大的船体击得粉身碎骨！看来，江浪无奈楼船。

但越往西江，风浪就越大，"长安号"的船身渐渐有点儿摇晃。

文倩在江心遥望西山下的钓鱼台，忽然对吴王孙权说道："主公，你们常常去钓鱼台饮酒，是吧？"

孙权眺望着那钓鱼台，步夫人、文好的目光都被吸引过去。

孙权说道："好长时间没去那里饮酒了啊。"

文倩说道："选了这钓鱼台饮酒，面对辽阔的江面，可以乐而忘忧。"

她接着又说道："天下三分，三足鼎立，足矣，何忧之有！"

孙权知道她的话意，回答说："等我统一天下了，我再来钓鱼台痛饮，到时你可来陪我？"

"到那时，皇帝在钓鱼台饮酒，可以一醉卧江流呢！"文倩不无感慨地说道："自古有许多可以创大业的英雄，常常是先亡命奋战，而后贪图享乐，再后，便功亏一篑！"

张昭心里暗自点头赞许，但又担心吴王不高兴而生气。

但吴王脸上挂着温和的笑容。

孙权说道："所以说，我很高兴和你在一起，明言至理，常在耳边，可以使我清耳醒目。"

"长安号"已行至与西山平行的江面。

风浪更大了些，浪已不似先前驯良，面目开始狰狞起来，像一头头野兽，一个一个往楼船横扑过来，船身开始摇晃。

长江北岸，有一排赤色石墙如屏风般排立在江水之中，岿然肃穆。江中的一个个巨浪扑过去，又一个个在石墙上粉身碎骨。

孙权盯着北岸的赤壁，大发感慨似的说道："听，浪击之声，像十多年以前的赤壁鏖战之声！

文倩忽然记起，几年前，小乔夫人北望赤壁、追忆周郎、悲伤流泪的那一幕。她说道："风流过去，江山依然，今天也会成为过去的，成为有意思而没有意义的过去！"

波涛更大，汹涌澎湃。

文妤心间有些紧张，她紧靠在姐姐身边，如同那年风雨中瓦飞椽折一样，二人紧缩成一团。

文倩自然暗暗惊骇，瞧瞧步夫人那张脸，已经惨白，双眼恐惧，看上去非常可怜。

张昭建议说道："主公，楼船掉头回去吧？"

孙权把风浪全不当回事，诙谐地说道："当年乘东南风进攻赤壁，今日有西北风来袭西山！"

"哗啦！哗啦！"楼船在大浪中颠簸，"长安号"已经不能前行，似乎在后退。

船工不得已落下葛藤布风帆。

船工向吴王请示说道："风流太大，很危险，航行目的地变不变？"

孙权满不在乎地说道："继续驶向三江口！"

说完，他便和几位大臣去船楼上饮酒去了。

忽然，乌云由东北方向涌来，狂风大作，江面上绽开了一片白色的浪花，巨浪扑向"长安号"的甲板上。

由于风力太大，"长安号"再向前航行，将会十分危险。

但因吴王有令，要驶向三江口。所以，船工不敢改变航向，只有硬着头皮在风浪中航行。

当船航行到江中心时，风浪更猛。

谷利曾随孙权在水上征战多年，经验颇多。他看到眼前处境十分危险，便大声喊道："立即转向，驶往樊口！"

因有吴王命令，船工不敢转舵。

船头仍对着西江，船身更剧烈地摇晃，并开始倾斜。

再向吴王报告已经来不及了，谷利蓦地拔出青铜剑，冲近船工大吼一声："不立即拢向樊口，看剑！"

船工转舵，船身复位。

在大风的推力下，楼船快速向樊口驶去。

这硕大的"长安号"，在紧急之中，一时寻不着停靠位置，船工很着急。吴王在船上，步夫人、几位文武要臣都在船上，危在燃眉，如处敌阵千军万马的包围之中，满船生命在此一刻。

风力越来越大，风浪越来越高，"长安号"如一匹狂怒的战马，谁也难以将它制服！

情急之下，舵工冒着生命危险，拼命扳住船舵，先把船拢在西山脚下，而后立即落锚停泊。

谷利挽扶吴王孙权下船。

吴王说道："去，招呼文倩她们，还有子布他们！"

张昭和孙劭，各自都有侍卫，他们招呼主人下了船。

唯文倩、步夫人、文好只带有使女，谷利连忙上前帮着她们下了船。

下得船来，便是西山坡，他们缓缓向山上爬去。

爬了百步，才停下来歇口气。

吴王和大家回身俯瞰，脚下的"长安号"在巨浪狂风之中，时而腾空于浪峰之上，时而伏身跌入浪谷之中。

孙权说道："谷利，是你命令返航的吧？"

保利惊恐地跪在地上："奴臣违抗主公的命令，罪该万死！"

孙权说道："不怪罪，起来吧。"

话犹未了，忽然，山下发出"砰喳"连声巨响，"长安号"在风浪中抖动了两下，忽然被礁石撞破船舷，船上舱板纷纷断裂，漂浮于江面上。

继而，船身一歪，在众人惊恐万状的注视下，缓缓下沉了。

孙权和众人目睹了这一惊心动魄的场面，心中骤然害怕起来。

孙权激动地对谷利说道："谷利，若不是你果断，我等已经葬身鱼腹啊！"

……

后来，人们把这里叫作"吴王败舶湾"。

山路很不好走，谷利请吴王和步夫人在谷坡间休息，避避风，自己回城去叫人来开通道路，迎接吴王回驾。

一场灭顶之灾，就这样化险为夷了。

3

"长安号"在西山西麓被浪击碎事件，震动不小。不仅东吴，就连益州的诸葛亮也十分震惊，他派了邓芝前来抚慰。

自刘备在白帝城病死以后，托孤诸葛亮。幼帝刘禅是个低智儿，绝无治国治军能力，只知道和宫女们扭打厮混，全凭丞相诸葛亮理政治军。

因之，诸葛亮当家，说了算，刘禅不敢犟。

诸葛亮确实是一位忠君、重感情的人，还是位勤勤恳恳、忠心耿耿、鞠躬尽瘁的贤良之臣。

只可惜，他投的并非明主。

他派人前来抚慰，是借此加强刘、孙两家的关系。当然，还有道义和感情上的因素。

孙权设宴招待了邓芝，并托他回去之后向诸葛亮问候。

从"败舶湾"脱险，旁人只是受了惊吓，虽然提及仍心有余悸，却也相安无事。唯那年事已高的丞相孙劭，惊吓得连路都走不动了，是士兵抬回武昌城丞相府的。自后，他便一卧两月有余，不能起床，更不能处理国事。

吴王派人去探视了两回，听说孙劭病情越来越严重，吴王便亲自前往探视。

吴王探望丞相归来，刚进太极殿，长史张昭晋见。

"主公去丞相府了？"张昭上殿问道。

不等吴王回答，他又说道："我也去探视过，据我所知，绝大部分文武官员都去探望过。"

孙权的心情有些沉重，他说道："只怕丞相将不久于人世啊！"

张昭点着头，默不作声，他已有所料。

孙丞相已经糊涂多日，他不知饱足，大小便失禁，衣被日换数次。这便苦了使女们，那难闻的气味直冲鼻腔，欲回避不能。有时，孙丞相还发疯似的狂喊乱叫，那是受了惊吓的缘故，闹得丞相府中无安宁之日，老夫人、少夫人都不敢远离，又不敢亲近，使女们暗中生怨："只怕是那名字作怪吧？什么不好叫，偏叫什么'生苕'！'苕人'才乱吃乱拉呢！"

苕，武昌地方方言为"甘薯"，被叫"红苕"或者"生苕"的人，是不聪明的人。

苕，即为"傻"的意思。

丞相孙劭是北海（今山东省昌乐县），原来当大理的时候，吴王选丞相，文武大臣一致推荐长史张昭，认为张昭最合适：论才能，在大臣之上；论为人，可为人师表；论品德，忠心耿耿，不计得失；论作风，刚直不阿；论资格，他是吴王孙策的长史，孙策得于他的辅佐，才奠定了东吴的基业。

可是，孙权没有接受全体大臣的意见。

他说道："方今国家事多，官位高时，责任也跟着重大。推荐丞相，并非为优待大臣。"

这自然是表面原因和托词。

谁都知道，孙劭为人和气，有长者风度；但他和而不严，张三好、李四也好，见人不笑也笑，很少进谏，从不违背吴王意志。

因此，孙权选了孙劭当丞相。

三天之后，丞相府中忽然传出一片哭声。

消息传到太极殿中：孙丞相仙逝。

吴王十分难过，他亲往丞相府中吊丧。

文武百官都来吊唁。

吴王以国葬礼仪给孙劭治理丧事。

西线很多将领都回都城来，去吊丧送葬。

出殡时，三千官兵上路。

孙劭是北方人，武昌城北濒长江。于是，出西门二里，在西山东麓，脚北头南而葬，以便丞相遥望北方的家乡。

4

孙劭丧事办完之后的第二天，是太极殿例会之日。

孙权召集文武百官到太极殿议事。

西线回武昌城吊丧的将军们也被召来太极殿。

丞相病故，例会自然会议到丞相人选这一问题上。

昨天，有些大臣私下议论过，认为这丞相之职，非张昭莫属了。

大家意见几乎一致。

不过，原中郎将琅邪（今山东省临沂市）人徐盛却提醒大家说："诸位，子布当然是合适人选，可大家别忘了几年前我们曾经极力推荐过子布当丞相，主公却任孙劭为丞相。"

大家有点冷场，没人说话了。

最后决定，不管三七二十一，还是要进谏。

大家一条心，看看主公还有什么话要说。

今天的例会上，大家的口径一致，推举张昭当丞相。

这推举，实质上是推荐，提建议，并非选举。

但孙权始终不表态，看看快成僵局，老将军朱然站了出来。

朱然说道："张子布自从受命辅佐，功勋显赫，忠耿刚直，从不为己，以严见内，以宽见外，德高望重。所以，臣等再次力举张公任宰相之职！"

这朱然将军，是虎威将军吕蒙病逝之前，推荐给吴王孙权的，说朱然胆量过人，且有操守，可以委托重任。

吴王遂宠爱朱然。

朱然本不姓朱，是九真郡（今越南共和国义安县）郡长朱治姐姐的儿子，姓施，朱治收养为自己的儿子，当昭武将军。

吕蒙逝世后，朱然"假节"镇江陵。

曹魏大将军曹真等围攻江陵，击败孙盛；孙权派诸葛瑾率兵赴援，被夏侯尚击退。

江陵遂陷重围，内外交通完全切断。

守军很多人患了肿病，能够作战的只有五千余人。

曹真等在城外堆筑土山，挖掘地道，架起高台，向城内射击，箭如雨下。吴军将士面无人色，唯朱然一如平常，丝毫没有恐惧之意。他督促勉励士兵，抓住机会出击，攻破曹军两个据点。

曹魏围攻六个月，江陵县令姚泰率军守卫北门，看到围军强大，守军人少，而粮秣又快要完了，恐怕终会陷落，阴谋作曹魏内应，被朱然发觉，斩了姚泰。

最终，曹军不能取胜而自退。

朱然忠勇，是吴王爱将，大家以为，该纳他的进谏。

但吴王仍不动声色。

讨逆将军孙策的老部将、与张昭同心协力辅佐过孙策的老将军韩当，咳嗽了一声，说道："张公子布宽宏大量，言而有信，不计私仇，有丞相之风。请主公任张公丞相之职。"

孙权还是不声响。

文倩在大臣中睃视了吴王一眼。她知道，吴王孙权虽是表面不动声色，但他这时的心中，一定很着恼。欲怒不行，于情于理不合。韩当是他的部将，朱然是他宠爱的有才德的将军。这些将领劝谏，岂可不听？

但他为何一言不发呢？

这时，尚书秦博站了出来。

许多大臣的目光都被引了去，投向了这位尚书，听听他会说些什么。

秦博瞧了瞧吴王的脸色，不紧不慢地说道："主公至上！张公子布于我有恩，他用生命在主公面前保下我，赦我一死，我感激不尽！就张公能力，足可担任丞相一职。但国事繁重，责任重大，而张公年事已高，不宜让张公为国家过度操劳，请主公斟酌。"

孙权听了，仍然不作任何表示。

中书吕壹站了出来。

他说道："至上明察，张公虽然忠贞，然决策曾有失误。赤壁之战前，他坚决反对抗曹，依了他的主张，主公今日不知在何地方？哪里还能为吴王？前几年，张公又主张食魏，使国家受重大损失，至今曹丕仍经常来侵犯我国！强求至尊任张公丞相之职，是置主公于危难之中！我想，今天暂不议丞相人选，改日再议！"

孙权似乎得到了解脱，他趁机说道："好吧，既然各执己见，容我考虑再定。今天就不再议丞相人选之事。"

沉静。

臣子们不再有人说话。

例会在沉闷气氛中散去。

　　孙权下殿回后宫，气色很不好，闷闷不乐。

　　步夫人只知丈夫心中不快，但不知发生了什么事。她摸透了丈夫的脾气，有事放在自己心里，好坏都不对她讲。这个时候，她更会小心翼翼，不能触犯他。

　　她接过使女手中茶杯，亲自奉给孙权，然后，悄然站在一旁，几次想开口问发生了些什么，但她还是不敢问。平素里，她就畏他几分，在丈夫而前，走路怕踩死蚂蚁，说话如同远方吹笛，吴王打喷嚏她都惊惶，吴王生气她出冷汗，时时想着迎合吴王的欢喜。今天他这副闷相，更令她惊慌失措，完全没了主张。

　　她暗自思忖了片刻，秀声秀气地说道："主公，我陪你去散散心吧？"

　　吴王闷不作声，片刻才挥手示意步夫人退下。

　　讨了个没趣，步夫人只好说道："主公心要愉快些才好，以免伤了身体。"

　　她悄悄转身，进了后宫侧殿。

　　步夫人走了，孙权想静坐一会，努力摒除心中的不愉快。

　　然而，那殿上的情形怎么也驱不走，时时在眼前晃动，在耳旁有声。大臣们的那些进谏，不能不使他难堪，尤其是老臣韩当、爱臣朱然的谏议，如重锤击耳；连孙桓也在太极殿上进谏推荐张子布任丞相。孙桓是堂侄啊，关系甚为亲密。

　　他们只知进谏，殊不知张子布常常以强硬态度推行自己的主张，这是孙权断然不能接受的！

　　张子布这致命的短处，使孙权不能宣布丞相之职。

　　可他们偏偏要坚持自己的主张，令人恼怒不得，容忍不能。

　　"幸亏有秦博和吕壹进谏！"孙权想道。这使他在太极殿上得了个梯子下了台阶，避免了一场对立之争，顾全了大局。

　　秦博、吕壹两人虽有其短，但在关键时刻往往能顾全大局。

　　前几年，大臣们为西进消灭蜀汉大争论，相持不下时，也是吕壹给了软梯子，孙权才下了台阶。否则，面临曹魏的进攻，而我力量又西进去了，一时骑虎难下，还不知会出现什么局面呢。

　　吴王正在苦闷中，使女报告：侍中来了。

　　孙权顿时收起脸上的怒容，说道："快请她进来！"

孙权别传

229

文倩轻步飘然走进来，说道："主公不是说，不请我可以进宫上殿吗？"

"是这样。"吴王显出几分愉快。

文倩入内仍站着，说道："主公可好？"

"还好，请坐。"

"什么叫还好？"

"坐了再说话。"

文倩坐了，接过使女奉上的茶水。

她的不请自来，使吴王苦闷的心有了丝丝快意。

但是，她的到来，也非平常，那殿上文武臣子的推荐和秦博的反推荐，以及吴王的神态，她都看在眼里，想在心里。

大臣们几乎一致推荐张昭任丞相，主公为什么不同意呢？

从条件上看，张公足可以担此重任；以品德而言，更不待说，久经考验，炉火纯青。

是不是张公的大略主张，常与主公大相径庭，所以，吴王孙权才拒绝了多数臣子的主张和推荐？

丞相是国君的左膀子，代行君王处理国事，辅佐策划谋略。必要时，还可代行国君的权力。

这吴国丞相，自然也就是吴王最得力的助手了。是三国鼎立长此下去？还是制定策略，不失时机地统一江山？要统一，这要进攻！不能卿卿我我，联这联那，以保实力。今天联蜀，明日食魏，举棋不定，难成气候。

这大略主张，唯张公可定，最有主见。只要他辅佐，江山便有望统一。

要不要任张公，关系到国家的统一和百姓的祸福。

文倩之所以不请自来，是下了决心要见吴王的。她要不顾一切，陈述自己的意见，成败在此一举。

在她下决心要见吴王的瞬间，那颗少女的心中，突然浮现出一个微妙的念头，这念头使她的脸蓦然飘飞红云：倘若吴王应允了张公任丞相，我将要求住进望月宫！

怀着这种念头，她来到了后宫。

她不想绕圈子，很快便引上了正题："主公看来心境不好，我不该此时来见。"

孙权说道："不，不，你来了，我心中开朗了许多！"

"是吗？"文倩一笑，"我很高兴能使主公心中开朗。不过，主公心中的不愉快，我可以问问吗？说不定更能使主公愉快呢！"

"殿上文武相逼的事，你都知道，我实难以忍耐！"

"那是文武大臣对主公的一片赤诚！"

"既然赤诚，何须定要坚定推举张子布？岂非要挟？"

文倩有点尴尬，来时的勇气顿时消减了许多，脸上红一阵白一阵。

孙权瞧着那张脸上的变化，意识到她是同意推举张子布任丞相的。

"我怎么不接受张昭？只不过是丞相的职责和担子过于深重，而子布这位先生的性情刚烈，他所提的建议，万一我不能接受，他一定会坚持到底！这对他没什么好处。大臣们却不理解，逼我任命，所以叫人心中很不痛快！"

"主公，张公之所以能辅佐主公，就是因为他有刚强的性格、赤诚的心！这是最重要的。性无刚只柔，当今之际不足以成就大事。那和蜀亦好，和魏亦善，什么都是好好好，只可以使三足鼎立苟且偷安，不可以共谋统一大略。有两种人，主公愿选什么样的人呢？如利刃可以杀敌，钝铁可以击敌！主公愿选哪一种去消灭敌人？"

孙权似乎不便回答，半天才说道："未必除了张子布，东吴再没与我共谋统一大业的人了？"

文倩仿佛早已考虑好了似的，口齿伶俐地说道："主公手下不乏忠诚勇敢、足智多谋的臣子和将领，但他们多数只可以服从、听令，受命于决策，而不善决策！怀柔者善决策而不坚定，性刚者善决策而有胆识！如今面对的两大敌营，无坚强意志不足以完成统一使命。主公愿意选哪种人呢？"

孙权没有答，不选任张子布，这是他早已经下定了的决心。

但文倩所说的道理也是深刻的，其意是恳切的。她对自己的一片赤忠之心，他感激她。

但他不能去跟她争辩，以免伤了她的心；更不能粗暴地对待她，这是他所不愿的。

于是，他说道："我得想想。"

昔日的吴王，以知人善任、乐于采纳别人进谏、勇于矫正自己的错误而为人们所称道，因而，他很快便成了主宰长江的君王。

殊不知，今天的吴王，个性上已经有了个小小的变化，或许不为人们所觉。

那就是：对于大臣们的进谏，不符合自己所想的，不一定会马上采纳，或者部分采纳，或者委婉地搁置起来，束之高阁，不去实施。

这便使得他得到了许多封赏：西进幸亏委婉地搁置，而免受腹背夹击；曹丕要他送太子孙登去京师洛阳，有的臣子劝谏过他，幸亏委婉推却，而免生大祸。

而今，他已经拥有吴国至上权力，是君王，今非昔比，不是讨虏将军了。凡是与自己意见冲突到极点时，必须果断！坚决不含糊。

这在历史上是有教训的。

当年赤壁之战前的那场论战，几乎是意见趋于一致：周瑜等人坚决抗曹。由于孙权怒拔腰剑，砍去桌子一角，方才震慑住那些不抗曹的臣子，其中就包括张子布，而且他还是主要的！

若不果断，岂有今日？为君王的，不可受命于人，让别人说了算。

这，就是他孙权的悄悄的小变化。

当然，对于文倩，则另当别论。

尽管她的意见很不符合自己的主见，或者与自己的意见彻底相悖，那可以耐心解释。

而今天她所谈到的，同那固执己见的臣子没有两样，他不能同意她的观点。

"文倩，"吴王很温和，"你不要和那些人一样，那样固执，一味认为张子布好，我还能不了解一个跟了自己多年的大臣？他们比我更了解他？我已经决定，请你不要再和他们那些臣子一样，伤了我的心。好不好？"

文倩轻轻一笑。

孙权的固执近乎独断。

她发觉他性格上、作风上都在悄然变化。这使她很伤心。

但她是下了决心来的，决不可轻易地无果而退。能否说服吴王起用张公任丞相，关系到江山统一大业的成败！一定要说服他，成败在此一举！

故此，文倩一反平日里文静、温柔的风度，大有不成功便成仁之势！

她刚毅地站起来说道："不错，主公已拥有至高权力，而权力造成了独断性格的形成，造就了自尊的滋长。我看，秦博、吕壹善于察言观色，对主公投其所好，其余文武百官没有一个不推荐张昭将军任丞相的。主公何以对秦博、吕壹之见那么重视呢？我真不明白！"

文倩嚣出去了！

她义正词严，不思虑吴王会怎样生气，会怎样处治她。

一个温柔、贤良、敦厚的淑女，陡然间变得如此大胆泼辣起来，真的叫人不可思议。

其实，孙权已经受不了了，已经在发怒了，在他严厉的双目中，有令人生畏的寒光。

然而，他转念一想，又努力让自己冷静下来，克制住自己已经升腾起来的怒火。他只是严而不怒，温而不柔地说道："文倩，你怎么可以以这种态度跟我说话？即使你已经是皇后了，也不可以这样！"

文倩立即跪下，叩了个响头："侍中知道冒犯主公了，请恕罪！"

孙权连忙搀扶她起来，说道："快起来，你不过是一时之偏激，以后会想过来的，我不怪罪于你！"

"主公，请原谅，我该走了。"

孙权愕然。

"侍中，我心中烦闷，你没有来安抚我，反而刺我一剑！心中何忍？"

"请求主公原谅，恕我不恭之罪。"

孙权即刻温和了许多："我已说了，我不怪罪。"

"侍中文倩请求下殿。"

孙权沉默片刻，缓缓地说道："好吧，看来你今天有些过激，没有前后左右地仔细思量，钻到牛角尖里去了。不过，关于张子布是否任丞相的事，容我再思。你实在要走，可以先回去休息。注意不要总把这件事放在心上，伤了身子。"

文倩忽然心中一酸，一股莫名的伤感涌上心来，潸然泪下，良久才说道："谢主公！我也请主公保重身体。"

文倩抬头望着吴王，两颗晶莹的泪珠无声地滴下来了。

孙权睁大着眼，目光跟着文倩出宫；他的目光中，有几分忧虑，令人同情。

6

文倩离殿后，孙权的目光有些呆滞，又像是凝眸而思。

他的心中空荡起来，是以前从未有过的空荡。

恰在这时，步夫人走近案前，柔声说道："主公，这是你喜爱的绿蜂蜜汤，请你饮用。"

让宫女奉上就可以了，但为了迎合丈夫，步夫人还是自己亲手奉上。

吴王听了这声音更恼火，好像这声音能点燃他心中的沉积物，他的心火突燃，蓦地转向步夫人，怒目而视。

步夫人倒退三步，惊惶不已，急跪于地。

望见她可怜巴巴的样子，孙权胸中的怒火渐渐熄了，转而顿生恻隐之心。唯步夫人贤淑温顺，虽无文情那般知识渊博、思路敏捷、才智横溢、形貌美丽，但步夫人从不顶撞、不违自己意志。

孙权接过步夫人送来的绿蜂蜜汤，放在长方桌台上。

见自己的丈夫由怒忽而温和，且目光中不无爱怜之情，步夫人深深感动。感激也是一把刺心的刀子，步夫人顿时泪如泉涌，十分感激地说道："主公，把这汤喝了，能去虚火。"

孙权有几分感动，深觉在几位夫人当中，只有步夫人最温顺，善体贴人。

唉，何苦因为一项任命决策去生那么大气呢？

话又说回来，大臣们越是毫无保留地提议，越是说明了他们的赤胆忠心！

步夫人仍旧跪在地上，泪水不住地流。

望见步夫人这般可怜，对自己这般恭顺，自己反而怒目而视，孙权不觉有些内疚。他双手搀扶步夫人从地上起来，他们无声地走出后宫，同步往御花园而去。

后花园中，那原先盛开的花，早已凋谢。强烈的日光照射下，花叶已蔫然卷缩。那些牡丹的花期已过，有的枝叶萎靡，有的已经枯竭，实在可怜。

御花园里没有一丝儿生气，孙权有些扫兴。

忽然，孙权戛然止步，双目直视着前方，前方是望月宫。

他的目光顷刻呆滞了。

"回宫！"他严肃下令，转身而去。

步夫人莫名其妙，心中惊愕，但她还是顺从地转过身去。

这时，吴王已经快步走出几丈远了。

她已无法跟上。

孙权并没有直接回后宫，而是由走廊进入中门，径直往太极殿而去，还没坐下，便命宫女："磨墨！"

宫女小心翼翼地在一方端砚里磨墨。

孙权提起笔来，写下了"克己"两个字，审视了一番，然后放下笔，喊道："谷利！"

谷利应声而至。

"找人把这两字刻在石上。"

谷利接过墨迹未干的纸幅退下。

7

绥远将军张昭，比太阳起得早多了。

大地还不见光明时，他便开始在院中练拳脚。虽然他是文官，但他是曾经带兵打过仗的。战时的所谓文官，需要之时，就摇身一变成为武将，挥戈上阵。而且，他年轻的时候，便受到讨逆将军孙策的影响，习拳练武，虽不能力敌十人，但他坚持健身养性。他年近七旬，却声亮气足，身健如三十年以前。因之，他天天坚持练习武术。

练过了拳脚，他便返身室内，洗过脸，他便出了府院大门。

那太极殿中许多大臣和将军，不遗余力地荐他任丞相的事，他似乎并未放在心间，他的心中无所谓愉快或者不愉快，平静得如一湖清水，无风无浪，似不曾发生过任何事情，这才是心底无私天地宽呢。

刚走出府门，迎面遇着平北将军潘璋披挂骑马而来。

"张公，潘璋恭喜了。"

张昭笑问："喜从何来？孙儿早生过了。"

"张公，张丞相要哄瞒潘璋？"

绥远将军"哈哈"大笑，说道："潘将军，难道你在取笑老夫不成？"

"啊？"潘璋惊愕，大惑不解。

张昭说道："潘将军，人贵有自知之明，老夫对国家大事谋划，确已力不从心。主公将要任命太常顾雍为丞相了！"

潘璋十分惊诧："是谁说的？"

"昨天下午，主公亲自来我府相商过。不过请将军暂时不必告知旁人，以免生非。"

潘璋显然大失所望，连连摆头。

他说道："大臣们一致推举张公，主公答应想一想再作决定啊，怎么突然改了主张？"

张昭说道："潘将军，只可尽职尽责，不可争官争禄。不必多说了，将军要去哪里？返西线啊？"

"唉！主公变得这样不重视大臣的意见，叫人心冷了！"

平北将军答非所问，不无感慨。

大概是想起张昭所问，他又说道："啊，张公，主公说我们这些从西线回来的将领要返回西线了，要我们今天陪同主公上西山打一次猎。张公不妨同去。"

绥远将军想了想，叹了口气，说道："唉！江山啊，打猎重于政！潘将军，请先行一步。"

8

西山的九曲亭、避暑宫、读书堂早已建成了，只是吴王孙权因事繁杂，大臣们的意见又常常存在分歧而不能统一，心焦力瘁，便很少来此。故而，避暑宫和读书堂，一直空置，平日里只有卫士守卫。

避暑宫和读书堂的模型，都是出自文倩之手。

孙权只在盛夏时才偶来宫中消暑，或以宫前泉水煮名品茶，或与当地官员卜棋。

但读书堂中常见他的身影。

谷利曾对文倩说过，孙权常常入夜后带他去读书堂，秉烛夜读。读书堂四周修竹苍翠，夜深时，露水沉凝，如潇潇细雨，声如漱玉。石泉淙淙，书声琅琅，当时便有"书堂夜雨"之说，为武昌八景之一。

避暑宫宫前场地上，奉命来打猎的将军们聚集闲聊。

这里三面高峰耸立，避暑宫如躺椅置于峰谷间。太阳到中午才能照耀宫顶。这宫殿确如仙境，空气清新凉爽，景色宜人。

将军们谈天说地，等待孙权上山。

这时，潘璋一眼望见绥远将军、他十分敬重的长史张昭，骑着马上来了，他虽没披挂，但毕竟来了。

潘璋很高兴，话题便自然转到张公身上。

"张公真的来了啊！"潘璋回头向站在身边的孙桓说道："孙将军，任谁为丞相，你可知道？"

孙桓思索了一会，说道："很难说啊，主公根本就没有表明态度。"

"顾雍当丞相，可能已成定局。"潘璋说道。他显然不服，"叫人不可思议！"

旁边有位将军惊愕地张大了嘴："啊？"

另一位将军插话问道："为什么不任命张公？"

征北将军、永安侯朱然接过话说道："主公不肯任张公为丞相，依我看来，原因有三：张公始终反对割据，要么食曹魏，要么由吴王自己去统一，此其一；其二，赤壁之战前，张公力举和曹操，伤了主公的心；其三，吴王来武昌建都之后，江山已经逐渐稳固，我看主公有点不同往昔当讨虏将军时，那么注意任人唯贤了，不那么认真听取别人意见了，也似少了一些雄心。"

大家都没有作声，都认为这个分析中肯。

经这么一分析，潘璋恍然明白过来。

是的，主公好像变了点。前年，潘璋和另两位将军写信提议，趁热打铁，乘胜利的余威一举攻取蜀汉！但却听说主公开始就犹豫不决，召集全体大臣讨论；最后引起争论，却又不作决断！结果，画虎不成反类犬，大多数大臣主张立即西进，他不听大多数人的意见，却依了少数。

若当时听了大多数人的意见，今天天下已经归吴王了。

韩当离潘璋远一些，大声问道："主公任顾雍为丞相，是什么原因啊？"

这顾雍，原是太常（祭司部长），为人沉默寡言，吴王孙权历来很赞赏他这一点。顾雍不说话则罢，说话就一定要抓住要点，他虽然只是祭司部长，却经常到民间去访问，遇到对政治有益的事，就秘密向孙权报告，如果吴王采纳，归功于吴王；在太极殿陈述时，吴王的面色和态度定会兴高采烈。

江防将领都想建功立业，以江山统一为己任。

很多人拟具体计划谋略，呈报吴王，建议发动突袭。

吴王往往私下询问顾雍。

顾雍说道："我曾经听说，兵法上反对贪图小利，他们的建议，不过是为了个人的利益，专求表现，不是为了国家，主公应该制止！"吴王便很喜欢听他的意见。

那年，关于应不应该进攻西蜀争论前，吴王就曾私下先行问过顾雍。顾雍认为，刘备虽然刚刚吃了败仗，但进蜀中道路难行。更何况曹魏表面对东吴友好，一旦我东吴军进入西蜀中，曹魏有可能进攻我东线。

弄不好，有倾国之险！

害人之心不可有，防人之心不可无！

吴王把他的意见听实了，所以才犹豫不决。

然在大庭广众的太极殿上，顾雍却沉默寡言。

顾雍的这些作为，鲜为人知，将军们知道的更少。所以，他们对于任命顾雍当丞相，颇感突然，也不甚理解，但只能暗中不满。

这些将军们正在议论时，吴王上西山来了。

吴王令侍从、卫士在九曲亭边休息，他自己往将军们这边走来。

平北将军潘璋早已瞧见，却有意反背坐着，佯装不知吴王已近身后，故意提高嗓门说道："唉！主公一生知人善任，张公在讨逆将军手下当长史，如今还是个长史，十几年如一日，不曾升迁。这次大臣们提议他当丞相，是再合适不过的人选了。不知主公肯不肯任命他。"

孙权有力的大手摁在潘璋肩上。

在听潘璋议论之初，孙权心里便极不高兴，但猛然想到"克己"二字，他就忍了。他若无其事地摁住潘璋将军的肩膀。

潘璋回过头来，惊恐万分，说道："啊？主公！潘璋有罪！"

孙权说道："潘璋有功！你捉关羽有功，猇亭之战有功，功人过小，听一听议论，臧否我的为人，不无教益，这也是功！"

潘璋说道："谢主公恕罪。既然有功，臣还要说几句，大臣们第一次推举张公任丞相之职，主公任孙劭；而今孙劭已去，大臣们又推举了张公。不知道这一次是不是能听大臣们的建议？"

孙权心平气和地说道："诸位只想到一个方面，我岂不敬爱张子布？可是，丞相这个职务，事情繁杂，而子布性刚，年事亦高，任丞相不合适啊。"

绥远将军张昭，这时已经来到了吴王孙权的背后，一言不发地听着孙权说出的话。

孙权忽然回过头来，发现张子布就站在自己身后，先是惊诧，而后感到内疚，一时竟不知如何是好。

为了打破这尴尬的局面，谷利说道："主公，是否现在下令打猎？"

孙权点头应允。

第十二章

城外君臣种春柳，辽东鼠辈杀使臣

1

打猎开始了。

将军们纷纷跟随吴王往西山坡上绕去。

平北将军潘璋的马，被卫士牵去牧放去了。

在等马的这阵子，潘璋对身边的征北将军朱然说道："竹子直了好派用场，人啊，要是直了，会当做无用之才废弃！"

朱然连连点头，还补充了一句："古今皆然！"

说话间，前边已经开始追逐猎物了。

孙权和将军们如临战场，或射箭，或投戈。

孙权有两大癖好，一是饮酒，二是打猎。饮酒必醉，打猎必获。只要有猎物，他便会置生命于不顾。这不，此时，他追逐一只豹子过来了，他的马跑得特别快，那豹子惊慌奔逃。

四面喊声震天，人们围抄过来，协助吴王。

豹子跳出林间，欲往山下奔逃。

孙权喜欢猎猛兽，见豹子逃脱，哪里肯舍？

那匹"黑雕"奔跑最快，紧追不舍。

他张弓搭箭，催马飞奔前去。

豹子被追逼急了，看见吴王"黑雕"斜追上来，反而不向前方奔逃了，掉过头来，直扑孙权。

倏忽间，孙权发出了响箭。

然而，很不幸，响箭未射中那豹子的要害部位；豹子发怒了，疯狂地扑向"黑雕"。

"黑雕"受惊，奋起反抗似地高抬前腿。

马上的孙权，几乎被掀下马来。

豹子第二次扑上来时，"黑雕"再次奋起反抗。

孙权终于被掀下马来。

围追过来的将军、侍卫、卫士等人惊惶不已，正要扑上去营救，只见灵活的豹子纵身一跳，跃起有丈余高，凶狠地凌空扑下。

孙权个子不算高，但他十分灵捷，一闪身跃到一旁，回手刺去一剑。那青铜宝剑锋快无比，一沾豹身，便刺入了它的内脏！

侍卫们迅速扑了过来，刺杀豹子。

那豹子即使有十个八个内脏，也架不住侍卫们的刺杀。不大一会儿，那头豹子就被戳烂了。

吴王孙权脱险。

大家这才吁了一口气。虽受了惊骇，但也十分开心，纷纷祝贺吴王洪福齐天。

这时，站在一旁的绥远将军张昭紧绷着脸，很不高兴。刚才那野豹凌空扑向孙权的一幕，张昭亲眼睹视，惊出一身冷汗，见大家都在庆贺吴王"洪福"，他却悻悻然。

他拨开众人，走近吴王身边，上下打量着。

孙权咧着大嘴笑了，说道："放心吧，子布，虎豹怎么能伤着我呢？"

张昭十分严肃，说道："主公，可真把老臣吓死啊！主公既为君王，这样做有什么好处？为人君者，能驾驭英雄，可驱使群臣，哪能追逐于原野，较勇于猛兽？一旦有不测，奈天下怎么不笑？"

孙权当众受了张昭训斥，十分难堪。

君王特有的自尊心，受到了严重损伤，他想起张子布每每当着众人面教训他，不讲君臣，实在过分。

孙权已恼羞成怒，那"克己"二字也失去了效用，他的手已握住了腰间的那把青铜宝剑，欲待发作。

倏然间，他想起了兄长孙策。

当年，兄长讨逆将军孙策，在山中打猎，被林中刺客一箭射中面部，临终时将孙权托付给张昭的情景，又浮现在孙权的眼前。

想到这里，孙权握剑的手，慢慢松开了。他深感惭愧，说道："你说得很好，我当以后小心。"

孙权命令卫士，将死了的豹子抬到避暑宫旁边的广宴楼剥皮，又分别命令卫士送了些猎物去西山铸造工场慰问工匠。

随后，摆下野宴，召来宫中歌舞伎助酒。载歌载舞，伴着野味酒宴。将军们和大臣们又一次在西山之上畅饮。

这时，张昭早已坐在他府中的躺椅上，正潜心读《春秋》，他是趁人不留意时，悄悄不辞而别下了西山的。

吴王孙权发觉张子布走了，派官员去张公府请他上西山赴宴。但他却说他闹肚子，以此推却。

……

新建的武昌城里，一片繁荣景象，吴王宫中，处处歌舞升平，芸芸众生们你来我往，天下似乎已经太平。

但是，文倩感到，由她绘制而建成的威严的太极殿里，似有一种沁人的寒气，令人畏惧。

2

顾雍在太极殿上被任命为孙相，兼平尚事（主管军政机要）。

文倩真的病了，卧床不能起来。

文好很着急。

孙权听说文倩病了，派人去探望过，还命人送去了一些名贵药物，他不便去侍中府看望。

第二天，王宫御医来了。

在步夫人的陪同下，御医给文倩试了脉，开了药方子。

御医还没有离开，宫女们又送来了人参、乌鸡等物。

不送人参、乌鸡则已，送了这些物品，文倩悄然伤心起来。她想到自己卧病西山茅棚中，吴王送去滋补品，派医生去看病；接下西山以后，吴王屡屡无微不至地关心她。如今，她却疏远了吴王，似觉得对不起吴王。有恩不能报，令她伤感、自惭。钟情女子，重情亦重恩，有恩不能报，将是她的终生遗憾，那是留在心中永恒的伤痛，将会变成泪之泉源。

文倩躺在床上，回忆着几年来的所闻所感和所思。

她觉得吴王在变，变得与她越来越远，变得陌生了，似乎变成了另一个吴王。

许多事件都在向她预示，吴王不可能有统一江山的坚强的意志，尽管他尚有足够的力量！连魏帝曹丕的中领军卫臻也说："孙权只仗恃长江，绝不敢渡江挑战！"长江都不敢过，岂能去统一江山？

吴王的些微变化，唯有她观察得最清楚。

尤其是那次下令暨艳、徐彪自杀，她就觉得吴王已经变了，令她暗暗伤心。暨艳任选部尚书时，喜爱批评政府、弹劾百官。他对三署禁卫官的资格，审查得非常严格；对于那些贪官污吏之辈，基本上都予以贬降，有的贬降数级！

有人便趁机在吴王面前，偷偷告了暨艳一状。一些被暨艳免职降级的官员，都对他产生怨恨，想方设法在吴王面前攻击他。

孙权便下令暨艳和徐彪自杀了。

这次文倩进宫，直言不讳地劝说孙权任命张公为丞相，而吴王却突然任命顾雍为丞相！这是文倩认为吴王变了的又一佐证。任命顾雍，绝对不是从有利于江山大业去考虑，统一希望愈来愈渺茫了。

那逃难情景，那哀鸿遍野，那许许多多蓬头垢面的逃难者充斥驿道的情景，经常涌现于她的眼前。

希望已破灭，文倩不再抱任何幻想。

对于吴王，她已经心灰意冷。

如果说在这之前，她与吴王还若即若离，而今天，却是不即已离，外热内冷了！

虽然在武昌城，在吴国的文武官员中，人们敬重她、羡慕她，甚至有人巴结她，细细想来，那多半是看在吴王的分上，因为是吴王给了她殊荣。

世事难测，人心难测。今后若遇上突然变故，自己和妹妹又该如何面对呢？尤其是妹妹，天真、单纯、城府太浅、阅历太浅，她很不放心。

需要安顿好妹妹才行。

虽然陆逊将军已向妹妹求婚，但在未出阁之时，她还要把妹妹留在身边，和妹妹形影不离。她不敢设想没有妹妹在她的身边，妹妹将怎样打发日子？她更不敢想，若自己不在了，可怜的妹妹将会样生活？

想着想着，心中悲酸，眼泪如涌。

文妤给她捧来了药。她把药碗放在桌上，猛地抱住文妤。

姐妹俩哭成了泪人。

又过了三天，文倩仍然没有下床。

孙权来探望，但她说头昏得厉害，不能出房谢主公，请主公恕罪。

吴王在厅中和文妤说了一会话，回宫去了。

步夫人来了，文妤在厅中接驾，但步夫人直接进了文倩房中；文倩慌着要坐起来，连声说道："谢步夫人关心，文倩心中实在过意不去。这房中很不方便，我去厅中给夫人陪坐。"

步夫人连忙制止，说道："不用起来，我们如同姐妹，不必过谦。"稍停，她微笑着对文倩说道："你真是一位贤良的女子啊！"

文倩惨然一笑，说道："多谢步夫人抬爱。"

步夫人忽然问道："侍中，听说你是听到任顾雍为丞相的消息之后病倒的？心可要想开一些哦！"

文倩淡淡地说道："那是国家大事，应由主公决定。"

步夫人坦率地承认，她是领旨来劝说的。

她还说明了为什么要任顾雍当丞相的原因，因为顾雍有很多特点和优点：态度和蔼，从不多言，能委曲求全，不计陈见，与主公能配合好。

丞相的作风，就是国家的风度，所以就选了顾雍。

事情既定，是不可改变的。

文倩认真地听着，没有一丝儿笑，也不去插半句话。

步夫人说完以后，稍停，想想真的说完了，才温柔地笑了。

文倩轻声说道："步夫人，我身体若好些了，就进宫拜谢主公和夫人，还想和你去城中走动走动。"

"好哦！"步夫人高兴了，"拜谢不必，同去走动倒是我求之不得的，在那宫中，可闷死了！"

步夫人很有感慨，她又说道："两位乔夫人都走了，妹妹尚香在报本寺中又不回来，变得好冷淡了哦。只剩下你们姐妹和我。唉！"

"也是的呢。"

步夫人意识到她已经不能再多说话了，丈夫派她来劝说安抚的任务已经完成，她可以回宫交旨了。因而，她又安慰了两句文倩，便起身告辞。

文倩要起床相送，步夫人谢绝了，她说道："你还很虚弱，调养调养之后才能下床。"一边说，一边按住了文倩。

步夫人走出房门时，忽然想起自己还带有一封信，又回身交给了文倩，然后离去。

临出正厅，又吩咐文妤好好调养侍中。

文妤应诺。

文倩手中的信是孙夫人写的。她的信情感真切，言词凄婉，隐约可见那颗怆凄的心在哭泣。那颗心，将要回吴郡去了。她邀文倩、文妤去花湖报本寺相见一面，然后再分别。

文倩读完信，又伤心地哭了。

文妤送走步夫人，因事耽搁了一会儿，当她返回房中，见姐姐又哭得这么伤心，不知什么原因。瞧了姐姐手中的信，心中顿时明白了八九分。

拿过一看，果然是孙夫人的信。

孙夫人要回吴郡了，她同样舍不得，不觉心中也难过起来。

为了不使姐姐伤心，文妤咬咬嘴唇，忍了眼泪。

文倩流泪睡着了，那脸色苍白得怕人。不过，那嘴怎么也渐渐发白呢？文妤惊吓得哭了。

使女们都围了过来，见到这般模样，都吓呆了。

"姐姐，姐姐！好姐姐！"

文妤哀哭着、呼唤着。

文倩双眼紧闭。

侍卫和使女，飞身去了宫中，也顾不得礼节，直扑步夫人宫中，上气不接下气地报告："报……报……侍中病……危……"

吴王孙权在步夫人宫中，他急令御医快去侍中府，自己急急出宫，不坐车，快步往侍中府走去。

步夫人也不顾身份了，她也不坐车，后面跟了不少宫女，去了侍中府。

街上行人见吴王和步夫人平常出门都坐车，今天不坐车，惶惶然往南街急步行走，不知出了什么事，都惊异地回避，让吴王、步夫人、侍卫、宫女匆忙而过。

御医最先赶到侍中府，也没了男女避忌的礼制，他被领进文倩房中。

这时，文倩已经晕了过去。

御医上前，伸出右手，用拇指紧紧掐了文倩鼻子下方的人中，片刻辰光，只听文倩叹出一口气。

"好了，好了，转来了。"吴王在一旁轻声说道。

"好了。"步夫人在一旁附和着。

抽泣着的文好，双腿跪在吴王面前："谢谢主公，又救了姐姐一命！"

孙权说道："快起来，多亏你发现及时！"

文倩微弱的声音："主公，步夫人，侍中惊动主公和夫人，心中不安，请回驾吧！"

孙权说道："文倩，你怎么这样脆弱？我应该怎样安抚你才好呢？"

两串长泪从她美丽的脸庞流过，滚在枕头上。文倩只摇了摇头，不说话，慢慢合上眼睛，那眼睑中含着热泪。

步夫人说道："我回去的时候，侍中好多了。怎么转眼就出了事呢？"

御医悄声说道："主公，侍中是过度忧伤所致，她需要安静休息。"

孙权默默点头，静静地注视片刻，又朝步夫人挥挥手，悄悄离房，走到正厅。

文好跟了出来。

孙权低声说道："别送我，去照料你姐姐，有事速来向我报告！"

文好连连点头。

侍中府院外，吴王的车在等候着。

3

今年的春天来得特别迟，残冬慢吞吞地不肯立即退去，自年前直到年后的正月初十日，断断续续地下着春雨，武昌城里街上的青石板路，终未干过。寒风顽固地从江面上吹进北门，如刀削面。人们多躲在家中，唯商店早早地开了门，等候顾客光临。

新年刚过，生意有些清淡。

文倩病愈后，进宫谢了孙权和步夫人。

孙权挽留她在宫中进膳，她象征性地吃了点饭菜。

孙权命步夫人与她同乘一辆车，又放下线幔，以防寒风，在城中转了一圈，让她散散心，然后送她回府。

正月十二，天已经晴了。

这日，少有的太阳一出来，就显得很有生命力，让人倍感温暖和亲切。有了太阳，人就有了活力。孙权心中高兴，忽地心血来潮，要谷利去侍中府请文倩进宫。

为了防止她推诿，特嘱谷利，说是有要事。

文倩匆匆去了太极殿。

孙权一见到文倩，就笑着对她说道："我们同去城外栽柳树，好不好？"

文倩点了点头。

她坐上了车，坐在孙权和步夫人的车后。

出得宫来，上了大街，后面跟着侍卫、禁卫军、文武百官，约有两千人，浩浩荡荡地往南门拥去。

在城外，许多士兵守在砍来的柳枝前，等吴王和官员走过之后，士兵将柳枝分别给禁卫军扛着，跟着往西南走。

车上，孙权指着远处的田陌原野，转头对文倩说道："你觉得种柳树好不好？"

"主公说好，那就是好。"

"我还未曾说好，是你说了，我才说好！"

文倩笑了笑，笑得有些勉强。

"我喜欢春天，"孙权说，"柳报春，柳迎春。春光一来，柳先满身绿，充满了活力，等别的树木才刚刚变绿，柳已经飞花了。"

文倩心里有些吃惊：她原以为吴王只知率兵打仗，殊不知他也有这般雅兴，而且作诗一般，把春天和柳说得如此动情。她自幼就喜欢大自然，喜欢春天，喜欢鸟，喜欢花，喜欢树木，所以，她幼年时常以笔来描绘大自然。只是由于当了侍中，日夜忙碌，她才少了幼年的兴趣。

吴王对这大自然抒情诗般的描绘，倒使她心中埋得很深很深的雅兴，开始复苏了，就如这春柳一般。

"唉！可惜我不会作诗，这柳太富有诗意了。"孙权说道，"瞧，那澜湖岸边柳树成行，真爱煞人。人们分别的时候，总是要折柳枝相赠，那不知是什么意思？"

文倩说道："那大概是柳枝依依之意吧！"见吴王笑着点头，文倩的兴趣来了，"《诗经》里有首诗表达离人难舍之意，'昔我往矣，杨柳依依，今我来思，雨雪霏霏。'"

步夫人连忙附和着说道："对极了！看来，自古人人爱柳。"

"柳枝依依，借了柳的形态，来抒发人的深情，"文倩说道，"我记得有首诗，写在西门城外的墙上，'晚泊江边武昌雨，城外几株别离树。撩乱春愁如柳絮，依依梦里无寻处。'这大概是外地商贾来武昌时，写下了这首诗。"

吴王孙权高兴地说道："那商贾只看到了几株柳树，如今我要多栽一些，让他们看个够，再不愁了。"

文倩粲然一笑，这是数月以来不曾见过的。

孙权见了，十分愉快。

今天种柳，固然是他爱柳的缘故，但也是为了让文倩来城外散散心。

由于幼年的兴致在心中复苏了，文倩一时忘了哀痛和忧伤，有了兴趣畅谈。她和孙权沿途谈柳，兴致不衰。大约走了五里多地，到了孙权选定的种柳处。这里地势较低，正适合种柳。这柳的特性很随和，栽在高处高处活，栽在水滨水滨长。

那些士兵，不到一个时辰就插完了柳枝。

文武百官兴致勃勃，每人都插了一些。

孙权和文倩亲手插了好多枝。文倩望着那些新插的柳枝，似已成活了，在春风中摆动，心中不知有多高兴。

"真好，以后我们年年来这里栽柳！"

孙权说道："对！文武官员都要来种柳，让柳絮飘飞武昌城！"

孙权的话赢得了文武官员的一片掌声。

4

黄武五年（公元226年）。

南方的交趾（今越南河内市）郡长士燮逝世，吴王孙权任命士燮的儿子士徽为安远将军，兼九真（今越南义安县）郡长；任命校尉陈时接任士燮留下的交趾郡长。

交州（今广西壮族自治区、广东省及越南北部地区）刺史吕岱，认为交趾远在天边，上书请准中央，划出海南三郡（交趾、九真、日南）称交州，任命将军戴良当刺史；划出海东四郡（苍梧、南海、郁林、合浦）称广州，吕岱自己当刺史。

命戴良和陈时一同南下。

这时，士徽已经自称交趾郡长，率领私人军队，拒绝戴良入境；戴良遂逗留合浦。

交趾人柏邻，是士燮任用的官员，向士徽叩头劝阻，请求迎接戴良。

士徽勃然大怒，用竹板把柏邻打死。

柏邻的老哥柏治，率宗族军队攻击士徽，不能取胜。

吕岱上书吴王，要求讨伐士徽，吴王允许。

吕岱遂率军三千人，乘舰船昼夜不停，渡海出击。

有人说："士徽凭仗士家数代遗留下的恩德，全州人都附和他，不可轻视。"

吕岱说："士徽虽然心怀叛志，却料不到大军会突然降临。如果我们行动秘密，使他们来不及准备，一定可以击破；如果我们推进得太慢，使他们有充分的时间调兵拒守，七郡（交趾原有七个郡）各地少数民族，定会风起云涌，纷纷起兵响应。到那时候，即令有再大智慧，也都束手无策！"

于是，吕岱率大军出发，经过合浦，跟戴良会合，一同前进。

吕岱任命士燮的侄儿士辅当师友从事，派他去游说士徽；士徽遂率六兄弟出城投降。

吕岱为了表功，却将他们全部诛杀了！

这时，士徽的大将率部攻击吕岱。

吕岱奋勇迎战，士徽的部队大败。

于是，收复广州、交州。

吕岱进攻九真，平了叛乱，遂向南方深入，传播吴国的声威，海外扶南（今柬埔寨）、林邑（今越南南部）、堂明（今泰国南部）的各国国王，都派使臣向东吴帝国进贡。

5

这年秋天，魏帝曹丕驾崩；魏明帝曹叡即位，改年号为大和。

吴王孙权决定趁机进攻魏国的江夏郡（今湖北安陆北）。

临出发时，孙权对文偹说道："侍中，我要亲自出征了，首先进攻魏国的江夏郡。"他咧开大嘴，"你总是担心我不去统一江山，不主动进攻，这次可是主动进攻啊！"

文倩的脸色微红，说道："祝主公马到成功！"

孙权高兴地说道："一定会成功的，你就等着听胜利的好消息吧！"

孙权率兵出城的时候，文倩随文武百官一直送到城外。

孙权在马上和她并辔而行。

他忽然指着远处说道："我们栽的那些柳树已经成活，明年可以成林，你闲暇了，心中不快爽时，可以去看看栽种的那些春柳！"

文倩说道："昔我往矣，杨柳依依。明年再出征，我将去折武昌春柳赠主公。"

吴王忽又想起了什么，他吩咐侍卫速去城内宫中，嘱步夫人每隔一日去侍中府探望侍中；必要时，可同侍中外出同游。

侍卫应声而去。

文倩有些过意不去，说道："主公别太关心我，这样反而使我难受呢！"

"这没什么。现在你回去吧，我要开始行军了，将士们在等着我。"

文倩当即止步，挥手与吴王辞别。

吴王孙权率大部队出发西去了。

部队到夏口之后，渡江北上。

吴王出征之后，她怕孙夫人等得太久了，会不辞而别。她要速去报本寺，和孙夫人见上一面，说不定，这是最后一次面晤呢。过去屡屡不去，不是有病就是有事务缠身，结果迟至今天仍不能成行。

孙权出征之后，文倩虽时时盼望前方传来的消息，但她总觉得此次出征有些匆忙，似没做好充分准备，也未作好战略安排。即使攻取了魏国的江夏郡，又能坚持多久？还不是依然要奉还给魏国！

趁魏丧事之际去占点小便宜，这毕竟不是统一大计。

这是不是故作姿态呢？她不敢断言，只能有某种意会。

闲来无事，文倩总是胡思乱想，有时她想得很多，也很远，在丞相任职一事之后，她曾有过辞吴王而去的念头。然而，她是位软心肠的女子，吴王那情，吴王那意，确乎使她难忘，如柳依依，缱绻之情，如丝不尽。

想得多了，头就有点儿痛。

她叫使女拿来丝绢带帮她扎在头上。

这效果不错，扎上就好多了。

"步夫人到！"外面传来使女的通报声。

她连忙站起来迎接。

一个月之后，出征的吴王孙权归来了。

他无果而归。

步夫人高高兴兴地迎吴王回到宫中，跪地向出征的丈夫请安。

孙权问她道："侍中近日身体可好？"

"侍中身体已经恢复，请主公放心，她正在府中调养。"

"御医去看过没有？"

"每三日去探询，开了调养药方。"

"她可曾问我出征的事没有？"

"侍中常挂心中，经常进宫问询主公。"

孙权点着头，接过宫女捧上的茶水，喝了一口。他打算稍事休息便去探望，因为他在出征期间曾获报文倩又病了一次，他心中时刻惦记着。

顾雍进宫向他请安，并汇报南方诸郡安定，常有使臣来到武昌。

顾雍说道："下月，扶南使臣要来武昌。"

话犹未了，黄门令来报称：辽东使臣到了武昌！

孙权惊诧：辽东（今辽宁省辽阳市）与我素无往来，那是魏国辖地，怎么会有使来东吴呢？

遂宣召上太极殿。

辽东使者共两人：校尉宿舒、郎中令孙综，他们进了太极殿，三叩首之后，对孙权口称国王；说是太守公孙渊派他们来进贡貂马的，请国王受纳。

貂马？堪称辽东之宝。

吴王孙权心里暗自高兴。

但为什么无缘无故来进贡貂马呢？自然要问个明白，他命两名使者起来，一旁赐坐。

宿舒、孙综叩首谢恩而起。

远隔万里的辽东，本属魏国。魏扬烈将军兼郡长公孙渊，屡屡想独立，但又恐魏帝报复，于是便想了这个计策，派使者来吴国称臣进贡。

这辽东甚远，水路有大海阻隔，陆路有群山阻断，中间有魏帝国间离。今天，突然来吴称臣，孙权心中不能不仔细考虑。

他在权衡利弊之后，想道："那也好，不但可以远宣吴国之威名，且可以夹击魏国。必要时，分成两路，由两面来夹击攻魏，可以使魏腹背受敌，有利于江山统一。"

想到这里，孙权很高兴，随即和丞相顾雍商议。

顾雍以为这事没有太大把握。但见主公兴致很好，决意接受公孙渊为臣，且要派人去辽东封赏公孙渊。既是如此，想必劝阻也是不行的，顾雍遂违背自己的意志附和孙权。

但顾雍转念一想，这事重大，必须和众大臣商议。

吴王同意了顾雍的意见，遂召集文武百官上殿。

除侍中文情以外，其他大臣都来了。

绥远将军张昭听说辽东公孙渊派使进贡，知道必有原因。他不召自来，最先上殿。

孙权把召集文武百官上殿的目的说了一遍，征询大臣们的意见。

"公孙渊企图背叛曹魏帝国，但又害怕曹魏帝国的惩罚，所以向遥远的我们求援。"大臣们到齐之后，绥远将军张昭进谏说道："这不是他们的诚意！倘若他们又突然改变主意，用我们的人头向曹魏表态，我们派出的使者恐怕就永远不会回来了，到时候会落得耻笑！"

绥远将军不问吴王孙权是怎么想的，也不征询顾雍的看法，便坦率说出了自己的意见。

岂知孙权主意早定，根本听不进张昭的进谏。

他有些不高兴地说道："恐怕未必吧，公孙渊既然叛魏，何又念魏？"

张昭说道："周鲂去年不是用计诱骗曹休入境，又消灭了曹休全军吗？主公都忘了？对于公孙渊的投降，不能不警惕啊！"

周鲂诱敌深入，那是去年的事。

鄱阳太守周鲂，用假降曹魏之计，诱骗曹休率七万兵马深入吴国内地的鄱阳，最后在皖口石亭将曹休全军覆没！

这后来成为历史上有名的战争之一——石亭之战。

孙权一时语塞，不能回答张子布，但他又被张昭的话触及痛处，便"呼"地抽出青铜宝剑，紧握在手；然后又摔在桌上，怒火满腔。

他说道："吴国上上下下入宫拜我，出宫则拜你，我对你也够尊重了。你却每每于大庭广众之中教训我，迫使我常常小心翼翼，唯恐失计被你教训！你肆无忌惮地对我进行顶撞，是可忍，孰不可忍！"

张昭并无惧色，他理直气壮，慷慨激昂地说道："老臣知道主公不高兴老臣的意见，但老臣忠心耿耿，竭尽忠诚之心，坦诚相见。因为讨逆将军仙逝的时候，曾召老臣于近前，嘱托老臣辅佐主公。至今老臣仍不忘记，所嘱之词仍在老臣耳旁回响！为使命，为大业，老臣死而无怨！"

说完，他遂向前跨两步，等吴王用青铜宝剑处死。

孙权听了，突然流泪，失声痛哭，说道："老将军不要见怪，我是一时冲动。"

张昭说道："主公若不杀老臣，老臣告退下殿休息。"

"请老将军回府休息吧。"

张昭下殿离去。

丞相顾雍一直惊呆一旁，不敢发言。

孙权回头对他说道："丞相，我意已决，不可更改，就这么定吧！"

其余大臣，噤若寒蝉。

孙权大声问道："太常张弥安在？执金吾许晏安在？"

张弥、许晏各自应声出列。

孙权又喊了将军贺达。

令他们率水军一万，满载金银财宝与"九赐"所需用品，由东海北上，赏赐公孙渊，封公孙渊为"燕王"。

7

孙权因辽东来降的事耽误了时辰，没来侍中府。

今日有了空闲，便来探望文倩的病情。

听说吴王来了，文倩忙着出府迎接。

吴王与她比肩入府，在正厅里坐了，使女奉上茶来。

文倩问了前方的战事。

孙权说是围了魏国江夏城，月余不能攻取，敌人救兵来增援，只好撤了回来。

文倩单刀直入地问道："据说，魏辽东太守公孙渊，派了使臣来进贡？"

孙权告诉她说："已派张弥、许晏和将军贺达领兵一万，坐舰船从海上去了辽东，封赏公孙渊。"

文倩想道：这辽东远隔千山万水，又有魏军阻断，接纳公孙渊有什么作用呢？说不定其中有诈。即便依吴王所想，将来可以夹攻魏国，公孙渊有没有进攻魏国的胆量？

她想劝谏，然为时已晚。

派遣的使臣已经出发两天了，劝谏又有什么用？

因之，她没有再说公孙渊的事。

孙权见她已经恢复了健康，很是高兴。

又坐了一会儿，才起驾回宫。

第二天，下起了大雪。雪花纷纷扬扬，满城皆白，人们都躲在家中炉旁烤火。文倩带了妹妹，迎着飞雪，她想去看看老将军，还想和他一起谈论辽东来降之事。她觉得吴王的决策就算不是失误，起码也缺乏"三思而后行"。

但是，当她来到张公府门前时，不禁大吃了一惊，那严肃而朴素的府门，已经被泥巴封上了。

哦，怎么回事？门被封死了？

文倩连忙去后门查看。

后门要绕过一条街，有一侍卫站在门旁。他告诉文倩，张公因为生气，不肯上殿，在府中装病，吴王一怒之下，就封了张公府的大门。

文倩惊愕不已："哦，还有这种事？"

在这段时间里，她因为生病没有上殿，竟不知出了这样的事！她脸色沉凝，让侍卫通报进去。

张公正在火炉旁吟哦《春秋》。

侍卫报告说侍中来了，他很高兴，起身去迎接她们进来，热情地让她们坐到炉火旁边取暖。

还没坐下，文倩便冲口而出："这是怎么回事？张公？"

张昭笑着说道："这是几十年功劳的最高奖赏，最高奖赏！"

"哦，张公，都把人急死了，究竟发生了什么事？"

张昭摸了摸胡须，不慌不忙地将太极殿劝谏、险遭杀身之祸、装病不上朝、主公发恼、怒封院门的事，一一告诉了她们。

不听则已，听罢这事，文倩久久不语。忽然，两颗豆大的泪珠滚落下来。

绥远将军惊愕地问道："侍中，你……"

是气不过？还是为张公难过？她自己说不清。

"张公，你为人赤诚忠心，襟怀坦白，敢于直谏，竟然遭了这样的待遇！"

张昭不说话，脸上挂着温和的笑容。

文好在一旁忿忿地说道："自古忠心直谏之人，都没有好下场！"

张昭听了，还是微微一笑，脸上有哀戚之色。

告辞时，文倩对张昭说道："张公，你不要难过，我去问问主公！"

"侍中，千万不要为了我的事去找主公说情，一定！"老将军把她们送到门口时又反复叮咛说。

雪，仍然纷纷扬扬地下着，已积雪盈尺。

街道雪地上，留下了两行深深的脚印。

8

文倩回到侍中府，使女帮着拍去她身上的雪花，解了搭在她头上的丝绣头巾。

她不知是烦恼还是伤心，眼睛像是沾上了辣椒水似的，泪水控制不住地往下流。忠贞的老将军、老臣了，竟落了个险些丢头的下场！如今，门又被封了。

她觉得什么都变了。是世界变了，还是武昌城变了？不是，是自己敬爱的吴王孙权变了！

他变得令人不敢相认了。

……

第二天，雪后初晴。

使女在厅中生了白炭火，那火炉是青铜铸造的，下面托着木架。文倩在房中梳理完毕，并未去正厅。她不太习惯坐在火炉近旁，烤了火，更觉寒冷；况且，那飞来的炭灰，会弄脏衣服。

大门传进话来，说谷利来了。

文倩略一思忖，知道吴王又要召她去。

她遂皱眉对使女说道："我很不舒服，请谷利回去复命，就说过两三天我进宫谒见主公。"

谷利只好回宫禀告。

孙权很是惊奇，昨天曾命人去侍中府送鸭绒，她们姐妹都不在家，门卫说去了张公府。怎么好端端的又说不舒服了？定然张子布说了些什么，引起了侍中的不满；推说不适，拒不见我。子布你未免太过分了，每每被训斥，意见不合了就不上朝，如今又挑唆文倩疏远我，可恼！

遂吩咐谷利去张公府召子布来，问个所以！

此时，孙权接陆逊来信，陆逊除回报军政要事，顺便问及文好，说是很对不起她，以前曾一时冲动，请求至尊赐婚，因他已娶孙夫人（孙翊之女），不便再娶，文好可另择佳偶，以免误了青春。

此事须请主公做主。

看罢信，孙权恍然记起此事，自言自语地说道："我怎么这样糊涂，竟然忘记了这件大事！"

他当机立断，拟选择佳期良辰，命文好嫁陆伯言。

于是，他便令人叫她们姐妹进宫。

孙权想，孙策和周公瑾娶了大乔和小乔两姐妹，我与陆伯言娶文倩、文好，太巧合了！

这一次，孙权决心要娶文倩，并打算封她为后。

但此事，事先要和文倩商议，尽量使她愉快，免得她做出不愿做的事来。他曾有过宏愿，在她面前有过誓言，不统一江山不娶她，待天下统一之后，封她为皇后！

但天下事太复杂了，若等到统一了天下再娶她，不但自己已成老朽，文倩也青春不在！

……

谷利从张公府回来了。

他向主公报告：张公府被封着，不能入。由后门去，老将军不见。

"啊？"孙权惊愕了。

他想了起来，当时子布不肯上殿，他是随便说说要封他的门，怎么真的封了他的府门？

这还了得，快派人去挖掉封门的泥土！

二十名奉命去挖张公府院门前泥土的士兵，踏着街上的积雪，跑往张公府。

孙权心中忽然涌上一股自惭，觉得自己深深对不起张子布。

他心中也知道，吴得天下，三分功劳有他其一。

有了天下，不能不要功臣！

要不然，天下之人会说我吴王只可共患难，不可共安乐。勾践对于文种就是如此，子布与我虽然常常意见不合，但他是忠心的。

孙权动发恻隐之心，他决定亲自去张公府，安慰张子布。

他便吩咐备车。

街上积雪尚在融化中，因为吴王要去张公府，卫士们紧急出动，全部上街扫积雪。

然而，不待积雪打扫干净，情况突变。

一份十万火急的文书送到了孙权手中：辽东太守公孙渊，在张弥、许晏、贺达率一万水军到达之后，蓦然翻脸，斩了三人，俘虏了一万水军舰队！而且把这三人的人头送到洛阳，献给了魏曹！

曹叡皇帝擢升公孙渊为大司马，并封乐浪公！

孙权看了，火冒三丈！暴跳如雷！

他发疯似的咆哮："想不到这次被鼠辈玩弄，栽到他手里！把人气死了。如果不能砍下那耗子的头，扔进大海里，我还有何面目争雄天下？不论付出多大的代价，我也要砍下那耗子的头！"

孙权决定出兵进攻辽东公孙渊。

他当即写信给陆伯言，和他商量了攻打辽东的计划与谋略。

写完信，他闷坐在太极殿上，一天没走动半步。

宫女送来膳食他吃不下，在盛怒之余，他的心中深感惭愧，渐渐感觉对不起张子布，子布的劝谏犹在耳旁。不是吗？子布的几次忠耿直言，他听了都发恼，甚至盛怒。

而子布却默默忍受，实在可敬可叹。

若这次听了他的劝谏，会有辽东之耻吗？

次日，孙权第一件事就是去拜望张子布。

当车到张公府门前时，只见府门两旁堆满了泥土，与积雪搅拌成泥泞。孙权不觉更为难过，他命人速将泥土运走。

欲进府门，岂料那门里还有一道砖墙堵住。

孙权问道："这是怎么回事？"

谷利回答说道："封门那天，张公一气之下，叫人在里边另用砖泥砌了一道墙，以示永封府门！"

孙权无可奈何，叹气一声。

令人速拆去这道墙，自己先返回宫中等候。

拆墙的士兵只拆了少许砖，绥远将军张昭便令侍卫来阻止，不许继续拆。拆墙的士兵不敢动手，只得回报吴王。

刚刚回到宫中的孙权知道子布发难，急派太常潘浚去代自己向子布赔礼，劝说让拆掉那道墙。

经劝说，张昭答应拆墙。

但他推说有病，仍不上殿。

吴王又派了两人去说服，老将军说他确实有重病，不能上殿。

孙权只好亲驾再往张公府。

张昭正躺在椅上阅《春秋》，身上搭盖着厚厚的被子，脚旁置有青铜火炉，这神态，似乎已经久病难起。

外面传来"吴王驾到"的喊声，张昭仍不能动弹，直到孙权进入府中，他才惊惶地掀起被子，慌忙下地接驾。

一不小心，身子一歪，倒在地上。

孙权急上前去，亲自躬身去搀扶。

在使女们的协助下，张昭从地上站起来说道："主公亲临寒门，恕老臣多病，不曾远迎！"

孙权说道："不必多说，这是我的错，请不要记挂在心中。"

老将军请孙权坐下，又接过使女手中的茶，奉给主公，说道："为臣若表里不一，口是心非，欺上瞒下，明哲保身，以求生存，主公可明令惩罚！"

孙权心中激动，猝然跪下，潸然落泪。

张昭慌了手脚，惊惶地搀扶起孙权；但吴王孙权不肯起来，张昭随即也跪下，老泪纵横。

孙权说道："当初我不听公言，使张弥、许晏、贺达受害，损失水军一万！"

张昭说道："主公，公孙渊小人之辈、无义之徒！得失有常，主公不必为这事烦恼！"

使女搀扶起孙权和张昭。

孙权锁紧眉头说道："不，我将发兵去攻打辽东，不斩公孙渊，誓不为吴国君！"

"啊？主公要派兵去攻打辽东？老臣不死，还要劝谏！"

孙权说道："请子布不必多说，我意已决，宁可我亡，不可饶贼！不斩公孙渊首级，决不罢休！"

张昭说道："顾雍丞相对此事怎么说？"

"他没有说什么，知道我心不可动摇，他不会多言！"

张昭说道："请求主公立即召集大臣上殿，这般大事，不可不讨论！"

孙权不得不纳他的进谏。

使他惊奇的是：老将军忽然决定上殿！

文武百官都召来了，唯文倩请了病假，不能上殿。

第十三章

称帝独登凤凰台，封职唯缺皇后册

1

太极殿上气氛有些紧张。

丞相顾雍把公孙渊之变、张弥、许晏、贺达被害，一万水军及金银财宝全被吞没的事情通告了大家；并宣告主公决意出兵进攻辽东雪恨！

这是关系重大的决策，请大臣们献计。

大臣们都被这突如其来的消息所震惊，一万水军啊，三位使臣的生命啊！除了满殿的惊吁之声，没有人说话。

唯绥远将军张昭在惊吁之后的沉闷中，一脸严肃，双目有光。

殿上静得能使人听见各人心跳的声音。

"大王的行动决策，全靠大臣们忠心辅佐。"张昭说道，"如果大王决策一时有误，大臣不劝谏，罪在大臣！"

张昭把目光转向吴王孙权，"公孙渊杀害我使臣，十足可恨。然而，若远途苦征，有大山重重，有大海滔滔，中有魏军扼守，决不会取胜。重重困难弊多于利，作一时之气而万里远征，只能让人笑话。破曹军于赤壁，败刘备于猇亭，武昌都已经建成，正应以神州统一为重任，切不可小不忍而乱大谋！"

张昭一席慷慨之言，引得大臣们纷纷劝谏。

尚书仆射薛综进谏说道："辽东不过是一个蛮荒小国而已，贫苦寒冷，庄稼都很难生长，即使攻下了，又有什么用呢？还要从国中海运粮食去吃！只图出一时之气愤，既不利于建国，又不利于攻曹魏。请主公思虑再三！"

殿上大臣们，几乎一致劝谏孙权暂不要出兵进攻辽东。

然而，孙权不能接纳劝谏，只答应暂缓一步，等过年之后再下令征兵讨伐。

朝会结束了，大臣们心中揣着不安下了殿。

张昭不声不响地出了宫，坐上自己的车。

走到街口时，他忽然叫停了车，想了想，命令去侍中府。

文倩在专心致志地刺绣，张公突然来访，她连忙迎入正厅。

寒暄之后，张昭直奔主题，将公孙渊之变，吴王坚决出兵，大臣劝谏不纳等情况，一一告知于文倩，要文倩出面阻止。

文倩嫣然一笑，说道："张公竟然忠心到如此，你的府门开通了？"

"我只能以大业为重。"

文倩连连点头，说道："张公实在可敬。"

坐了不多一会儿，绥远将军张昭告别回府。

文倩再三挽留不住，只好送张公出府，待张公的车走了很远才返身回来，去自己房中刺绣。张公所说的每句话，都在她耳旁回响。她心中十分慌乱，绣不下去了。

主公到了这般糊涂地步，还不听劝谏，一意孤行，不去完成江山统一大业，却去荒芜之地征伐，能报得成仇吗？

她再也坐不住了，她决不能袖手旁观。

然她不想马上去见孙权，思索了半天，终于有了主意：向他上书！

文妤是个闲不下来的机灵鬼，立即帮她磨墨。

信上大意是这样说的：

辽东是一片荒芜之地，天寒地冻三尺，当权人没有坚固的城池，更无战备设施，唯有轻型武器，且不锋利。他们不懂治国之道，主公去进攻可以故克。但当地人熟悉骑马，移动无常，大军突然压境，自知不能抵抗，定如受惊之鸟兽四散逃亡，大军可以不费吹灰之力便可得其地。

但那只是大片不毛之地，更无一人一马，麻雀跳进糠皮里，一场欢喜一场空。

辽东离武昌万里，况且中间有曹魏帝国阻隔，旱路难达；若走海路，大海怒涛，无风三尺浪，汹涌澎湃，武昌之兵怎能忍受连天波涛之苦？腹中饥肠肝胆倾出，自不保命，何以战敌？

再则沿海多关，曹军岂可坐视此去而不截击？

英明之君，必善听谏议，集思决良策。

主公既定方针是神州统一，不是舍大略小去雪小恨。立志要走万里路，就不要在半途停下一步！绝不能因小事而废弃大局。

这与主公的贵重身份太不相符！我敢冒死相劝，是爱护主公和主公大业！

愿主公再三思。

……

文倩写好信后又看了一遍，遂封好，令侍卫去宫中。

2

信送出去之后，却不见孙权回音。

文倩心中惴惴不安起来，原以为吴王会听她的劝告，谁知是自讨没趣！

她难过得忧郁起来。

转眼已近新年。

这天，忽然来了宫中的六个卫士，送来了一些武昌鱼、鲩鱼、鲭鱼、猪肉、牛肉，还有米、面、点心等过年物品。

一问，原来是步夫人派人专门送来的。

本在忧愁之中的文倩，见送来了如此之多的食物，便即吩咐厨师烧鱼炒肉，置酒招待他们。

宫中六个卫士很高兴，又拉了侍中府的侍卫、卫士一同入席，开怀畅饮。

正在这时，谷利送来了吴王的手谕。

那手谕上说："待新年之后，择一晴好良辰，同去巡游西山，商议征辽之事。"

还要商议征辽？

文倩阅后，良久不语。

新年是一年之首，虽然并不像幼年时天真快乐，可是毕竟带来了愉快。

文倩除了安排好新年膳食，除夕给使女、侍卫、卫兵们分了银子做压岁钱之外，年初一，还要他们上街，观看百姓玩龙灯、舞狮子、踩高跷、跳民间舞，让大家愉快地过个好年！

除夕夜里，他们生了火炉，在炉前玩竹牌。

这火是不能熄灭的，从年三十晚上，直到年初三。晚上有侍卫、卫士守住炉火，白天有使女招呼。

至于年三十到初三为什么不能熄火，文倩曾听母亲说过，火可以避邪驱魔，不能让邪和魔来侵袭新年。

正旦日，按照惯例，文武百官进宫，向吴王孙权和步夫人朝贺、拜年，而后百官互拜，并参加宫中的正旦大宴。宴毕，众人可离宫外出，去向亲朋好友贺年。

文倩参加了正旦大宴之后，便匆匆出了宫门。

"侍中，步夫人有请！"文倩回头一看，又是谷利！

她不得不去见吴王和步夫人。

吴王和步夫人坐在小龙案桌前，她正要近前行礼，步夫人早已迎上来，挽住她走到桌前。

孙权请她坐下。

她好不自在，但一时又找不出理由离开。

孙权和步夫人都挽留她在宫中用膳，她说她要和妹妹去远房姑母家拜年。

孙权和步夫人只好依了她。

其实，她并没有去姑母家，而是带着文妤和几个使女去武昌城中看龙灯去了。她在鞭炮声、锣鼓声和熙熙攘攘的人群中，又找回了幼时过新年的那份喜悦和激动。

年初四，她和文妤骑着马，悄悄出了南门，去了姑母家。

3

新年一过，上元节转眼即来。

孙权下令全城百姓共同欢度元宵夜，以庆祝武昌建都之后的第八个上元节；另外，还组织了民间龙灯、狮舞、高跷、歌舞。

孙权又下手谕给文倩，要她前去同步夫人一起欢度元宵夜。

他还想和文倩商量，何时嫁文妤及迎娶文倩。

接到孙权手谕以后，文倩心中有一股莫名的压力。

用什么办法推掉呢？

王命不可违。

正苦于没有办法推脱时，正月十四日下午，突然有人来报姑母病危，姑母一直念叨着她们姐妹俩。

文倩得讯便哭了起来，含泪去宫中向吴王孙权请假，去探望病危中的姑母。

孙权叮嘱她，明日元宵，尽量赶回来，共同欢度元宵之夜。

文倩、文妤带了两个使女和两个侍卫去了姑母家。

上元日午后，姑母去世。

当武昌城中万家灯火满街欢闹的时刻，不见文倩归来，孙权很是扫兴，只是在宫中吃了几个元宵，便到太极殿中批阅奏章去了。

元宵之后，吴王忙于处理年前和年后积压的奏章、公文，眨眼间又到了二月花朝。

今年的二月特别暖和，冬麦快一尺高了，一片葱绿苍翠，草儿长得正旺，嫩绿可爱。那去年栽的春柳，早已经长出了嫩绿枝芽，小叶片片，柔和娜婀的枝条在风中扭着腰肢。澜湖两岸之滨的两行垂柳，更是娇妖，如一个个村姑笑盈盈地排立水旁，梳理长丝，准备赶去参加新春的节日！就连那往年迟开的桐籽树，前些日子也伸出了它特有的圆润而肥大的新叶，孕育着开花。

吴王孙权的心，如这春天，充满了活力，特别舒畅！

他骑着马，绕城墙巡视了一番，在大西门城头上，他放眼望西山，西山一片郁郁葱葱。抬头东望天际，断定明天天气晴朗，明天正好畅游西山。

当谷利再来请文倩之时，文倩没有犹豫，因为她早有思想准备了。

第二天早晨，她起得很早，梳理之后，随便吃了早餐，便去告辞妹妹。

"要不要我去保驾哦？"文妤做了个手势，调皮地说道。

文倩心中明白，妹妹也想出去走走，原准备只带一名体己使女的，经妹妹这么一提醒，她觉得应该让妹妹同去走动一下。妹妹为了她，成月整年守在她的身旁，够可怜了。

于是，她拉了妹妹的手，又带了两个使女，一同出游。

孙权没有坐车来，他骑着他的那匹"黑雕"，还为文倩、文妤各选了一匹好马。文倩是一匹红色骏马，文妤是一匹红黑相间的马。然后，带了百名侍卫，出了大西门，往西山走去。

孙权对文倩说道："我选的马，你们姐妹满意吧？"

文倩笑着点头。

前面是寒溪。

初春的寒溪，似少女般羞人答答，流水不似夏秋潺潺直下，奔腾北去大江，而是涓涓细流，纤纤委婉。

孙权、文倩、文好都已经下马，过了寒溪木桥。

这西山东麓静悄悄的，细听溪水如有情人在娓娓谈笑。

夏秋时节，溪水飞腾跳跃，溪花飞溅，有如万马奔腾、千军进发之势。如今的寒溪也知人意，似故意轻描淡写地抒情，涓流声宛若少女在轻弹古筝。溪上缭绕着一层如纱的轻雾，似有女子在溪水中浣洗，溪谷中充满了神秘。

"这世界，蒙了薄雾轻纱才是更美呢！"文倩望着溪流轻声说道，"太露了，反而乏味。"

孙权说道："依了你吧，不去揭秘。"

文倩差点儿笑出声来，因为她觉得孙权已经洞察到她心里去了。

"就如这笑，不出声最好！"文好接着姐姐的话说道，因为她忆起姐姐曾经教导过她，不要大声说笑。

宫女、使女、侍卫们都慢慢地跟了上来。

离了寒溪，上西山的路蜿蜒逶迤起来，到了九曲亭，孙权、文倩和文好走进亭间，坐下休息。这里是文倩家茅棚的旧地，也是和孙权初次相晤之地。自从孙权命人在九曲岭上建亭之后，文倩还是第一次来这里。

前边就是读书堂了。

孙权对文倩说道："走，我们去读书堂看看！"

"随主公意，我遵从。"

孙权和她们一起，经避暑宫前，去了读书堂。

这读书堂外观典雅、古朴，窗棂雕花，檐上雕龙，那飞龙如活的一般。

守门卫士打开读书堂上半雕花格、下半雕龙的大门，孙权、文倩姐妹入内。

文倩姐妹是初次进入吴王读书堂的堂内，有张长条桌，和太极殿上的龙案如出一辙。

这是吴王空闲时来读书的地方。

孙权指着龙椅对文倩说道："坐吧。"

"这是主公龙椅，我哪敢坐？"

孙权笑道："赐坐！"

文倩仍是不肯坐，和妹妹坐了旁边的两把椅子。

她说道："主公请坐。"

孙权笑了。

他说道："我读书，喜先粗读，后仔细研读。"

文倩安静倾听。

孙权指了指那书架上的许多典籍，介绍给她们听。

说完读书，他又指着窗外远处的铸剑工场，说道："读书疲倦了，我常去那里，有时还给宝剑淬火。"

那淬火的水池，离读书堂不远。孙权常常拿了新铸的铜剑，来池边洗涮干净。

孙权又转过身来，指指西边的窗外说道："这条绕过山腰前去的小路，你可记得？"

文倩点头说道："前年和主公同乘'长安'号大船，遇大风击碎船身，我们是从这条小路上脱险的呢！"

这条小路直通吴王败泊湾。

想起当时情景，大家都惊惧害怕，唯孙权不动声色。

"文倩侍中……"孙权突然叫了声。

文倩的心忽地急剧跳动起来，她已经预感到孙权要说什么了。

"今天要你来这西山，不仅仅只是游玩，"孙权开口道出了他心中的秘密，这已经是搁置了三个月的话了，"来到这西山上，是要和你商议大事。"

文倩的心急剧跳动了好一阵子，现在平静下来。

孙权说道："我很久以前就下定了决心，要迎娶你，那王后的位置等着你！"

文倩的脸红到了耳根下。

是的，她早已过了婚嫁年龄。但是，由于神州仍然三足鼎立，三足并未去其一足，所以，才延误了她的婚嫁。

文倩说道："若我再要求给我时间慎思呢？"

"再不要有什么慎思了，已经多年了。"孙权说道，"不过，我可以给你三个月的时间，五月端午，迎你进望月宫。"

"倘若三个月还不够呢？"

孙权斩钉截铁地回答道："强娶，我已经等你十年了啊！"

要说，孙权的爱恋时间真是够长的，尤其是对于一个君王，这么长久的爱恋，真是不可思议！

文倩低下了头。

"还有一件事，"孙权说完，看了看站在一旁的文妤。

文倩抬头望着吴王。

孙权说道："我曾经将文妤赐给陆伯言为妾，年前，伯言曾经来信，又说到过此事。到时，文妤和你同一时间出嫁吧！"

文倩瞧瞧妹妹。

令人惊诧的是，妹妹脸上平静得如一潭清水，竟然似未听见一般。文倩无法揣摩妹妹心中想的是什么，或许她是同意了？还是听命于人呢？

文妤这时却说了句看似不相干的话："去望夫石看看吧！"

孙权随即站了起来。

文倩心中似有许多话要说，但一时又说不出什么来，她只好也跟着站了起来。

4

在去望夫石的途中，文倩问道："主公，你仍然决意要去征辽东？"

"有你和张昭的劝阻，我当然不能不听。"

文倩用力咬了咬嘴唇。

孙权借机说道："你进了宫，做我的佐相！"

文倩只是笑，无法说出什么。

这里青松翠竹，鸟语花香。陡峭高耸的坡崖上，一位酷似少妇的石柱立于崖头，像是在眺望山下的滔滔江水！

这就是望夫石。

传说古时，有位贤淑女子，盼望应征远去的丈夫，她盼啊盼啊，日日夜夜地站在这高峰悬崖之上，期待着丈夫会突然从西江回来！数不尽的滔滔浪峰，说不完的悠悠思念，苍天哦，丈夫终不归来。贤良的少妇，月月年年立在这高峰之巅，最后，她终于化成了一尊石人，屹立高峰顶端。

这就是流传在武昌一带的望夫石传说。

文妤手抚望夫石，说道："自古多少丈夫去远征，多少贤淑女子望夫归！"

山峰下，浪涛阵阵。

孙权勾起了对贤淑女子的同情，说道："这传说很动人。"

文倩轻声说道："回去吧，起风了，怕是要变天呢。"

孙权说道："好，回城！"

……

天气渐渐有了变化，长江风浪席卷，直扑西山脚下而来。太阳的光芒在减弱，已经不那么温暖了。

第二天，天气骤变，天冷了许多，且下起雨来。春雨永远不断线，一下便是四五天，人们天性爱太阳，那霏霏绵绵的阴雨，实在叫人心烦，文倩的心都愁碎了。

孙权提出了嫁娶的婚期，尽管她早已有思想准备，但事到临头，她还是难以下决心。

如今，摆在文倩面前的有两条路，没有时间再犹豫了：要么离吴王而去，隐姓埋名，远走高飞；要么顺从吴王，去望月宫，做吴国王后。

二者必居其一，时间只有三个多月。

文妤呢？竟然没事一般，情绪没有一点儿变化，一如既往。

文倩隐隐觉出了妹妹的反常，怎么会没有反应呢？事关自己的终身大事，竟如此冷淡，这般平静？

她不免有些莫名的担忧，心中更纳闷了。她自己的事，反倒退让到一旁，心已被妹妹占据。

"妹妹，你到底怎么啦？"文倩着急起来，"时间到了呢，你到底在想些什么？"

文妤说道："莫谈国事。"

文倩说道："你把人急死了呢！这是私事，是你的终身大事。"

"私事国事一回事！"文妤说道，"你只管放心去当你的王后，我做一个王后妹妹也很快乐惬意！"

文倩听了哭笑不得。

5

到底是春天，雨停了便见太阳，给人以温暖。

文妤这两天有些变化，对姐姐忽然有了不曾有过的依恋和亲情。

这天，文妤说是去赛骑马，带着她的贴身使女出去了。行前也没有跟姐姐打招呼，只让侍卫等她出去之后，再告诉姐姐。直到天撩黑才归来。

文倩先是担心，妹妹回来之后，她未责怪妹妹。

"早上跟中午都未回来吃饭呢，"文倩说道，"饿坏了身子哦。"

文妤说道："不饿，已经在城南一户人家吃了一餐。"

"去哪里赛马？"

文妤没有直接回答，她问姐姐："姐姐，你不曾上街是吧？那街上许多孩儿唱的歌，你就无缘听了。"

"什么歌？"

"那可不是'窈窕淑女，君子好逑'呢。"

"那歌一定很好听吧？"

"小孩儿的歌，有什么好听不好听的。"文妤说，"你听吧：'黄金车，班兰耳，武昌门，出天子'！"

文倩惊奇："哦？！"

文倩深思道，这"黄金车"，岂不是皇帝的御车？"武昌门，出天子"，是说武昌有皇帝登基？

文妤说道："你好像还蒙在鼓里？城里人都说天子要登九五了。姐姐，我要当皇后妹妹了吧？"

文倩脸色渐变严肃，默不作声。

文妤见姐姐的神色有了变化，再不开玩笑了，遂坐下吃饭。

这消息太突然、太荒唐了！这是真的吗？

以往，吴王孙权每有重大事件，必和她先商量，向来不隐瞒她。王位和帝位虽然只隔一级台阶，但王位毕竟不是帝位。

事情常常出乎人的意料之外。

文倩终于得到了关于吴王登殿当皇帝的确切信息，她深信不疑：孙权要上那最高一级台阶，要登上皇帝宝座了！

这个消息，是在去张公府的途中得到证实的——

昨天，文倩对这个突如其来的消息还半信半疑，于是，她决定去张公府探听虚实。她带了使女，步行去张公府。刚出自己的府门，就见街上有三三两两的人堆在谈论着什么。她好奇又敏感：是不是跟那信息有关呢？她便悄悄走拢去。

只听有人在议论："武昌出现了黄龙呢，这是皇帝登基预兆。"

"不光是武昌出现了黄龙，夏口也出现了黄龙。"

"吴王要登基了，要当皇帝了！这是天意。"

……

真的要登基了？

那黄龙究竟是什么，谁也说不清。

而究竟有谁见过黄龙呢？更是说不明白。

这无关紧要，反正出了黄龙就是皇帝要登基的预兆！

……

文倩平抑胸中的情绪，离开巷子口那些谈论的人们，往大街走出。

快要入张公府的巷子，又见几个人在议论，话语声断断续续地传入她的耳中："凤凰出现在虎头山啦！这是吉祥如意！"

"听说凤凰尾巴又长又好看，绣出来的一般！"

"那是飞来武昌朝天子的，吴王今天要派人筑凤凰台呢！"

……

这世界，简直天翻地覆，沸沸扬扬！真的有只凤凰落在虎头山上、朝武昌城展开它流光溢金的羽毛？吴王真的在城外筑了高台，以供凤凰栖落？

虎头山就在武昌东郊，距城很近。

文倩的心中矛盾极了。

她想了想，没有再去张公府，转身往自己府中走去。

没有必要再去张公府探听虚实真假了。

6

这世界，说变就变了。

沉默的文倩，一晚上没睡好。

次日，她还是去了张公府。

在途中她就思索过，不必过于紧张，应该冷静一些，若无其事。

进了张公府，老将军张昭似乎不知外面发生了什么事，一如既往地研读《春秋》，就是文倩到来，他也不曾放下手中的书。

"侍中，许久不曾来老夫寒舍，今天是什么风吹来的？"

文倩望着眼前这位慈祥的老人，良久才说道："张公，我想起一件事呢。"

"什么事？快说给老夫听听。"

"我曾经去过报本寺，那寺后侧有一条很古老的驿道。"

老将军故意打岔道："这有什么，平常罢了。"

"不！"文倩说道，"那宽宽的古道旁，有座卖货的小店铺，店铺门前有一门联，那联是这样写的：大路上小铺儿坐北朝南卖东西。"

张昭将军问道："那下联呢？"

"没下联！据说没有人能对出那下联。"

"啊！有这样的事？"绥远将军边思索边说道，"也是哦，这对联有点不好对呢。"

文倩说道："如今我有了下联。"

"你的下联呢？"

"张公请指教，"文倩说道："下联是：公府中老将军自夏至冬读《春秋》。"

绥远将军重复吟诵着："大路上小铺儿坐北朝南卖东西，公府中老将军自夏至冬读《春秋》。"

"嗯，还行，不错！"绥远将军高兴地说道："对仗工整，就是平仄有点不协调，无伤大体。"

文倩说道："王府上上下下，武昌城中的街头巷尾都议论纷纷，张公还躺在府中读《春秋》哦，倒也真沉得住气！"

"日月总是要运行的，太阳傍晚要进西山，早晨还是要出来的。老夫行将走进棺材，终究要进土的哦，何不趁这空暇时间读书！"绥远将军一边说，一边捻着胡须。

"我这心怎么就不能跟张公一样宽阔呢？"

"你是想把太阳拽住，不让它进西山啊！"张昭笑着说道，"昨天我有事上殿，恰好遇见吕壹在殿上劝谏主公登基，说这是天意。"张昭稍停，又说道，"天意，能违背吗？"

文倩沉默。

"我下得殿来，满城都在议论黄龙，全武昌城都在谈论出现凤凰。还有，听说主公前两天就派人修筑凤凰台了。"

"筑凤凰台干什么呢？"

张昭"哈哈"大笑起来，说道："吴王登基当皇帝，要在凤凰台祭天啊！"

吴王孙权正式拜天称帝的一切筹备工作已经就绪。

武昌东门外虎头山上，高高的凤凰台已经筑好，以五色土筑台面：东方青色土，南方赤色土，西方白色土，北方黑色土，中央黄色土。黄色象征皇帝，统治着四方！

这凤凰台是吴王孙权登基称帝的祭天之台。

孙权又派人在西山之上筑了土台，那是正式称帝时作郊祭之用的。

孙权选定了夏四月十三日为祭天登基的吉日。

这一天，四十六岁的吴皇帝孙权，身穿文倩刺绣的黄色龙袍，一步一步登向凤凰祭台，如登步天庭。他心旷神怡，踌躇满志。这一世之雄，此时八面威风！

那赤壁之战的火光掠过眼前，火烧刘备七百里连营猇亭之战的烽烟浮过眼前！

在孙权那神情威严的脸上，忽然掠过一丝不为人觉察的惆怅！正在一步一步登向辉煌的孙权，心中陡然涌上一股莫名的遗憾，他自己说不清怎么忽然会有了疲劳、厌倦之感。

人间沧桑、创业非易。

近三十年了啊，回头看一看都会觉得头晕目眩。三十年的艰辛，纵然是铁，也已磨损！平心而论，并非孙权不想去统一全中国，只是他感到精疲力竭、力不从心了……

近了，以五色土筑成的凤凰台，就在他的眼前。

文武大臣整整齐齐地立在凤凰台前的大场地上，虔诚地恭候着吴国之王，去登上凤凰台，去祭苍天，去戴天子之冠！

吴王孙权终于登完最后一阶，他郑重地跪下，接过丞相顾雍已经点燃的香，神圣地一拜！

这一拜，他便是天之骄子了，从此成为东吴帝国的主宰！

凤凰台下文武大臣们都齐齐跪下，虔诚地叩首。

吴皇帝孙权拜完苍天，郑重其事地转过身来，面向台下文武大臣，宣誓般地读着即位祭文：

皇帝臣权敢用玄牡昭告于先皇后帝：汉亭置于下有四世，历年四百三十有四，行气数终，禄祚运尽，普天驰绝，率士分崩。尊臣曹丕遂夺神器，丕子叡继世作愿，淫名乱制。权生于东南，遭值期运，承乾秉戎，志在平巨，奉辞行罚，举足为民。群臣将相，州郡百城，执事之人？咸以为天意已去于汉，汉氏已绝祀于天，皇帝位虚，效祀无主。休徵嘉瑞，前后杂沓，历数在躬，不得不受。权畏天命，不敢不从，仅择元日，登坛燎祭，即皇帝位。惟尔有神缋之，左右有吴，永终天禄。

祭文读毕，接受文武百官参拜。

文武百官以职位高低鱼贯向前，行君臣大礼。

尔后，颁布即位诏书。

……

登基大典结束。

群臣高呼："皇上万岁，万岁，万万岁！"

虎头山在欢呼："万万岁！"

长江在欢呼："万万岁！"

西山群峰在欢呼："万万岁！"

8

吴皇帝孙权已下旨，将武昌太极殿改为金銮殿。

祭天的第二天，文武大臣上朝，吴皇孙权端坐龙椅之上，目光炯炯，直视着满殿的文武大臣。

丞相顾雍庄重地走到殿前，宣读圣旨：

朕以不德，受命于天。今改元为黄龙元年，大赦天下。封尊父破虏将军孙坚为武烈皇帝，追封尊母吴氏为武烈皇后，追封讨逆将军兄孙策为长沙桓王，封太子孙登为皇太子，封孙策子孙绍吴侯，任命诸葛恪为皇太子佐辅，张休为皇太子右弼，顾谭为皇太子辅正，陈表为皇太子翼正都尉……

封升的官员有三百名之多，凡应封的都封了，有功的封升，无功的受赏，皆大欢喜。

唯最令人关注的皇后，待后再封。

东宫为太子宫，还有许多宾客，如谢景、范慎、羊道等，人才济济。

对于东宫人才，朝臣私下评说褒贬不一。

不过，后来诸葛瑾的儿子诸葛恪，顾雍的儿子顾谭都犯了大错，这是后话。

封升完毕，平北将军潘璋举笏奏说："皇上已登高尊之后，应天顺民，山呼海啸，大赦天上，升封百官，唯未封皇后。后为国之母，不可无皇后，请皇上再封。"

皇上孙权回答："关于皇后，朕自有安排，两月之后再行封后，请诸位大臣不必多虑。"

有些大臣心中明白，那皇后还未进宫呢。

步夫人贤德，对于没有封她为皇后，并不生气，一如平常。

然那心中却不是滋味。

封升之后的第三天，吴皇孙权派钦差大臣进西蜀通报即位情形，表达两国皇帝互相尊重、共存共荣的愿望。

然而，那蜀国却有不少大臣勃然大怒，骂孙权竟然称帝，这是叛逆！

这些大臣们只准自己放火，不许别人点灯，纷纷要求讨伐孙权。

幸好诸葛亮明智，做了许多说服工作，才使大臣平复下来。

诸葛亮说了一句耐人寻味的话："我们和孙权，好像捕鹿，我们抓住鹿角，希望能抓住鹿脚而已，最后鹿为我们所有！"

遂派卫尉陈震前去祝贺。

吴皇帝孙权和蜀国订了盟约：等消灭曹魏帝国之后，平分领土：豫州（今河南）、青州（今山东半岛）、徐州（今江苏）、幽州（今河北北部）等归吴国，余下的归蜀国。

他们由此进入瓜分领土的梦乡。

大概谁都想抓住中原这只鹿角！

鹿落谁手，只恐他们也难以预料！

或许，吴皇孙权根本没有去做那个梦，他已经舒舒适适地睡着了。

第十四章

忽听市井唱童谣，方识鄂女有才德

1

绥远将军张昭，自吴王孙权登殿之后，再也没有踏进宫中大殿。那金碧辉煌的金銮宝殿中，从未出现过这位老臣的身影，他自称有病，拒不上朝，只在府中吟哦《春秋》。

有人写了首打油诗：

金銮宝殿满朝臣，唯有张公匿无声。

躲进府中自读书，不问世间秋与春。

这天朝会，群臣拜叩皇上、三呼"万岁"之后，吴皇帝忽然派人去张公府，请张昭上朝，说是久不见子布，龙心甚念。

丞相立即上前奏本说道："禀皇上，绥远将军、长史张昭上表，因年高多病，不能继续任职。他已上书请求交出统领的人马，并辞去长史、抚军中郎将、军师及绥远将军之职。祈恩准！"

吴皇孙权沉默许久未说话，他心中隐隐自惭。

最后，他深有感触地说道："子布为人刚直不阿，赤诚相见，辅朕多年，功德无量，从不计较利禄。传旨，拜张昭为辅吴将军，改封娄侯，食万户邑！"

……

吴王孙权只管忙碌朝中事去了，不曾想到，侍中府里突然发生了意外。

那是吴皇登基之后的第五天，文妤突然失踪！

这日天气晴好。

一大早，文好便带着她的贴身使女，悄悄出府，骑马出了南门。

文倩起床梳理完毕，问起妹妹去哪里了？

使女都说不知道，连侍卫也说不明白。

最后，从守门卫士那里才得到消息：文好带使女骑马出府了。去干什么呢？都不知道。

文倩想，妹妹可能又赛马去了。

另一位使女在给文好整理床被时，忽然发现了一张纸页，便赶快送给文倩。

那纸页上写着几行秀丽的文字：

生死相依的姐姐，文好泪叩！人生固有生死相依之情，不免总有一别，或生离，或死别，妹妹此去三日之后，姐姐必然知晓妹妹所处。舍不得姐姐的文好，四月十八日。

阅完纸页，文倩泪如雨下。

一想到妹妹就觉伤心，她在母亲怀抱中就开始受罪。从她懂事之日起，姐妹俩就形影不离，自己每有忧愁，妹妹更伤心着急，身前身后不离，她宁可自己愁，也不使姐姐忧。

文倩饭食不咽，一连哭了三天。

自西山归来，文好一直反应冷淡，神情上并没有什么明显的变化，从不提及自己的婚事，而今却突然出走！

唯一的家人就这么不辞而别了。

文好出走之前，对姐姐的婚嫁反倒十分关心。

记得妹妹曾经俯在她的耳朵上，悄悄对她说过：皇后虽然没有皇帝的权力大，可是，皇后有力量改变皇上的主见呢！

机灵的妹妹，居然想得如此深刻。

妹妹想给姐姐一把金钥匙，去打开吴皇帝那把锁。

殊不知，吴皇孙权不是常人！

事实已经证实，没有什么力量能够阻止他！

孙权近几年来的所作所为，已经有力地证实了这一点。

妹妹不过是善心而已，她是真心疼爱姐姐。

妹妹出走,对辅国将军陆逊该如何交代呢?

文倩原已暗暗下定决心,不问自己终身,一定要劝说妹妹嫁给陆将军,而且要把婚事办得热热闹闹的,那是她的人生未了情。

……

三天了,漫长的三天。

下午,文好的贴身使女回来了。

大家连忙围过去,打听文好的下落。

那使女却不肯说。

文倩连忙叫了那使女秘密去了房中,小声询问。

那使女这才如实相告:文好已去报本寺,做了比丘尼。

这文好唯姐姐是命。十年前,陆将军蓦然请求赐婚,使她惊愕不已。姐姐的心,她还能不知道?她知道姐姐深深爱着陆将军,陆将军也倾心爱着姐姐,她还能看不明白?可陆将军突然要求将自己赐给他,个中原因她当然再明白不过。她怎么能嫁给与姐姐相爱的人呢?

从那时起,那颗少女的心中就暗暗下定了决心:有朝一日她将离去,宁死不嫁陆将军!她并不是不爱陆将军,那英俊的少年将军,岂可多得?只是她要对得住姐姐。

去年,文好隐隐觉察陆将军要娶她,她决心不嫁。

她忽然想起了报本寺。

恰好那时,姐姐派侍卫去报本寺通报孙夫人,姐姐要去探望孙夫人。

文好灵机一动,要求自己代侍卫去。

在报本寺,文好见到了将要去吴郡的孙夫人。她把自己的想法说给孙夫人听了,要求孙夫人答应她来报本寺当比丘尼。

在得到陆逊将军要正式娶她的消息之后,她不动声色,瞒过了姐姐,毅然出走!

……

听了使女的秘密汇报,文倩顿时失声痛哭。

那使女一边陪着流泪,一边劝说文倩:"我曾跪在她跟前劝她,要她回来,她就是不肯。我说我也要削发,她就是不依,打发我立即回来,向侍中报告。"

见文倩仍伤心不止,那使女又说道:"主人说了,只有侍中不再伤心,我才能回去服侍她。侍中不必太伤心，人各有志，不可强求。再说，这事还须保密。"

听了劝告，文倩忍住内心的创伤和哀痛，敦促那使女早些去报本寺。

临行时，文倩取出一些银两和衣物，要使女带上。

那使女说道："主人说了，凡人间值钱之物，皆不要，唯要姐姐代她保存她的那面铜镜。"

文倩听了，连忙找出铜镜来，又用绸子包了，交给使女。

她叮嘱那使女道："叫妹妹放心，我会去看她的。"

过了三天，那使女见文倩心情稍微平静了，才决定返回报本寺。

文好出走的事，侍中府对外严守秘密，不让任何人知道。

文倩没去向皇上和步夫人禀告。

2

文倩入皇宫的日期已近。

宫中在紧张地准备迎娶未来的皇后。

张公辞去所有职务，这对于朝廷来说，是一个不小的损失。

前些日子，蜀国有位使臣前来吴国报聘，宣扬自己的国家（蜀）的美德；而吴国的文武大臣满朝，皆张口结舌，没有能对答的。

吴王孙权感叹说道："如果张子布在座，蜀国使臣定会连话都说不出来，岂有吹嘘机会？"

次日，皇上孙权派使者去张公府问候张昭。

又次日，孙权亲自去张公府拜见。

张昭连忙离座请罪，皇上跪下来阻止。

君臣坐下以后，张昭说道："从前，太后及先王，并没有把老臣托付给陛下，而是把陛下托付给老臣。我所想到的，只是竭尽臣节，报答厚恩；却因见解肤浅，违背旨意。然而，老臣忠心侍奉君王，一生不变！若要我为了荣华富贵，去巴结奉承，我一生都做不出这种事来。"

皇帝孙权连连点头。

……

文倩带着一名使女去看望张昭，刚走出府门，一群孩子一边打打闹闹，一边唱着歌谣。文倩开始并不觉得，后来忽然引起警觉，她仔细听过去，孩子们唱的童谣，使她倒抽了一口凉气：

> 宁饮建业水啊，不食武昌鱼啊！
> 宁在建业死啊，不在武昌居啊！

文倩戛然止步。

这童谣，是朝廷的先声！

皇上孙权要登基了，街上唱这童谣，难道如今又要回建业？

她不敢往下想。

她什么也不想想了，往前走着，身后的那群孩子们仍在唱：

> 宁饮建业水啊，不食武昌鱼啊！
> 宁在建业死啊，不在武昌居啊！

她和使女走过的街道，几乎都有孩子在唱。

又是满城风雨！

武昌怎么啦？怎么突然不食武昌鱼啦？皇上难道真的要离开刚刚建成的武昌城吗？

……

原先，吴王下令从建业迁民千户来武昌时，由于官宦和富绅人家的反对，曾有两句童谣："宁饮建业水，不食武昌鱼。"而今，又加上了两句："宁在建业死，不在武昌居。"

这到底是为什么？

此童谣的出现，定然有些来头！

难道是建业的那些权势人物在背后兴风作浪？还是吴帝孙权有迁都的想法？

她有些愤慨，好像被人愚弄了一般。

她决定去朝中劝谏皇上孙权。

3

就在文倩想去劝谏吴帝孙权之时，孙权正坐在张昭的书房里，二人正在谈论册立皇后之事。

张昭向他简述了前朝立后的规矩和礼仪。

帝王选妃立后，是皇家的一件非同寻常的大事。

按照汉朝惯例，选妃立后首先要进行"选纳"，即初选和宫选。时间定在八月，所选对象只限于"良家童女"，即非医、巫、商贾、百工出身的女子，年龄限在13岁至20岁之间；要求姿色端丽、吉祥和顺；尔后，再由专门官员层层筛选。

西汉立国初期，高祖、惠帝、文帝、景帝等几代皇帝循古节俭，宫女数量不过十余人。刘邦的全部后妃只有九人，即吕后、戚姬、茶姬、管夫人、傅夫人、曹夫人、唐山夫人、石美人、赵子儿。

到了汉武帝则不同了，造起了明光宫，选纳燕赵美女二千人充入后宫。史籍上称为"掖宫三千"。

汉初，后宫是继承秦朝选妃，立嫡妻为皇后，嫔妃为妾，皆称"夫人"，分为"美人""良人""八子""长史""少使"等号；武帝即位又制"婕妤""容华""充依"等，各有爵位。

后来，元帝又增设了"昭仪"一级。

故西汉后宫共14等。其中，美人以上属于贵妃，少使以下属于职事记，其余有秩无爵。

曹操和曹丕在选妃立后时，并不看重门第出身。如曹操为魏王时，封卞氏为皇后，而卞氏出身于歌舞艺人家庭。

王后之下设五等，即"夫人""昭仪""婕妤""容华""美人"。

曹丕代汉称帝后，又增设了"贵嫔""淑媛""修容""顺成""良人"五等。在立后时，他不顾大臣们的反对和劝谏，册立出身低贱的郭氏为皇后。

……

讲述完了，张昭向孙权进言说，选择皇后，亦可因人而宜，因时而宜，因国而宜，无须拘泥于前朝旧礼。

要以能辅佐皇上、母仪天下为最。

立后可削其烦琐，不讲排场，只取人品、才能，不重姿色、门第、年龄。

既然主公已经拜天称帝，就应及早确定立后时间，指定大臣负责册封皇后诸事。

孙权听了，连连点头。

临走时，他说还要让丞相顾雍来张公府，和他一块商议此事，并专司皇后册封工作。

吴王孙权决定选择黄道吉日册封皇后。

就在紧锣密鼓地筹备立后时，一场是否应该迁都建业的大争论，又把册立皇后这一大事给耽搁下来。

不但如此，正待册立为皇后的文情，却又站在了反对迁都的那一边。

孙权左右为难起来。

于是，立后的事又向后拖延了。

这一拖延，便铸成了千古之恨。

4

在都城武昌的金銮殿上，大臣们正在激烈争论着要不要把都城从武昌迁回建业？

他们已经争论很久了，除朝会上辩论外，退朝后他们还会私人辩论。主张迁都建业和反对迁都的两种针锋相对的意见，互不相让。

朝会上，最先提议迁都建业的是秦博、吕壹。

他们说，满街童谣，反映了官宦和百姓的愿望。

他们认为，"事到如今，大局已定，不如顺天应民，迁都去建业"。

诸葛瑾、张温等一班人纷纷赞同。

丞相顾雍也同意迁都建业。

平北将军潘璋、征北将军朱然等人是反对派。

他们认为，武昌正处于长江中游，西进可向西蜀，北上可攻曹魏，退则可守吴越。建业在长江下游，太偏，不利于指挥！

两种意见争论多时无结果。

看到僵持不下，皇上孙权说话了。

大臣们这才停止了争论。

孙权说道："众意不可违，大家不要争论了，既然多数大臣赞同要由武昌迁都建业，朕同意迁都。不过，诸位想过没有，建业至武昌逆江而上数千里，一旦紧急有事，不能及时响应，应如何应付？"

那些反对迁都的人不再说话了，皇上已经明确表态要迁都，谁还敢说反对呢？

那派极力主张迁都的，却神气活现起来，你一言，我一语出谋划策。

"臣有一计，在夏口江面立栅，用以抵挡。"

"臣有一计，木栅易毁，不如用铁链锁住大江，敌人战舰就不能通过。"

"臣以为，木栅、铁链都不是根本的策略，可在沿江南岸重镇驻守重兵。西江夷道、荆州以及中游夏口、武昌等有重兵把守，便可万无一失；再加上沿岸已建有烽火台，一旦有紧急情况，可以及时报警，调动军队。"

这沿江烽火台，延绵长江南岸，每隔一段即在高处建一座烽火台，一旦敌人来犯，可迅速点燃烽火，很快就能报警。

在武昌的雷山和城东的风火山、泥矶都分别建有烽火台。

大臣们说了不少建议，皇上孙权一个也不中意。

这时候，孙权忽然被一位年轻将领的发言吸引了。

那年轻将领说道："小臣以为，木栅和铁链都不足以御敌，驻之重兵，军资太大。宜遣将入沔，与敌人争利，敌人自然不敢来。"说到这里，这位年轻将领望了望龙椅上的孙权，"另可在武昌留精兵万人，有谋略者任将领，常备不懈；再加上沿岸烽火台，一旦有警，立即可来！"

"好！这才是上策。"孙权高兴地说道，"这位小将叫什么名字？"

顾雍丞相回答道："扬威将军孙奂部将张梁。"

孙权说道："又一良将，朕命张梁为沔中督！"

……

迁都的大局定下来了。

这是许多大臣都没有想过的。

平心而论，吴皇孙权征战三年，艰辛砥砺，已经精疲力竭；他的许多老部将已经明显感到厌倦，思念家乡。春节前，就有许多老将表现了强烈的厌战和思乡之情。

文情原想力劝孙权不要迁都的，她连迁都的五大理由都准备好了。没想到，孙权竟在朝会上宣布迁都建业！

这一次，她完全心灰意冷。

从迁都这件事上，她又证实了自己的想法：孙权变了，变得似乎不认识了。

5

文倩又去了张公府，一是探望张昭，二是她为他绣了一幅刺绣图，她要当面交给他。

进张公府的时候，张公还躺在椅上，手持书卷专心研读。

文倩说道："张公，《春秋》你可以倒背了啊！"

张公已经翻过身来，风趣地说道："是啊，是啊，春倒过来就是秋嘛！"

文倩说道："老将军德高望重，福海寿山！"

张昭说道："老夫老了，该解甲归田了啊！"

"老将军是'老骥伏枥，志在千里，壮士暮年，壮心不已！'"

"不可与曹公相比，曹公至死仍在奋斗不息呢。"

文倩平静的脸上，泛着辛辣的苦笑。

她说道："老将军再受我一拜！"

张昭急忙说道："请不要拜，我七十五岁还差一点，到那时再来拜！"

文倩说道："我是提前来给老将拜寿的，寿礼也带来了！"

使女在一旁取出刺绣图，小心翼翼地展开，一幅精美的绫罗刺绣图展现在老将军眼前：陡峭耸立的九曲岭，奇峰异松，山亭拥翠，溪水奔流。

图下绣有七个字："寒溪水流去大江。"

"好！绝妙的绣图！"张昭赞不绝口，"妙手绣江山！"

"老将军过奖。愿老将军寿比南山！"

张昭说道："哪里能比南山长寿呢？人总是要死的啊，有一点业绩留下来就很自慰了。"

他吩咐备宴，要招待侍中文倩。

然文倩苦苦推脱，老将军不能不作罢。

他说道："侍中姑娘，我们一老一少，是什么使我们成了忘年交呢？"

文倩发自内心地说道："让西山开口说个明白吧！"

张昭问道："朝中最近一大决策，你知道不？"

文倩没有正面回答："大江总是东流去。"

"好，我虽年事已高，"张昭高兴地说道，"但一定要奉陪你喝一杯酒。一定，你答应吗？"

文倩答道："一定！选一个美好的日子，我来老将军府中痛饮，一醉方休！"

老将军捻着胡须笑了，显出当年的豪爽！

文倩又说起了那些朝中事，说了好半天，才告辞老将军回到自己的府中。她心里久久不能平静下来，她很激动很高兴，这是许久不曾有过的心情。

那幅精心刺绣的山水图，赠给她钦佩得五体投地的老将军，她便了了一个心愿。

文倩心感慰藉，该做的都已经做了，她问心无愧。

她冷静地思索了片刻以后，又悄悄地叫来自己的贴身使女，她从箱中拿出一幅珍藏多年的刺绣字幅，对该使女秘密吩咐了一会，该使女心领神会地点头答应了。

她去执行那个特殊的使命去了。

6

近些日子，吴皇孙权十分忙碌，日夜和丞相顾雍商议迁都大策，制定各种措施。

迎娶未来皇后的事，只好先由宗人府去筹备，他没有过多的时间和精力去过问。

实际上，也用不着他亲自过问什么。

册封皇后的时间定得稍晚一点：八月十八日。

迁都，非同小可。

从战略意义上来说，武昌指挥中心不可忽视。

已经精疲力竭的吴皇孙权，不再想为战事操过多的心，他可以休息了，他要让位于皇太子。

要完成统一大业，就靠皇太子去完成吧，天下该是他们的。

因此，吴皇孙权对丞相顾雍说道："今后，武昌为西都，建业为东都，须留皇太子留守西都。"

顾雍唯唯诺诺。

这西都武昌，位置太重要了！皇帝东去，这里仍然是指挥中心。那东都，在三国鼎立的今天，进攻调遣军队，绝对没有西都便利！

顾雍毕竟不知吴皇孙权的内心世界，所以，他并不真正知道留皇太子孙登在西都的内在意义。

在这之前，皇上曾经命令顾雍给陆伯言写了一封信，把情况都告诉了陆伯言，并且征询他的意见，包括迁都的时间安排，都和陆伯言商议过了。

顾雍曾经打算去占卜，因孙权生来不相信那些活动，他也就取消了占卜的念头。

孙权说道："陆伯言信上说，建议定在九月迁都。"

顾雍非常同意，他说道："好，秋九月，不冷不热，行动方便！"

西都既然如此重要，又让皇太子指挥统一天下大业，所以，不能不选派一位得力的指挥官。

皇上孙权反复琢磨，觉得非陆伯言莫属。

陆伯言身经百战，大战经历了无数次，敌人听见陆伯言的名字就闻风丧胆，这武昌西都总指挥官还能有谁？

顾雍遵照皇上旨意，立即起草圣旨：

武昌乃长江中游重镇，为吴国西都。朕东巡建业，留皇太子孙登镇西部，皇太子及尚书九官均留武昌领事。拜辅国将军、荆州牧陆逊为上大将军、右都护，辅皇太子孙登镇西部，陆将军部掌武昌、荆州、豫章三郡事。钦此！

孙权阅罢圣旨，表示同意；又命顾雍丞相另写圣旨，令陆逊即日可来武昌，迎娶文好。

孙权哪里知道文好早已失踪！

这之后，孙权又与顾雍研究了东都建设事宜。

十几年前，吴皇孙权还是汉讨虏将军时，曾经根据诸葛亮、刘备的建议，在建业建过指挥中心，那实际上是将军府。那房屋无论是规模、数量还是外观，都无法与武昌城相比，更没有宫殿！

不过，当时讨虏将军雄心勃勃，率江东之众，虎踞建业，纵观全国英雄群起，纷争天下，伺机进取。

那时，当然不曾想过要在建业建皇都。

尽管如此，他思虑再三，决定迁都建业一切从简，全部利用原馆舍建筑，不许增加或者改建。

那圣旨上说，皇上只是东巡建业，重点仍在西都武昌。

大臣们在朝会上讨论了迁都的具体计划、策略。

万事俱备，只待时间。

一切安排妥当，皇上想闲下来歇歇。

这时，丞相顾雍又呈上奏章，孙权只好睁开眼睛，看到奏章是辅国将军张昭写来的。

奏章的大意是——

老臣没有上殿，故迁都建业之事未曾发表浅见。

依老臣看，去建业不过是疲倦厌战的反应，不求进取且不顾统一大业，一切可休矣，举起了割据旗帜。

即使老臣在场，反对迁都也是无补于事。

不过，作为国家至尊，要多听大臣意见才好。老臣知道，再多言已为时太晚。

然而，老臣还是要多说几句题外话，作为老臣最后一次向至尊敬言，向陛下献赤诚之心，老臣生不为己，忠心可鉴。

自古以来，主持国家的君王，都是决心修明政治，打算与太平盛世媲美。可是，治理国家的结果，多不能实现。

这并不是缺少忠臣的贤能辅佐。

人之常情是：畏惧艰难，趋向容易，喜爱相同意见，厌恶相反意见。

古书上说：听从善言，势如登天，困难得很；听从邪恶，好像山崩，一下子就陷下去！说明为善是多么不容易。

君王继承祖先基业，居于没有人敢提出异议的优越位置，掌握天下权柄的威严，更容易欣赏赞扬的话，对任何事都不需要征求别人的意见。

在这种情形之下，忠臣义士提出不顺耳的建议，与君王不能契合，岂不是意料之中？

忠诚义士一旦疏远，就难免生出猜疑，花言巧语的小人就是在等待这样的机会。君王被一些表演忠心的小动作感动得迷迷糊糊，被一些私欲私情的小恩小惠诱惑得贪恋不舍！于是，好人和坏人混杂在一起，任用或者罢黜，完全失去标准。

因之，英明的君王特别警觉，征求贤才，好像饥渴的人得到饭食和水。接受规劝，永不厌倦，克制自己的私欲，用大义斩断私恩。

如此，在高位之人，才不至于发出荒谬的任命；在下位的人，也不再抱有非分之妄想。

对于小人，要善于识别，感情上对他们要疏远；对于君子义士，感情上对他们要亲密，所谓远小人而近君子也。

对于听从意见，则要虚心，慎重思考它；偏信偏听使人昏暗不明。

以上是老臣一片赤诚之心，至尊若认为可取，则可供至尊参考。

诚惶诚恐。

读罢奏章，孙权深受感动。

回想张昭其人，几十年如一日，却原来，有时与他磕碰，那正是他忠心耿耿的表现啊！在吴王戎马倥偬、治理国家的生涯中，张昭起到了举足轻重的作用。

如今，老将军又竭尽忠心，倾吐肺腑之言，字若千斤。

孙权不能不受感动。

7

六月的骄阳十分炎热，地上仿佛在冒着看不见的火，路上每块小石头都滚烫。

武昌都城中，表面上瞧不出有任何变化，那是因为一切都一如既往，朝廷没有大肆宣扬迁都之事。吴王以东巡建业名义悄悄迁都，一切都在不声不响中进行。

尽管如此，城中原从建业迁来的百姓中，有的也悄悄准备再迁返。朝廷发觉这个动向以后，急下圣旨，要他们安居武昌，乐业武昌，不许私迁东去。

那些动摇了的百姓，敢怒而不敢言。

六月初，皇上不能不在百忙之中抽暇来过问迎娶皇后的事了，他下圣旨去侍中府请文倩姐妹来宫中进午餐。

皇上想利用她们来前的这点空闲时间，翻阅一下那摞得很高的奏章，但他却静不下心来，他又放下了奏章。

他想：过几天上大将军陆伯言就要从西线回到武昌了。这次回来，不会再有时间去西线了，应处理完他娶文好的事。

这西都武昌，名为皇太子执掌，实际上是上大将军陆伯言主宰！他的担子很重。伯言的忠心和才能，无可怀疑；为他安排的上大将军府，已够阔绰的了，他就要在那里迎娶美丽而机灵的文好！

孙权自己极为高兴，如此美丽贤淑而又有智慧的皇后，只是在史书上有所记载，却让自己遇上了。

这是天意！

为封立皇后，斗争也够激烈的。而今，总算坚持下来了。

想到这里，孙权心中一阵激动。

文倩有许多日子没有上朝了，临近嫁期，也不可能上朝。

自游西山之后，皇上匆匆见过文倩两面。太忙，没有更多时间和她叙谈。

皇上隐隐记得，最后一次会面，她似乎有什么话要说，但欲言又止。

要说些什么呢？是答应嫁娶还是推脱？

没有更多时间，也由不得她了。

他想，她很明智，不会再推诿了。所以，他心感快慰。

"禀报陛下！"谷利去侍中府回来了。

孙权心里正高兴，见谷利回来，忙问道："侍中来了吗？请上殿来！"

谷利禀报："陛下，侍中文倩和妹妹文好，已经不在侍中府里，说是出去游玩，但多日没有归来。"

"啊？"孙权惊愕，"去哪里了？"

谷利怕皇上着急，有点胆怯，立即跪下，说道："陛下，臣确实不知去向。"

皇上恼怒地说道："再去，一定要寻着！"

谷利答应着离殿而去。

……

文好早在四个月之前就出走了。

文倩忽然不辞而别，也已半月，至今杳无音讯。

出走时，她只对侍卫说，她外出有事，不要对外泄露。

说完，她就带着贴身体己的使女走了。

她骑着皇帝孙权为她选的那匹红马，挂青铜宝剑，似出门练骑。

侍卫不知她一去不返，正待要报告朝廷，谷利又来了。于是，他便如实相告。

谷利再次返回禀报之后，皇上孙权火冒三丈，命令把侍卫、使女都捉来，要杀他们!

这时,有一使女突然献上文情的一封信:"启禀陛下,这书信,是使女今日从侍中枕中觅得。"

孙权接过信去,展开,见是文情的笔迹:

尊敬的陛下,请看在罪臣份上,千万不要责怪罪臣的使女和侍卫,是我命令他们不许外泄、不许禀告皇上的。他们是我的下属和使女,不能不听我的,罪责由我担当。

陛下,臣实在对不起皇上恩宠,臣将终生不忘,只恨不能回报浩大皇恩,我将去那理想境地,那超脱世界。

不是我背叛陛下,是陛下背叛了自己!

陛下可曾记得西山之上试剑,曾威严庄重宣誓:我将奋力统一江山!

曹操已死十年,皇帝也换了两个;刘备已死七年,他的儿子刘禅当了皇帝。陛下既不攻北,也不西进,是满足于既得利益,当了天子;如今又要退到建业。当年雄心如灰尘撒去。

满足即失败,割据非英雄!

我心去难留,亦如陛下心已东去不可挽回。

请陛下回忆曾经在我面前说过的誓言:"孙权决不负卿,誓为江山统一,若像曹丕、刘备做割据皇帝,卿可负我!"

除非陛下收回迁都建业圣旨,否则,我不能再见陛下。

孙权沉默了。

许久许久,他长叹了一声,说道:"赦免他们!"

侍卫和使女,得到皇上赦免,连连叩头谢恩。

皇上叫他们权且回侍中府,如往日侍中在府里一样,暂管理府舍事务。

但他又心有不甘,命令侍卫官谷利带上十多名卫士四处寻觅,活要见人,死要见尸!

领了这圣旨,谷利立即率卫士出宫。

孙权心中如六月骄阳在炙烤,燥热不安,却又无可奈何。

他一定要寻回文情,那意志不可动摇!

谷利领了皇上圣旨，却苦于无处寻觅文倩的足迹。

倘若真的寻她不着，皇上动怒，吃饭家伙就保不住了，因此，谷利不遗余力，寻遍武昌城内外；还专门拜访了老将军张昭，均不得而知。

一个偶然的机会，谷利心中突然闪过一丝灵光：那是在路过城南六里之遥的昌乐院时，听见院中有鼓磬之音，诵念佛经之声不绝。

谷利忽然臆想："对，侍中文倩一定是去院中当了尼姑，怎么原先不曾想到呢？"

谷利遂敏捷闯了进去。

但昌乐院中的僧人都不承认有这个人。

……

皇上正独自站在殿中快快不乐，谷利从昌乐院返回殿上，禀报说道："陛下，侍中可能在昌乐院。臣去了三次，只是不肯见臣。"

"啊？备车！"皇上孙权喜出望外。

昌乐院是文倩姐妹和步夫人、二位乔夫人出资修建的寺院，在武昌城南门外的小山旁，很远就能望见两侧的两座宝塔。

数百名侍卫、御林军拥戴着皇上孙权，急不可耐地直奔昌乐院。

院中香烟缥缈，铜磬之声悠然，和尚们在念经。

报说皇上御驾亲来，老方丈慌不迭地迎出来接驾。

老方丈跪在地上说道："贫僧有罪，不知御驾亲临寒寺，未曾远迎，祈请恕罪。"

孙权说道："大师请起，朕不怪罪你！"

老方丈连声谢皇恩，但他仍跪在地上禀告："本昌乐院承皇恩所建，立于武昌城南，灵光普照东吴大地。印度高僧维祇难于黄武三年（公元224年）来本昌乐院，与高僧竺将炎、支谦三人一起，把印度《大明度无极经》《维摩诘经》《大阿弥陀经》《法句经》译成了汉文……"

"方丈不要再讲了！"一旁的谷利耐不住，"不讲这些，一位新来的尼姑文倩，快快请她出来见皇上！"

"阿弥陀佛！"老方丈申辩道："贫僧已经说过，本昌乐院，只收和尚，不收尼姑，哪来尼姑留藏本院？阿弥陀佛，罪过罪过。"

孙权悻悻然，训斥谷利道："你怎么胡言？"

谷利惶然地说道："臣有罪。请皇上权且回宫。臣想起来了，离城不远还有一寺，臣速去查访！"

孙权心中很不愉快，只得返驾回宫。

谷利所说的那个寺院，在吴都东南，名"宝宁院"，据说院内全居着尼姑。

谷利来这里找到住持，诈着说道："前些时，侍中文倩来宝宁院当了尼姑。我特意来求见，快请她出来！"

师尼一听，说道："禀告宫官，本院没有新尼姑，不信可以搜查。"

谷利说道："若在宝宁院查出，该怎么办？"

师尼说道："不敢骗宫官，贫尼愿以性命担保。"

谷利没有法子了，遂问道："师父，这武昌都城之外，除宝宁院、昌乐院以外，还有没有别的院寺呢？"

师尼思索了一会，说道："哎哟，这寺院恐怕千里之内没有了。唔，让我想想……哦，对了，出城南门前去三十里，再往东南，有一座报本寺，那是皇上的妹妹孙夫人所建。"

"啊！"谷利恍然大悟。

当即率搜寻的卫士回到宫中。

……

孙权按捺住内心的焦急，忽报谷利回来了。

不等谷利上殿，孙权大步走下台阶。

"禀皇上，孙夫人所建报本寺可曾知道？"

一听说"报本寺"三个字，孙权心中即刻醒悟，那是妹妹孙尚香思念母亲所建；他早有心去报本寺烧香敬母，因国事太忙，一直抽不开身。

如今正应该去报本寺。

"陛下，据臣所知，侍中往日与孙夫人关系密切，常有往来，还曾陪孙夫人在寺中住过多日，肯定是去了那里！"

孙权说道："备车！"

谷利说道："请陛下稍候几日，去花湖的路太窄小，可速派人修筑加宽，以便让御车通过。"

皇上心急如焚，只好等待，限七日之内修好通车。

大部分城防士兵出城，抢修去报本寺的大路，远近百姓也受了动员一同上阵，挑的、挖的、抬的，进度很快。

然皇上心如油煎，一再下令加快抢修速度。

士兵、百姓几乎夜以继日，终于在第七天，在原路的基础上，修筑起一条可以行车的大道。

皇上龙车顺着这条大道，不足一天便到了报本寺。

迎接御驾的尼姑中，的确有一位很年轻的尼姑，她与众不同，白皙而美丽，一双眼睛特别动人，真个仙女一般。

孙权一眼就认出那是谁！

他急促地走过去，喊道："文妤！"

文妤跪在皇上面前："陛下万岁，万万岁！"说完，她便泪如雨下。

孙权又惊又喜，一时不知道说什么才好，连忙伸手扶她起来。

文妤谢过皇上。

孙权说道："文妤，侍中呢？怎么还不出来见朕？"

文妤一脸泪水，说道："启禀皇上，俗尼不知道姐姐去了哪里，她并没有来报本寺。"

孙权惊诧："啊？你知不知道侍中出走？"

文妤说道："回皇上，前十天，俗尼曾派使女回武昌城去向姐姐请安，得知姐姐早已出府未归。"

孙权半信半疑："这话可当真？"

文妤说道："陛下，姐姐和我，都感恩皇上，一片忠心，怎么会欺哄皇上呢？"

孙权沉默不语。

文妤又说道："陛下，姐姐虽然没有告诉我她去了哪里，可是有一件事相托文妤。太后神位在寺中，请皇上先祭皇太后，然后，文妤有事禀告。"

听说有事禀告，孙权心中悬念。

他当即令同时前来的潘浚燃香，孙权在皇太后神位前三跪九叩，流泪祷告："国母在上，皇儿不孝，久有亲临祭祀国母之志，因战事繁忙，不得脱身；今日得以还却夙愿，告慰国母。"

再叩完毕，潘浚搀扶皇上起来。

文妤在一旁侍候皇上。

"文妤，侍中到底有什么事相托于你？"

孙权立即拉着文妤走出正殿，说道："虽然在报本寺未见到侍中，但见了你，亦如见了侍中，朕心中得以安慰。"

文妤心头一热，泪如泉涌。

想皇上待她们姐妹不薄，却无法相报。

如今，她们双双离他而去，皇上却仍宠爱着她们，心中自是难过不已。

但很快的功夫，文妤便控制住了自己的感情，她以一名女尼的身份站在当今皇上身边。

她说道："谢皇上恩宠，我和姐姐三生难报。文妤现已出家为尼，俗念全断，将在寺中侍奉太后，这也是孙夫人相托，祈皇上恩准。"

孙权半天不语，心中十分惋惜，只好说道："事既如此，准文妤在报本寺侍奉国母。"

文妤跪地："谢皇上大恩，文妤将忠心侍奉太后，以报皇上厚恩！"

孙权说道："平身。侍中究竟有何事相托？"

文妤立起，回过身去，接过使女手中的一样物件；再转过身，面对皇上展开物件。

原来是皇上亲笔所书的条幅刺绣，上面绣着：鄂女有才德。

孙权惊喜："啊，是文倩的刺绣！"

"是，"文妤说道，"这上面是皇上御笔，只有那'德'字是姐姐请张公手书。一个月前，姐姐派使女特意送来给我，预计皇上要来报本寺，叫我亲手奉献皇上。"

孙权连连点头，说道："这个'德'字很有分量，含义亦深！"

孙权想起当年武昌城尚没有建筑的时候，他和文倩在江边散步，那是何其愉快！那天，他高兴地拿出"鄂女有才"的条幅，还引起步夫人、谷利的争论，一人说应该"鄂女有才貌"，一人说应该"鄂女有才华"。如今，文倩却改成了"鄂女有才德"。这一个"德"字，写出了侍中以国家利益为重、统一江山的愿望！

孙权隐隐觉得有愧于她，二月以后又因事过忙，没有很好地与她畅谈，她以"德"字报怨于皇上，以阐明自己的志向。

许久许久，孙权那对炯炯的目光，一直盯在那个"德"字上。

"姐姐的使女，曾经对我暗示过姐姐将要离府远去。"文妤说道，"姐姐要使女告诉我，她要去一个不可知的地方，不要担心她，她离我很近。她还说，若是想她的时候，就朝西山望上一眼……"

孙权默默无语。

……

谷利请求说道："请陛下回驾，待臣再去寻访侍中。"

孙权没有回答，无声地走向御车，坐了上去。

侍从及文武拥着御车，离了报本寺，返回武昌城。

车上，孙权慢慢地合上了眼睛，眼里有泪。

孙权心中悲痛极了，后悔极了。

他无声地呼喊着：朕拥有千军万马，拥有广袤领土，为何不能拥有文倩？

苍天啊，朕无文倩，不立皇后！

9

黄龙三年（公元229年）九月，武昌城北门外，江面上停泊着数百艘船舶，卫士们列队在长江大堤上，闲杂人员都已回避。

长江滚滚东流，江面上有鸥鸟掠过，飞向远方，俄而又飞回来，寻找着什么。

吴皇帝孙权的心，恰如这大江一样，心潮翻滚。

他步出北门，逐级而下，一步一回首。

他是多么希望在他蓦然回首之时，看到文倩微笑着从后边跟上来啊！

但是，他失望了。

他如踏上辽阔大海之中的一片孤岛，身旁虽有千百侍从、宫女和文武大臣，但他依然感到十分孤单。

孙权最后一次回过头时，台阶上依然空荡荡。

城头上，上大将军、右都护陆逊、皇太子孙登、皇子孙和、孙休以及许多大臣，注视着皇上一步步登上东去的龙船。

在龙船上，孙权又朝城头上挥了挥手。

别了！西都武昌；别了！亲手建筑的都城。

别了！别了！别了！

孙权怀着无限遗憾，怀着终生的愁绪，别了。

龙船缓缓离开了岸边，又缓缓地掉过船头，顺着流水的方向，驶向建业。

只是孙权无法知道，此时此刻，在西山的高峰上，有一位女子，正在远眺大江。那双清澈的眼睛，不住地闪动着泪花。

在武昌城，有人看见了山上的那位女子。

人们猜测：那女子会不会是文倩？

此事在武昌城传开了，有好事者便上山去寻找，寻遍全山，无踪无影，只好扫兴而归。

这事又被陆逊知道了，他亲自上山去寻找过。

结果，他只看到了那尊已经化成了石人的望夫石。

其实，在武昌西山上，目送吴王孙权远去的，还有一个人，他就是那个"半耳"樵夫！他远远看到孙权的船队浩浩荡荡地顺江东去，眼中充满了仇恨的火焰！

他将扁担往肩上一荷，便大步流星地沿着山坡朝东走去。

他就是那个刺客，那个运气不济的刺客。

第十五章

纸上休说功与罪，墓前了结恩和怨

1

二十二年以后，也就是东吴大帝太元元年（公元251年）八月。

孙权正在建业宫中进膳，东方天空忽然乌黑一片，飓风席卷而来，江面上波涛呼啸，大雨铺天盖地，平地积水三尺，建业城已泡在水中。

忽然，孙权听得一声巨响，一株柏树自天而降，落在建业城的南门外边。

不久，就有太监来报，说此柏树之前乃栽种在城外孙氏家族陵园之中，这次是被飓风拔起，落在城门外的！

孙权听了，惊恐不已。

自此，孙权便发病，一直卧床不起。

东吴大帝太元二年（公元252年）夏四月。

东吴大帝孙权已经病入膏肓，他终日躺在龙床上，似睡非睡，似醒非醒；渐渐地，他觉得自己的身躯飘浮起来了，一直飘进虚无缥缈之中。

忽然，他看到了侍中文倩，文倩的眸子闪动着动人的光泽，正含笑向他走来。

孙权连忙迎了上去，他有话要向她说。

他要向她说，你当年离开武昌城，怎么也不告诉我一声呢？我在建业城等待了你二十二个春秋，你怎么才来啊？

他一边说，一边想上前拉住她的手。

她却挣脱了，又一次离他而去。

他大声喊道："侍中，你别离开我！"

这时，从很远很远的地方飘来一个温柔的声音："皇上，皇上，臣妾在此。"

孙权即刻从缥缈中清醒过来。

他无力地睁开眼睛，见潘皇后忧愁地坐在龙床前面。

他自知天帝让他留在皇帝宝座上的时日已经不多了，便吩咐潘皇后召来诸葛恪、张弘、滕胤以及吕据、孙峻，他在床前嘱托后事。

嘱托完了，忽觉精神比往时好了许多，神志也比往时清醒多了。他问他们如今是几月？

众人答道，是夏四月。

他听了，嘴角浮现出一丝笑容。因为四月这个月份与他结下了不解之缘：他与文倩相识，是在夏四月；他登基称帝，是在夏四月；决定迁都建业，也是在夏四月。

若不是东迁建业，或许大业已成，天下统一了。

这是他终生的遗憾！

莫非朕归天也将是在夏四月？

啊，朕的一生最大憾事是什么呢？

莫过于没有听人劝谏，在自尊和独断的路上越走越远！

想到这里，忠心耿耿的老臣张昭的那封恳切的信，又跃然眼前！就是因为他没有听忠逆之言，才造成了今日之局面。

于是，他又渐渐陷进痛苦的回忆。

2

有的人老了，会跟孩子一样，快乐而单纯，心宽而大度。

有的人老了，则变得忧虑而怀疑，暴躁而残忍。

尤其是一些帝王，在他的暮年，往往会因他的怀疑和残暴造成一幕接一幕的悲剧。

孙权就是属于后者！

他由一个开明、开拓的君主，到老年时竟变成了一个除了自己谁都怀疑的暴君！

在他一连串的失误中，对吕壹的任命，就是最大的失误！

任命吕壹负责保卫及调查官员的忠贞（典校诸官府及州郡文书），是个极大的失误！

吕壹作威作福，陷害忠良，诋毁朝政重要官员。

皇太子孙登屡次向孙权直言规劝，孙权却未接受。

自此，满朝文武官员对吕壹深怀恐惧，但无人敢再与他作对。

陆逊和潘濬担心吕壹会导致朝纲混乱，每次谈到这个问题，都忍不住痛哭流涕！

因为潘濬和陆逊等官员留守西都武昌，潘濬请求入朝，打算到了建业之后，再详细向孙权报告吕壹的罪行。

可是，在抵达建业以后，听说皇太子好几次向皇上进言都没有效果。潘濬遂改变了主意：他大肆宴请文武百官，准备在宴会上亲手刺杀吕壹，再以一死抵罪，求得为国除一大害。

然吕壹得到密报，声称有病，不敢赴宴。

陆逊对皇上、对国家可算得上忠贞不贰了。

可是，吕壹对这样忠贞不贰的大臣也不放过。

为了使皇上对陆逊不信任，吕壹便屡屡写信斥责陆逊。

西陵（今湖北省宜昌市）督步骘上书说道："顾雍、陆逊、潘濬竭尽忠心，无论进食、就寝都不安宁，只是想到如何安国利民，达到长治久安的目的。可以说是国家的心腹和朝政的肢体，应该对他们十分信任，不能让其他官员再去监督他们的行动。这三位大臣考虑不周密的时候也是会有的，但岂能欺骗、辜负君王呢？"

但孙权对步骘的意见充耳不闻，置之不理，依然信任小人，重用吕壹。

其时，西都武昌大臣们人心惶惶，局势不安。

皇上派人去武昌听取大臣对时局和朝政的意见，他们全都不肯多说话，全都推到陆逊和潘濬身上。

可是，当伯言、潘濬见到皇上派去的使臣袁礼时，竟然泣涕不止，声泪俱下。

连陆逊他们都感到危机和恐惧，其他官员就可想而知了。

人的一举一动哪能全部正确呢？一点过失便有杀身之祸，谁不恐惧？

由于吕壹经常在孙权面前告状、挑拨，孙权又偏听偏信。所以，吕壹便可借用孙权之手达到自己的卑鄙目的，使东吴陷入愁云惨淡的恐怖气氛之中。

谁还敢对孙权说话？谁又敢对孙权说实话？

朝廷中的斗争，很快便影响到孙氏皇族内部斗争。

孙权别传

皇太子孙登受不了这种恐惧的压力，他终于在愁云惨雾中辞世。

次年三月，孙权立王夫人所生的儿子孙和为太子。

八月，封子孙霸为鲁王。

孙霸，是太子孙和同母所生弟弟。皇上孙权对这个儿子特别宠爱，待遇跟孙和没什么两样。

尚书仆射上书警告道："我暗中认为，鲁王天姿英俊，文武全才。目前赋予的任务，应是命他出镇四方边境，宣扬政府美德，传播国家威望。这才是政治运转的法则。而且，太子和亲王之间，应该有等级差别，用以奠定上下秩序，显明礼教基础。"

呈报奏章四次，孙权不理。

太子孙和与其弟孙霸同住一个宫中，待遇仍相同不变。

很多官员向孙权指出措施不当，孙权才命二人分开居住，各人分别建立自己的僚属。

于是，亲兄弟间感情恶化！

各自的奴才臣属做出对各自主子忠心的事，灾祸遂更加不可收拾，以致夺嫡斗争进入白热化，从皇宫侍婢到太子和亲王的宾客，均分成了两大派别！

各结党羽，相互猜忌仇视，逐渐蔓延到高级官员。

东吴帝国大臣一分为二：太子派，亲王派，尖锐对立，矛盾重重。

孙权长女孙鲁班，嫁给左护军全琮；幼女孙小虎，嫁给骠骑将军朱据，全都参与了两大派别斗争。

孙霸的走卒杨竺、全寄、吴安、孙奇等人，更是不间断地在皇上面前抨击太子，孙权深受他们的影响。

陆逊为之十分担心，连续四次奏章，情辞激动；他还准备亲自到建业当面陈述；孙权却很不高兴。

顾谭也上书劝阻，还举了许多历史事例。孙权哪里听得进？顾谭反遭孙霸仇恨。

孙权亲手埋下了祸根，却拒不听从忠臣劝谏。

张昭的儿子张休，因为劝谏而被下令自杀。

太子太傅吾粲，请求派鲁王孙霸镇守夏口（今武汉市），请命杨竺离开建业，且不断把各种消息告诉了陆逊。

孙霸、杨竺大怒，想方设法陷害吾粲。

皇上孙权下令逮捕吾粲，在狱中处死！

接着，孙权又派一连串宦官去责备陆逊。

陆逊愤恨交集，终于活活气死。

六十有余的皇上孙权，老年得幼子，是他后来宠爱的潘夫人所生，取名孙亮。皇上对这位幼子百倍怜爱。

孙鲁班因与皇太子孙和结怨，阴谋夺嫡，遂不断在老父亲面前夸奖孙亮，又把全琮的侄女嫁给孙亮。

孙权对鲁王孙霸结党陷害哥哥，已感厌恶。

他说道："子弟不和睦，部属分帮派，灾害将落在朝廷上。任何人一坐上宝座，都会生乱。"

遂有罢除孙和，改封孙亮当太子之意。

东吴十三年（公元 250 年）秋，孙权下令去捉拿太子孙和。

骠骑将军朱据劝阻道："太子是国家的根本，太子性情温和，天生至孝。臣担心太子无法接受此等结局，心中万分恐惧而发生意外。到那时，陛下即令兴筑'思子宫'，后悔亦来不及了。"

孙权不理。

朱据跟尚书仆射屈晃，率领许多官员，将泥巴涂在头上，自行捆绑双手，前往皇宫，请求宽恕太子孙和。

孙权大怒若狂，下令屠杀了两位劝谏官员的全家！

又用绳索捆绑朱据和屈晃，像牵狗一样牵到宫中。

朱据、屈晃下跪叩头，鲜血横流，但口中仍据理力争。

孙权下令各打一百军棍，贬朱据去了新都；屈晃当了平民，逐回故乡。

还诛杀了二十余人。

不久，孙权正式罢黜太子孙和，贬作平民，放逐故鄣（今浙江省长兴县）；下令鲁王孙霸自杀。

皇上痛恨杨竺从中离间，诛杨竺，抛尸于长江；又诛杀全寄、吴安、孙奇等数人。

朱据还没有到达他的贬地，孙权又发了诏书，在途中杀了朱据。

这一年的十一月，经过一番大诛杀之后，东吴立皇子孙亮为皇太子。

皇太子孙登死，皇太子孙和废，鲁王孙霸自杀，朱据被杀；尤其痛心的是，有功之臣陆逊也忧恨而死，良将殆尽，东吴早已没了在西都武昌的兴盛。

苍天寒心啊！

孙权已经开始醒悟到太子孙和清白无辜。这一年的冬十一月，孙权在南郊祭天归来，突然中风瘫痪。

这时，他打算召回孙和，而孙鲁班、孙峻、孙弘等人，竭力劝阻，害怕孙和再度被立为太子。

孙权无奈，只得作罢。

直到次年，孙权才决然封孙和为南阳王，居长沙。

仲姬生的儿子孙奋封齐王，居武昌。

王夫人生下的另一个儿子孙休为琅邪王，居虎林（今安徽省池县）。

其实，孙权的病已经很严重了，即使他想挽回自己的遗憾，矫正自己的失误，为时已经太晚。

倘若孙权虚心地听取张昭的意见，恳切倾听大臣们的劝谏，东吴哪能由他亲手创建，又由他亲手败下去呢？

这正是这位英雄的悲剧！

3

想到这里，这位曾经横扫千里的东吴大帝，竟像孩子一般，"呜呜"大哭起来。

哭了一会，他又接着回忆，究竟什么才是他的终身遗憾呢？

他想起了侍中文倩。

最初，他下定决心非文倩不封皇后，怎奈文倩自武昌失踪之后，杳无踪迹。

赤乌元年（公元 238 年），步夫人在建业逝世。

文武大臣奏请，才追封步夫人为皇后，赠皇后印信。

孙权逐渐改变往日非文倩不封皇后的决心，想封太子孙和的母亲王夫人为皇后。

然而，公主孙鲁班在他面前进谗言："王夫人看到父皇病重在床，竟满脸高兴。"

孙权大发雷霆，王夫人在震恐中忧郁而死。

后来，孙权转而宠爱会稽人潘夫人，且深爱潘夫人所生幼子孙亮，遂下诏封潘夫人为皇后。

如今，潘夫人就坐在龙榻跟前，忧心忡忡地守着半昏迷中的皇上。

孙权忽又狂叫："文倩、文倩！"

潘皇后大惊，急忙俯身，用自己的脸依偎着皇上，并轻声呼唤他，使他安静。

孙权又渐渐清醒了一些，醒过来的第一句话便是哀叹："朕终身遗憾的，就是失去文倩啊！"

潘夫人早就听说过关于文倩的一些事情。

她安抚孙权道："皇上，过去的事就让它过去吧，如今你该静心养病，使龙体早日恢复康健。"

"朕还能恢复？"孙权的声音脆弱而凄惨。

潘皇后温顺而甜蜜地说道："能啊！能，皇上一定能恢复康健！"

孙权心中得到了一点点安慰，他说道："皇后，你去睡吧！"

潘皇后坚持要守在龙榻前，孙权定然要她去休息；皇后便遵旨去后宫睡了。

夕寅夜，劳累的潘皇后深深地入睡了，她做了一个可怕的噩梦。就在她惊醒欲呼叫之时，一双铁钳般的大手掐住了她嫩白的颈脖，使她呼叫不出。

可怜的潘皇后，还没弄清是怎么一回事，便被活活地闷死了。

宫中传出消息：潘皇后脑充血突然驾崩！

病中的孙权得到密报：原来，有人害怕孙权死后，潘皇后效仿汉高祖刘邦之妻吕雉临朝主政，才趁她熟睡之机，将她勒死！

孙权大为震惊，怒不可遏，下令杀了七人！

这是他最后下令杀人了。

东吴大帝孙权，在哀怒中驾崩，时年七十一岁。

就在东吴大帝孙权驾崩的当天，宫廷中又出了大事。

被召辅佐十岁小皇帝的诸葛恪、孙弘、滕胤、吕据、孙峻，除了孙弘，其余之人尚不知皇上驾崩。

而孙弘却秘不发丧，打算假传圣旨诛杀诸葛恪。

殊不知，孙峻探得这个消息之后，遂去密告诸葛恪。

诸葛恪邀请孙弘商谈公事，就在座位上斩了孙弘。这才发布丧讯，并追谥孙权为"大帝"。

十岁的太子孙亮即位。

大赦天下，改年号为"建兴"。

孙权葬于江陵（今江苏宁钟山南八里处）。

孙大帝葬后，曾出现了两件怪事：

有一天，有一个樵夫来到了墓前，在离墓十余步时，他拉弓向汉白玉墓碑射去一箭，箭头在墓碑上折断。

那樵夫大哭三声，气绝而亡。

后来查到，他的左耳少了一半，叫丁尤，是丁元的儿子。

丁元当年因刺杀孙策被俘获而死，其子丁尤下决心刺杀孙策之弟孙权；他从建业跟踪到武昌，但却屡屡失去刺杀的绝机。

因宝忠师傅为孙权铸造了一把宝剑，他便刺杀了宝忠师傅。

后来，吴王孙权迁都来到建业，他便跟踪而来，总想在孙权狩猎之时刺杀他；但孙权自回建业以后，便没了狩猎的兴趣，也很少外出巡猎，常年住在墙高院深的皇宫内。

故而，他没有机会行刺。

孙权病死的消息传出之后，他又气又恨，觉得自己未能在孙权活着之时刺杀他。那么，在孙权死了以后，也要射他一箭！以为父亲报仇！

世仇未报，他当场悲壮而死。

还有一件更奇怪的事：

据一位年迈的守陵宫人说，孙大帝葬后八个月，有一位云游四海的女冠（女道士）曾到陵前祭祀过。那女冠身着灰衫灰裤，足登葛藤布履，手持一柄马尾拂子。看来她是自远方而来，宫人遂回室为她倒茶水，转来之后，那女冠已经飘然而去。

自此，再也没有人见到过她。

只是在孙权的碑座上发现了一柄铜剑。

据宫中的老人说，这是孙权初到武昌时的铜剑。

没有人知道她是谁。

世人皆不知其所终。

（全文完）